ARCHIPRIX 2021

nai010 publishers
Rotterdam 2021

DE BESTE NEDERLANDSE AFSTUDEERPLANNEN
architectuur, stedenbouw, interieur- en landschapsarchitectuur

THE BEST DUTCH GRADUATION PROJECTS
architecture, urbanism, interior and landscape architecture

INHOUD

CONTENTS

VOORWOORD

ZONDER JONG TALENT GEEN TOEKOMST

In dit boek laat de jongste generatie afstudeerders zien dat ze de urgente opgaven van nu en de toekomst serieus neemt en dat ze in staat is daar bijzonder inspirerende ruimtelijke oplossingen voor te vinden. Of het nu gaat om de stijgende zeespiegel, het verbeteren van de biotoop voor mens en dier, het faciliteren van een diverse samenleving, de energieopgave of het versterken van de zorginfrastructuur, het komt allemaal aan de orde in deze editie van Archiprix. Het beste afstudeerwerk van de Nederlandse masteropleidingen architectuur, stedenbouw, interieur- en landschapsarchitectuur bestrijkt alle schaalniveaus. Veel van de deelnemende afstudeerders openen nieuwe vergezichten die een bijdrage leveren aan de ontwikkeling van het vakgebied, soms met polemische plannen, vaak ook met concrete direct toepasbare ontwerpen. Daarmee is het zonneklaar dat Archiprix als altijd springlevend is.

Ruim veertig jaar geleden werd de voorloper van Archiprix opgericht omdat het bij insiders duidelijk was dat het afstudeerwerk in kwalitatief opzicht vaak ver uitsteeg boven de meeste realisaties in de praktijk. Eind jaren zeventig was de wederopbouwopgave nog lang niet volbracht, veel afstudeerders werkten aan ontwerpoplossingen voor de woningbouwopgave. Deelnemers van de eerste edities zagen we al snel terug in de beroepspraktijk met grensverleggende projecten die een nieuwe standaard neerzetten. Voorbeelden zijn toonaangevende bureaus als DKV, Hans van Heeswijk en Mecanoo. Opvallend veel Archiprix deelnemers spelen een belangrijke rol in de voorhoede van de ontwerppraktijk. Dat geldt voor alle disciplines; ook bij de stedenbouw en de landschapsarchitectuur zien we een ontwikkeling die vergelijkbaar is met de hierboven geschetste, zoals bijvoorbeeld de afstudeerontwerpen van 'landschapsmachines' die internationaal de aandacht trokken en waarbij de natuur een prominente rol speelt in de functionele ontwikkeling en de schoonheid van het landschap.

Vaak is het afstudeerplan van betekenis als start van een betekenisvolle carrière. Niet alleen de inspirerende kwaliteiten van het afstudeerwerk zijn van belang, ook het talent van de ontwerper en de kennis die is opgebouwd met het afstuderen kunnen een waardevolle bijdrage leveren aan de ontwikkeling van het vakgebied en de kwaliteit van de omgeving. In de loop der jaren verbreedde de focus van het onderwijs zich naar een range van urgente opgaven en positioneerde het onderwijs zich steeds meer in een internationale context. Niet alleen zijn er steeds meer buitenlandse studenten aan de Nederlandse ontwerpopleidingen, ook wordt er in toenemende mate ontworpen voor buitenlandse locaties. Dat levert een uiterst stimulerende dynamiek op die we terugzien in de plannen in dit boek. Sommige afstudeerders passen voor opgaven op verre locaties typisch Nederlandse expertise toe, bijvoorbeeld door te ontwerpen mét de natuur. In andere gevallen werkt een buitenlandse afstudeerder aan een opgave in zijn of haar eigen land en past daar de opgedane kennis toe, terwijl de kennis in het onderwijs over de betreffende problematiek wordt vergroot. Tegen de achtergrond van de voortdurende ontwikkelingen in het academisch onderwijs, waar de studenten worden voorbereid op het vormgeven aan de grote opgaven van de toekomst en de eveneens voortdurende ontwikkelingen in de praktijk van het vakgebied, speelt Archiprix een belangrijke rol. Ze presenteert het met de grootst mogelijke zorg door de opleidingen geselecteerde excellente afstudeerwerk en daarmee introduceert ze steeds een nieuwe generatie getalenteerde ontwerpers, die bij uitstek geschikt is om vorm te geven aan de nieuwe opgaven waar het ruimtelijk domein voor staat. De ontwerpers van de plannen in dit boek zullen we terugzien in de ontwerppraktijk met ontwerpen voor de dringende opgaven van de toekomst. Wij wensen hen veel succes en u als lezer veel plezier.

Jacob van Rijs
voorzitter Archiprix

NO FUTURE WITHOUT YOUNG TALENT

In this book, the most recent design graduates show that they take the urgent briefs facing us now and in the future very seriously indeed and are capable of designing the most inspiring spatial solutions to address them. Whether the issue is adapting to the rising sea level, improving the biotope for both ourselves and nature, enabling a diverse society, addressing the energy transition or strengthening the care infrastructure – it all comes up for discussion in this edition of Archiprix. The best graduation work done at the Dutch institutions offering Master's programmes in architecture, urban design, interior architecture and landscape architecture encompasses every scale. Many of the participants open up new prospects that further the development of their field, sometimes with polemical projects but more often with designs that can be put into practice immediately. All this is evidence enough that Archiprix is as alive and as relevant as ever.

More than forty years ago, Archiprix's predecessor was founded when it became clear to insiders that the graduation work being done often far outshone most of what was happening in practice. At the end of the 1970s, post-war reconstruction in this country still had a long way to go and many graduates were working on design solutions to address the housing shortage. Those taking part in the first editions were quick to reappear in professional practice with pioneering projects that set a new standard. These included influential firms like DKV, Hans van Heeswijk and Mecanoo. Today, an impressive number of Archiprix entrants are at the cutting edge of design practice. This holds for all disciplines; indeed, we see a development in urban design and landscape architecture comparable to the situation outlined above. Take the graduation designs for 'landscape machines', which drew international attention, where nature figured prominently in sustaining the functional development and physical beauty of the landscape.

Often, a graduation project marks the start of an illustrious career. Of course, it's not just the inspirational qualities of the graduation work that is important; the talent of the designer and the knowledge accumulated during that final year can hugely benefit the progress of the discipline and the quality of the environment. Over the years, the focus of design education has broadened to encompass a wide range of pressing tasks, with education taking up an ever firmer position in an international context. More and more foreign students are enrolling at the Dutch spatial design schools and faculties and at the same time there is a steady increase in the number of design entries located abroad. This adds an exhilarating dynamic that we see reflected in the projects in this book. Some graduates apply typically Dutch expertise to briefs in distant climes, for example designing in partnership with nature. In other cases, foreign graduates work on briefs in their own country where they apply knowledge gained here, in turn adding to the knowledge of the issues concerned at the relevant institutions. Again, Archiprix looms large when seen against the backdrop of ongoing developments both in academic education, where students are trained to design for the major briefs of the future, and in professional practice. It presents the excellent graduation work selected with the greatest possible care by the institutions, introducing on each new occasion the latest generation of talented designers fully equipped to give form to the new tasks we face in the spatial domain. We shall be seeing these Archiprix entrants again in the world of professional practice, armed with designs tailored to the pressing issues ahead. We wish them every success and you, the reader, many pleasant hours with this book.

Jacob van Rijs
Chairman of Archiprix

FOREWORD

PROJECTEN

PROJECTS

A CORE FOR DIVERSITY

Ontwerp voor een 'common ground' ten behoeve van de lokale integratie van migranten in Sint-Joost-ten-Node, een multiculturele wijk van Brussel. Het plan onderzoekt hoe de gebouwde omgeving de integratie kan bevorderen en de sociale interactie kan vergroten. Het ontwerpproces start met het onderzoek naar de omstandigheden van de locatie, gevolgd door het ontwikkelen van een programma dat echt tegemoet komt aan de behoefte van de bewoners. Het architectonisch ontwerp richt zich op de potentie van de openbare ruimte voor het bevorderen van de culturele integratie en de wederzijdse interactie tussen mensen. De individuele uitdrukking van de identiteit is daarbij van belang. Het plan voorziet in een nieuwe kern voor een bouwblok, het wordt een plek waar de eigenlijke burgers elkaar beter kunnen leren kennen en waar ze hun nieuwe buren ontmoeten.

Elke lidstaat van de Europese Unie heeft de plicht te zorgen voor onderwijs, gezondheidszorg, huisvesting, sociale zekerheid en arbeidsbemiddeling, ook voor de immigrantenbevolking. De gewenste integratie van immigranten moet op elk niveau duurzaam gegarandeerd worden. Er wordt echter weinig gedaan om de integratie op het niveau van de lokale gemeenschap echt te bevorderen. Daarop concentreert dit project zich juist wel. Hoewel multiculturalisme al enkele jaren door het overheidsbeleid wordt geaccepteerd, wordt het sinds kort door de rechtse populisten ingezet ten behoeve van hun agenda waarbij immigratie wordt gezien als een bedreiging voor de eigen identiteit. Het onvermijdelijke gevolg is dat gastvrijheid wordt vervangen door gevoelens van angst, boosheid en wantrouwen. Terwijl de mobiliteit van mensen de steden veranderen, worden de samenlevingen steeds individualistischer. Mensen delen geen echte ervaringen met elkaar en het idee van collectiviteit gaat verloren.

Brussel vormt als meest diverse kosmopolitische Europese stad de ideale locatie voor dit afstudeerproject. Sint-Joost-ten-Node is een wijk met de hoogste bevolkingsdichtheid van Brussel, de helft van de inwoners bestaat uit internationale migranten. In deze context is een ruimtelijke ingreep die de omwonenden bij elkaar brengt met respect voor ieders identiteit van niet te onderschatten belang.

Opleiding Place of education
TU-Eindhoven

Studierichting Specialization
architectuur architecture

Mentoren Tutors
David Gianotten, Maarten Willems, Sjef van Hoof

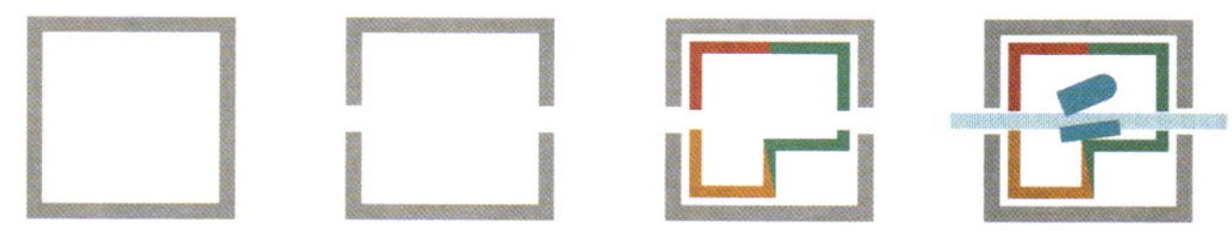

1

This design for common ground is to further the local integration of migrants in Saint-Josse-ten-Noode, a multicultural municipality in the Brussels-Capital Region. The project explores how the built environment can advance integration and increase social interaction. The design process began with a study into the conditions on site, which led to the development of a programme that genuinely meets the needs of the residents. The architectural design focuses on the potential of public space to foster cultural integration and the interaction between people, an important facet being their ability to express their identity as individuals. The project constructs a new core for a city block, a place where its residents can get to know each other better and meet their new neighbours.

Each member state of the European Union is obliged to provide education, health care, accommodation, social security and job mediation, not least for the immigrant population. The desired integration of immigrants must be guaranteed at all levels on a permanent basis. However, very little is being done to seriously advance integration at the level of the local community. So it is this aspect that the project makes its focal point. Although multiculturalism has been embraced by government policy for some years now, it has recently been seized on by right-wing populists to further their agenda, which regards immigration as a threat to individual identity. The inevitable consequence is that feelings of hospitality are being replaced by feelings of fear, anger and mistrust. While mobility is changing the way our cities function, communities are becoming more and more individualistic. People no longer share real experiences and the idea of collectivity is losing ground.

Brussels is the most cosmopolitan European city, which makes it the ideal location for this final-year project. Saint-Josse-ten-Noode is the municipality with the highest population density in the Brussels region, half of whose residents are international migrants. In this context, a spatial intervention that brings residents together with respect for each other's identity is of inestimable value.

GIORGIA CASTELLI

2

1 De kern wordt gedefinieerd door drie thematische clusters: bedrijf, prestatie en vitaliteit.
The core is defined by three thematic clusters: enterprise, performance and vitality.

2 Impressie van de centrale passage.
Impression of the central passage.

3 Zicht op de bedrijvencluster.
View towards the enterprise cluster.

4 Zicht op het prestatiecluster.
View of the performance cluster.

5 Het theater dient als voorbeeld van de architectonische aanpak in materialisatie en detaillering. De straatgevel is op verschillende manieren gearticuleerd afhankelijk van het gewenste privacy niveau voor de erachter gelegen functies.
The theatre serves as an example of the architectural treatment in terms of materialization and detailing. The street facade is articulated in different layers so as to reflect the level of privacy required by the functions contained in the building.

6 Maquette.
Model.

3

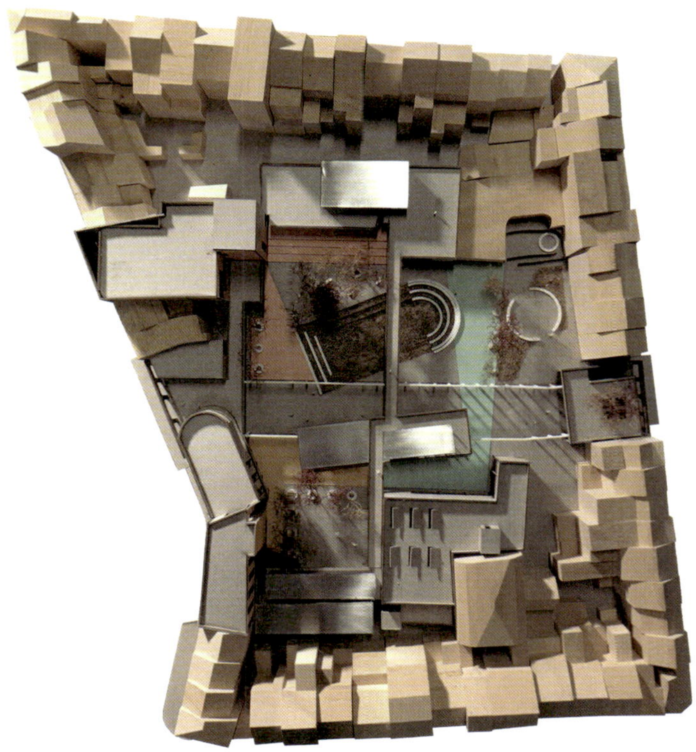

6

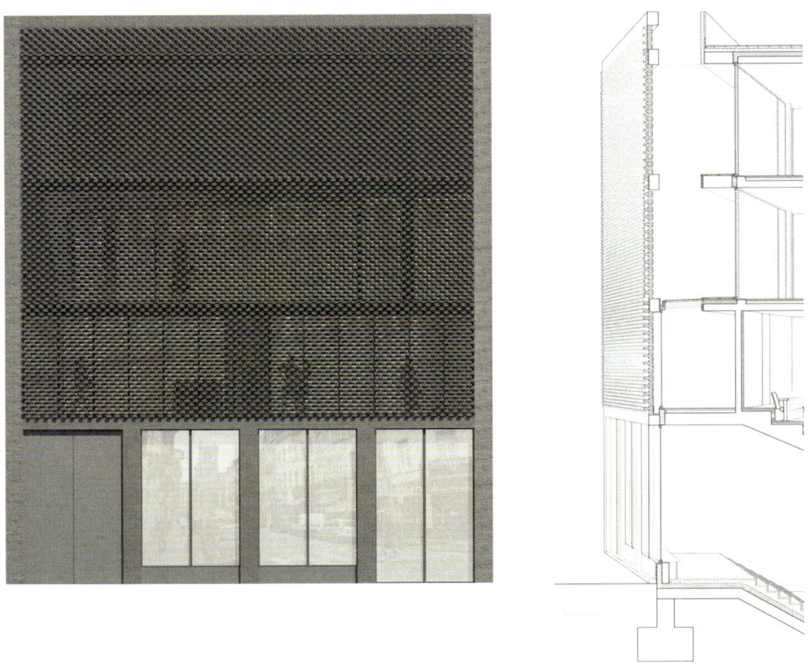

5

❼

❼
Plattegrond begane grond. De kern wordt doorsneden door een centrale passage, dit is de formele route, de permeabele ruimte eromheen vormt de informele route. Twee elementen staan centraal in de ruimte, ze onderbreken het zicht door het blok, trekken de aandacht van de gebruiker en nodigt deze uit om in de verschillende clusters naar binnen te gaan.
① trouw- en feestzaal ② café ③ theater ④ receptie ⑤ theater kaartverkoop ⑥ politiek debatcentrum ⑦ gedeelde kantoorruimte ⑧ markt ⑨ werkplaatsen ⑩ dagopvang ⑪ multifunctionele ruimte ⑫ speelplaats ⑬ verhalen vertellen ⑭ openluchttheater

Ground floor plan. The core is crossed by a central passage, the 'formal route'; the permeable space around it is the 'informal route'. Two centrally placed elements interrupt the view through the block, capturing the user's attention and inviting them to enter the different clusters.
① marriage/party hall ② café ③ theatre ④ reception ⑤ theatre ticket office ⑥ political discussion chamber ⑦ shared office space ⑧ market ⑨ workshops ⑩ child day care ⑪ multi-purpose room ⑫ playground ⑬ storytelling ⑭ open-air theatre

A FIRE-SCAPE

EEN NIEUWE VORM VAN EEN
BRANDBAAR LANDSCHAP.

Het project presenteert een nieuwe kijk op vuur als onderdeel van het landschap in de bossen van Noord-Amerika. In de toekomst zal brand door de klimaatverandering een prominenter onderdeel van het landschap worden. In deze verandering van het landschap spelen landschapsarchitecten een prominente rol bij het ontwerpen van nieuwe veerkrachtige landschappen en het voorbereiden van de samenleving op een leven met vuur. In heel Noord-Amerika was vuur altijd een belangrijk onderdeel van het natuurlijke proces in de bossen. De indianen staken branden opzettelijk aan. Deze gecontroleerde branden droegen bij aan de openheid van het landschap om beter te kunnen jagen en verzamelen. Er ontstond een 'ongerepte' wildernis, als resultaat van incidentele branden die een mozaïek van graslanden en bossen creëerden.

Met de komst van de Engelse kolonisten in 1850 en de bouw van huizen, wegen en sporen was vuur niet langer gewenst als onderdeel van deze bossen. Door decennia lange programma's van brandbestrijding en preventie zijn de ecosystemen drastisch veranderd in deze bossen en zijn er dichte bomenstanden ontstaan zonder diversiteit. Dit in combinatie met de verandering in het klimaat, leidt tot extreme bosbranden. In California worden huizen gebouwd in of in de buurt van bossen die vatbaar zijn voor branden. Dit betekent dat het ons leven bedreigt en letterlijk een 'hot topic' in het nieuws is geworden.

De programma's die gericht zijn op het beschermen van de bebouwde omgeving tegen brand werken dus averechts, maar wat als er een andere aanpak is? In Nederland verdedigen we ons al eeuwen tegen het water door dijken, zeeweringen en duinen te bouwen. Nu worden nieuwe ideeën getest, om ruimte te geven aan het water. Dit leidt tot nieuwe landschappen en nieuwe vormen van veerkracht. Kan het probleem in California op dezelfde manier worden aangepakt zoals wij het waterprobleem aanpakken? Dus in plaats tegen het vuur moeten we mogelijk met het vuur ontwerpen om zo het landschap te herstellen.

Dit project is een strategie voor een regionale aanpak in de bossen van het Sierra Nevada gebergte in California. Deze aanpak is geïnspireerd op de kijk van de indianen, het onderzoek naar vuur in het landschap resulterend in een toolbox en de Nederlandse aanpak van het waterprobleem. Door opnieuw een productief 'vuurlandschap' te introduceren waarin hout wordt geproduceerd, ontstaat een economische drager en een aangepast mozaïek landschap waarin vuur onderdeel is van het ecologische proces. Zo genoemde 'vuurdijken' worden ontworpen om een veilig gebied te creëren. Op de vuurdijk wordt de 1-2 meter dikke toplaag verwijderd, waardoor het (graniet) gesteente bloot komt te liggen. Dit zorgt ervoor dat er in deze zone geen brandbaar materiaal kan groeien en de branden uit het 'vuurlandschap' worden gestopt. Naast deze veiligheidsfunctie is het een prachtig element in het landschap op het contrast tussen veilig en onveilig en kan men vanuit hier genieten van de spanning van vuur.

Opleiding Place of education
AvB Amsterdam

Studierichting Specialization
landschapsarchitectuur landscape architecture

Mentoren Tutors
Yttje Feddes, Joyce van den Berg, Gert-Jan Wisse

A NEW FORM OF
FIRE RESILIENT LANDSCAPE.

The project presents a new perspective on fire as a landscape component in the forests of North America. Climate change means that fire will become a more prominent feature of the landscape in the future. In view of this change, landscape architects have a major part to play in designing new resilient landscapes and preparing for a life with fire. Fire has always been a key component of the natural process in forests across North America. The Native Americans used to start fires deliberately. These controlled burns contributed to the openness of the landscape, making it easier for them to hunt and to gather food. It was an 'unspoilt' wilderness, a mosaic of grasslands and forests produced by these sporadic burns.

With the arrival of the English colonists in 1850 and the construction of houses, roads and railways, fire was no longer desirable as a component of these forests. Following decades of fire-fighting and fire prevention programmes, the ecosystems in these forests have changed drastically, creating dense tree stocks with little diversity. This, in combination with climate change, is resulting in extreme forest fires. In California, houses are being built in or near forests that are susceptible to fires. This means that it is threatening our lives and has literally become a hot news topic.

So the programmes focused on protecting the built environment against fire are having the opposite effect. What if there is a different approach? In the Netherlands, we have been defending ourselves against the water for centuries by building dykes, sea walls and dunes. Now, new ideas are being tested that make room for the water instead. This strategy leads to new landscapes and new forms of resilience. Can the fire problem in California be tackled in a comparable way? This could mean designing with fire instead of fighting it, if the landscape there is to be restored.

This project presents a strategy for a regional approach in the forests of the Sierra Nevada mountain range in California. This approach was inspired by the outlook of the Native Americans, by the research into fire in the landscape, resulting in a toolbox, and by the Dutch approach to the water problem. It reintroduces a productive fire landscape or 'fire-scape' that can support timber production, creating an economic platform and a modified mosaic landscape where fire is part of the ecological process. So-called fire dykes have been designed to ensure a safe living environment. The one to two metre thick layer of topsoil has been removed, exposing the granite rock underneath. This prevents combustible material from growing there and acts as a barrier to fires in the fire landscape. Besides its preventive qualities, the fire dyke is a beautiful addition to the landscape at the border between safe and unsafe, as well as a vantage point from where to enjoy the excitement of fire.

HANNA PRINSSEN

MASTERPLAN TUOLUMNE COUNTY

❶ **Masterplan 'A Fire-Scape' met het mozaïek van het vuurlandschap en de vuurdijk als scheiding tussen de wildernis en bewoond gebied.**
Master plan of 'A Fire-Scape' with the mosaic of the fire landscape and the fire dyke separating wilderness from inhabited areas.

❷

Themalagen van het Masterplan.
Themed layers in the master plan.

❷ **bos structuur, Mozaïek structuur van het bos.**
forest structure, Mosaic structure of the forest.

❸ **vuur systeem, Vuur richting en de structuur van de dijken.**
fire system, Direction of fire and structure of the dykes.

❹ **watersysteem, Water vasthouden in het gebied.**
water system, Water containment in the area.

❺ **gebruik, Het gebied als toeristische attractive.**
use, The area as a tourist attraction.

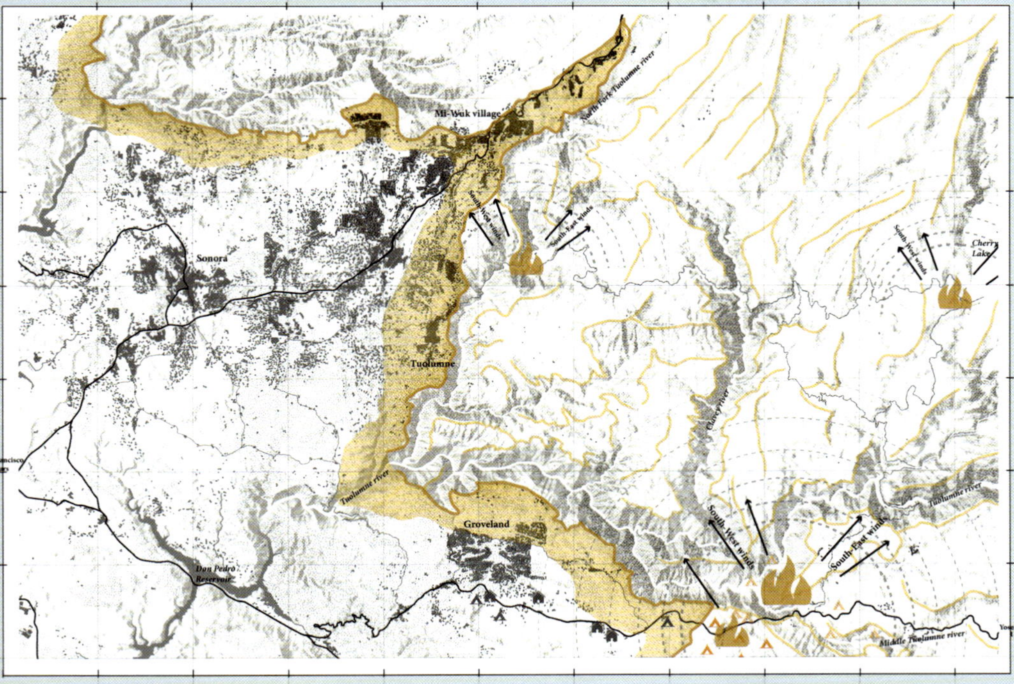
Mi-Wuk village
Sonora
Tuolumne
Groveland
Don Pedro Reservoir
Cherry Lake
Middle Tuolumne river
Yosemite 1 hour

❸

Mi-Wuk village
Sonora
Tuolumne
Groveland
Don Pedro Reservoir
Cherry Lake
Middle Tuolumne river
Yosemite 1 hour

❹

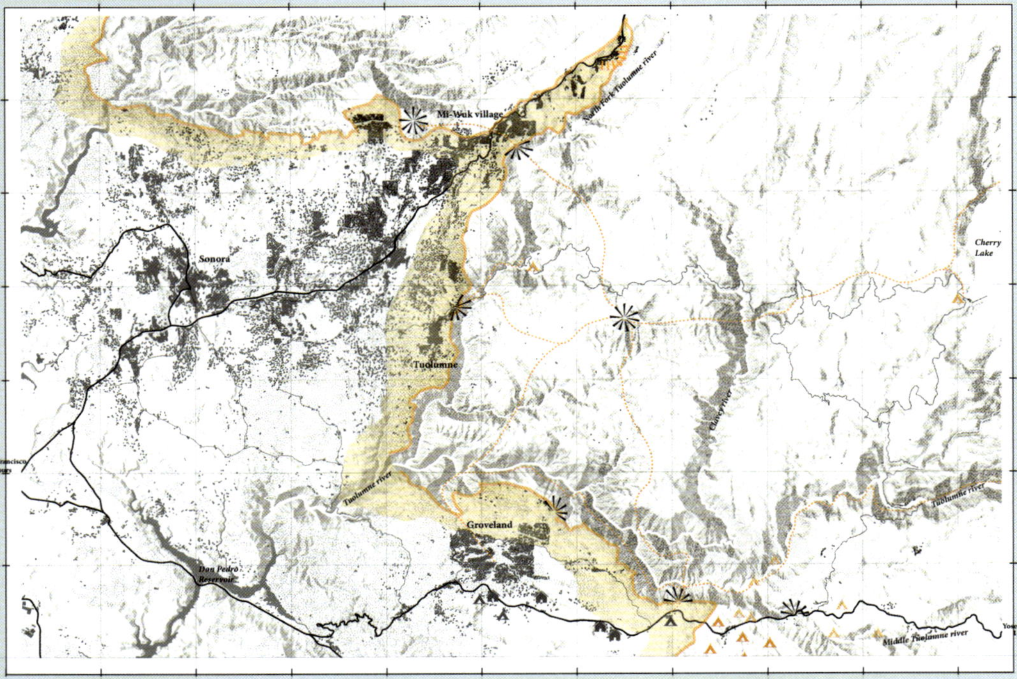
Mi-Wuk village
Sonora
Tuolumne
Groveland
Don Pedro Reservoir
Cherry Lake
Middle Tuolumne river
Yosemite 1 hour

❺

❻

❼

❻ **De Vuurdijk langs de kam van de berg, op het contrast tussen veilig en onveilig gebied.**
The Fire Dyke along the edge of the mountain ridge, at the border between safe and unsafe areas.

❼ **De Vuurdijk als route door het vuurlandschap.**
The Fire Dyke as a route through the fire landscape.

ARCHITECTURE OF SYNERGY

DE TRANSFORMATIE VAN DE ROBIN HOOD GARDENS
TOT EEN DIALOOG TUSSEN VERLEDEN EN HEDEN.

De sloop van dit iconische voorbeeld van brutalistische architectuur in Londen is gaande. Mijn plan beoogt een alternatief te bieden voor de sloop door een nieuwe, diverse omgeving te introduceren die een betere toekomst creëert voor de bewoners en de stad. Het historische woonproject, ontworpen door Alison en Peter Smithson, werd eind jaren zestig gebouwd in het Poplar district in Londen. Het is beroemd om zijn luchtbruggen en de centraal gelegen groene kegelvormige heuvel. Het project was een experiment in modern en betaalbaar wonen in de stad. Na amper drie decennia besloot de lokale overheid de gebouwen te slopen, maar veel architecten en ook de bewoners begonnen te protesteren om deze betonnen monsters te redden. Na vijftien jaar van activiteiten om zowel de gemeenschap als de monumentale gebouwen te redden, hielpen de gebreken van het project de ontwikkelaars en de overheid om de zaak te winnen en begon de sloop in 2017. Tegenwoordig staat de helft van het project nog overeind, de andere helft moest plaats maken voor nieuwbouwwijken met hogere dichtheden en nieuwe typen bewoners.

Mijn transformatieve ontwerp is een reflectie op de geschiedenis en de nieuwe situatie, waarbij marktpartijen bepalend zijn voor de ontwikkelingen. De architectuur, het complex als stedelijk erfgoed, en de huidige overgebleven gemeenschap vormen de uitgangspunten voor een reeks gelaagde onderzoeken en observaties. Die leerden me dat elk concept dat deze gemeenschap zou kunnen redden, een directe link moet hebben met het verleden en met de bestaande uitdagingen.

Het ontwerp behelst een nieuwe stedenbouwkundige opzet die de site verbindt met de wijk en de binnenstad van Londen. De site wordt getransformeerd tot een centraal groengebied met een plein. Het bestaande gebouw krijgt een plint met een gemengd programma. Het Robin Hood Gardens-gebouw wordt verticaal ontsloten door een centrale straat met verschillende sociale functies. Aan de vraag naar aanvullende woningtypologieën wordt voldaan door een nieuwe toevoeging parallel aan het huidige volume. Beide worden verbonden door een tussenruimte, dit is de plek waar oud en nieuw samenkomen. Deze architectonische 'entre-deux' is een sociale ruimte die de dialoog stimuleert tussen de twee delen, tussen de monoliet en een verfijnd, empathisch en aanpasbaar woonweefsel.

Het Robin Hood Gardens-gebouw is net als veel andere voorbeelden een product van overhaaste experimentele woningbouwontwikkelingen. Dat mag geen reden zijn om het te slopen of het als een mislukking in de geschiedenisboeken weg te zetten en de bewoners in de steek laten. Mijn afstudeerproject is een poging om te leren van de architectuurgeschiedenis en daar naar te handelen. Het presenteert een optie om een verlaten, geïsoleerd problematisch woonproject te transformeren tot een meer diverse en vriendelijke woon- en werkomgeving.

Opleiding Place of education
AAS Tilburg

Studierichting Specialization
architectuur architecture

Mentoren Tutors
Johan de Wachter, Nicole Maurer

1

ROBIN HOOD GARDENS TRANSFORMED
INTO A DIALOGUE BETWEEN PAST AND PRESENT.

This iconic example of Brutalist architecture in London is now in the process of being demolished. My project proposes an alternative to demolition by introducing a new and diverse environment that would create a brighter future for the residents and for the city. The historic residential project, designed by Alison and Peter Smithson, was built in the late 1960s in London's Poplar district. Famous for its streets in the sky and the central green conical hill, the project was an experiment in modern and affordable living in the city. After just three decades the local authorities decided to tear down the buildings. Many architects as well as its residents fought to save these concrete monsters. After fifteen years of campaigning to save the community as well as the monumental buildings, the project's shortcomings allowed the developers and the authorities to win the case, and demolition began in 2017. These days half the project is still in place, the other half having made way for new housing developments with higher densities and new types of residents.

My transformative design is a reflection on the project's history and on the new situation, with market players steering the direction taken by developments. The architecture, the project as urban heritage and the remaining community form the frame of reference for a series of layered research studies and observations. This helped me to understand that any concept that could save this community must have a direct link to the past and to the challenges facing it today.

The design proposes a new urban configuration that ties the site to the district and to London's inner city. The site is transformed into a central green area and square, with a plinth inserted into the existing building for a mix of programmes. Vertically, the Robin Hood Gardens building is opened up by a central street with a varied social programme. The demand for additional housing typologies is met by a new addition parallel to the present volume, the two connected by an in-between space, a place where old and new components meet. This architectural 'entre-deux' is a social space that encourages a dialogue between the monolith and a refined, empathetic and adaptable residential tissue.

Robin Hood Gardens is just one example among many rushed experimental housing developments. This should not be a reason to demolish it or mark it down as a failure in the history books and leave its residents to their fate. My graduation project is an attempt to learn from architectural history and act accordingly. It presents an option to transform an abandoned and isolated problematic housing project into a more diverse and friendly living and working environment.

MOHAMMED M. KHALILINEJAD

❷

❶ **De sloop van Robin Hood Gardens.**
Robin Hood Gardens in the process of being demolished.

❷ **Eerste fase: Transformatie van de verticale publieke infrastructuur.**
Phase 1: Transforming the vertical public infrastructure.

❸ **Tweede fase: Toevoeging van een nieuwe, multifunctionele uitbreiding.**
Phase 2: Adding a new multifunctional extension.

❸

❹

❺

❹ ❺ **De tussenruimte waar bestaand en nieuw elkaar ontmoeten.**
The in-between space, where old and new meet.

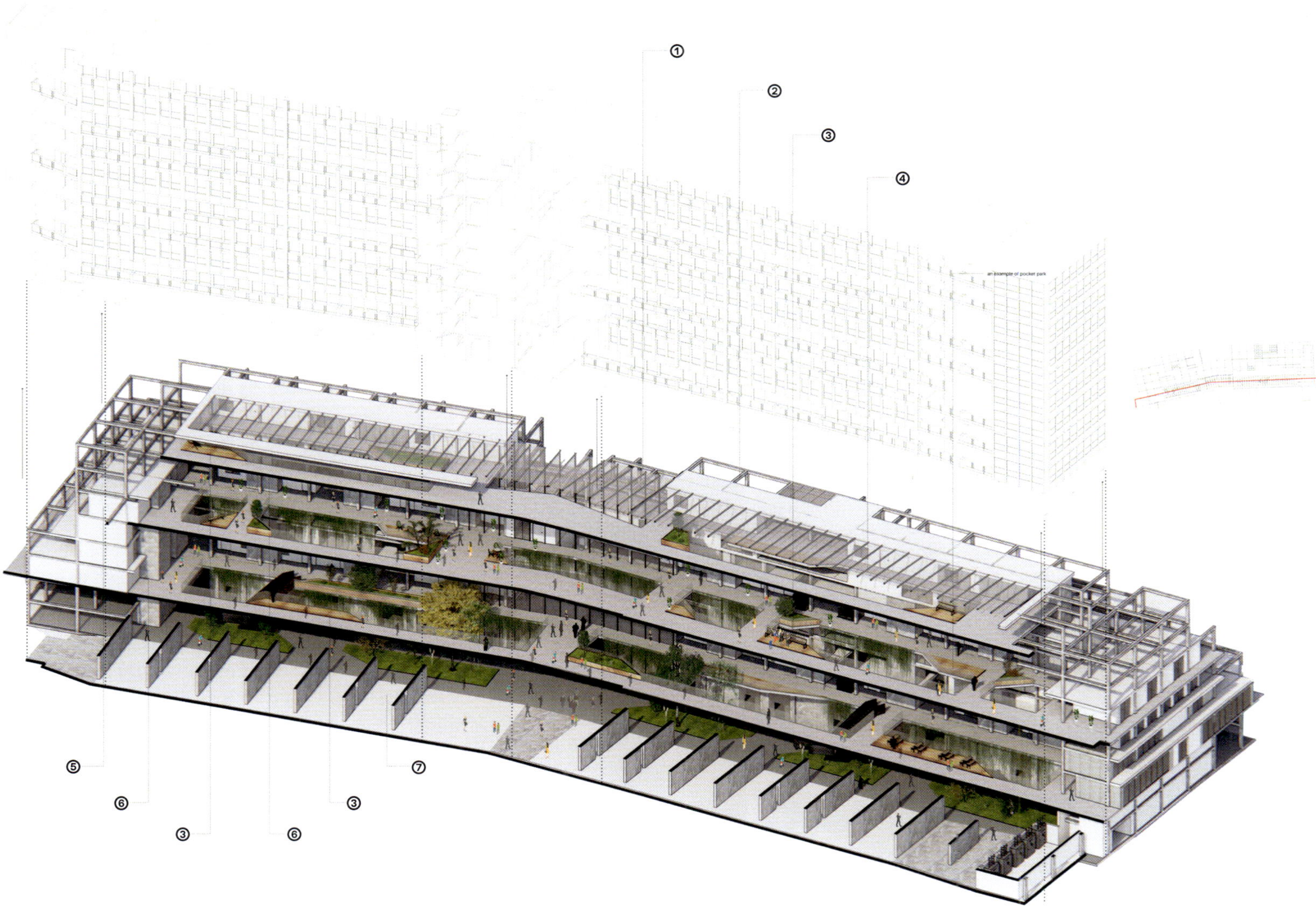

❻
De nieuwe uitbreiding en toegevoegde functie van het bestaande gebouw.
① centrale vide, de glasgevel kijkt uit op de snelweg.
② flexibel grid, draagstructuur tbv nieuwe units.
③ parkje.
④ nieuwe vertikale publieke ruimte.
⑤ nieuwe units.
⑥ constructieve schachten met leidingen.
⑦ begane grond van het bestaande Robin Hood Gardens complex is getransformeerd voor commerciële functies.

The new extension and additional function for the existing building.
① main void, with glass facade facing the motorway.
② new units with flexible grid structure.
③ pocket park.
④ new vertical public space.
⑤ new units.
⑥ construction shafts with services.
⑦ ground floor of existing Robin Hood Gardens transformed for commercial use.

ARCHITECTURES IN MOTION RECONFIGURING ADDIS ABABA'S NARRATIVES

Dit plan grijpt de laatste kans om de culturele identiteit van Addis te behouden door een inclusieve stad te bouwen. Het doel van het project is tweeledig: enerzijds wordt er geput uit tradities, het vernaculaire en het collectieve geheugen om de historische wijken en hun verhalen opnieuw vorm te geven. Aan de andere kant is het de ambitie om de stad te verdichten door het aanbieden van betaalbare woningen die, wanneer opgeschaald, miljoenen kunnen huisvesten.

Ethiopië is een van de snelst groeiende economieën ter wereld, maar ook een van de armste. De bevolking groeit exorbitant, tegelijkertijd stromen er eindeloos veel migranten de hoofdstad binnen. Economische en politieke krachten zijn gericht op efficiënte resultaten. Addis Abeba wil snel, in grote hoeveelheden en zo goedkoop mogelijk leveren, daardoor is er weinig tijd om na te denken!

Dit is met name relevant omdat Addis Abeba als federale stad geografisch begrensd is en niet verder kan uitbreiden. Met dit plan wordt een alternatief geboden voor de ingezette zelfvernietigende spiraal waarbij alle bestaande sporen in de stad worden gewist om plaats te maken voor de explosieve groei van de stad.

De meest bestendige buurten worden bedreigd en worstelen om te blijven bestaan naast de explosieve groei van de stad. De binnenstad vertegenwoordigt een hoge waarde en de gemeenschappen die er al meer dan honderd jaar floreren, worden nu met uitzetting bedreigd. Naast het verlies van het tastbare erfgoed zoals de straten, steegjes en historische architectuur, zouden de verhalen uitgewist kunnen worden die zijn gevormd door de structuren van de longue durée.

Er is gekeken naar dynamieken van het ontstaan van historische wijken in Addis om tot een nieuwe oplossing te komen voor de stad. De historische wijken van Addis zijn vaak spontaan ontstaan door een samenkomst van verschillende groepen mensen. Deze dynamiek van zelf-organiserende mechanismen brengt leefstijlen, architectonische ruimtes en het gebruik van materialen met zich mee. Door van deze dynamieken te leren en de processen te decoderen, dient dit plan als een voorbeeld voor het ontwerpen van moderne wijken in het 'Globale Zuiden'.

Dit plan roept meerdere nieuwe vragen op, zoals: hoe kunnen we verwaarloosde, historische wijken verdichten en opnieuw configureren zonder hun sporen uit te wissen?' Hoe kunnen we de levensstijl van de bewoners interpreteren en tegelijkertijd een dynamische structuur bieden die kan voorzien in de dromen van de bewoners? Hoe kunnen we nieuwe deuren openen naar nieuwe ambities terwijl we gebruik maken van bestaande waarden?

1

Opleiding Place of education
TU-Delft

Studierichting Specialization
architectuur architecture

Mentoren Tutors
Harald Mooij, Nelson Mota, Frank Schnater

This project seizes on the last chance for Addis Ababa to retain its cultural identity by building an inclusive city. It has two objectives. One is to draw on traditions, the vernacular and the collective memory to give new shape to the historical neighbourhoods and their narratives. The other is to densify the city by offering affordable accommodation which when upscaled can house millions of its residents.

Ethiopia is one of the world's fastest growing economies, but also one of the poorest. The population is growing at a furious pace and there is an endless flow of migrants to Ethiopia's capital city. Economic and political forces are geared to efficient results. Addis Ababa wants to deliver quickly, in great quantities and as cheaply as possible, so there is little time for reflection!

Add to this the fact that Addis Ababa is a federal city and as such has geographically fixed borders preventing it from further expansion. This project presents an alternative to the ongoing self-destructive spiral in which all existing traces in the city are being erased to accommodate its explosive population growth.

Even the most secure neighbourhoods are threatened and struggle to survive alongside the city's explosive growth. The inner city represents a high value and the communities that have thrived there for more than a century are threatened with mass eviction. Along with the loss of tangible heritage such as streets, alleyways and historical architecture, the narratives shaped by the structures of the longue durée could be erased too.

The research component of the project explores the dynamics informing the emergence of historical parts of Addis so as to arrive at a new solution for the city. These parts often sprang up spontaneously with the convergence of different population groups. These dynamics of self-organizing mechanisms inform the way people live, the architectural spaces and the application of materials. By learning from these dynamics and by decoding the processes, this project serves as a model for designing modern neighbourhoods in the Global South.

The project raises several new questions. For instance, how can we densify and reconfigure dilapidated historical neighbourhoods without erasing their traces? How can we interpret the way of life of their inhabitants while providing a dynamic structure that can cater to their dreams? How can we open new doors to new aspirations while drawing on existing values?

ANTONIO PAOLETTI

❷

❶ **De ambachtslieden worden gehuisvest in typologieën met een vloeiende balans tussen werk en leven. Met de werkplaatsen aan de straat bieden ze een ideale conditie voor de families van ambachtslieden.**
Craftspeople are housed in dwelling types with a fluid balance between work and home life. With the workplaces overlooking the street, these units make ideal homes for craftspeople and their families.

❷ **Talian sefer, een van de oudste districten van Addis Abeba, ontstond als een verzameling omheinde nederzettingen, ronde tukuls en verspreide villa's omgeven door eucalyptusbossen. Het gebied werd geleidelijk overwoekerd door tijdelijke structuren die geclusterd waren rond centrale en lineaire ruimten. Gebaseerd op de morfogenese van Addis, integreert het ontwerp fragmenten uit het verleden met een systeem van in elkaar grijpende binnenplaatsen. Dit met als doel een culturele en politieke identiteit te realiseren.**
Talian Sefer, one of the oldest districts of Addis Ababa, began as a collection of fenced compounds, tukuls (round huts) and scattered villas surrounded by eucalyptus trees. The area gradually became overrun by temporary structures clustered around central linear spaces. Based on the morphogenesis of Addis, the design integrates fragments from the past with a system of interlocking courtyards. The aim here is to instil a cultural and political identity.

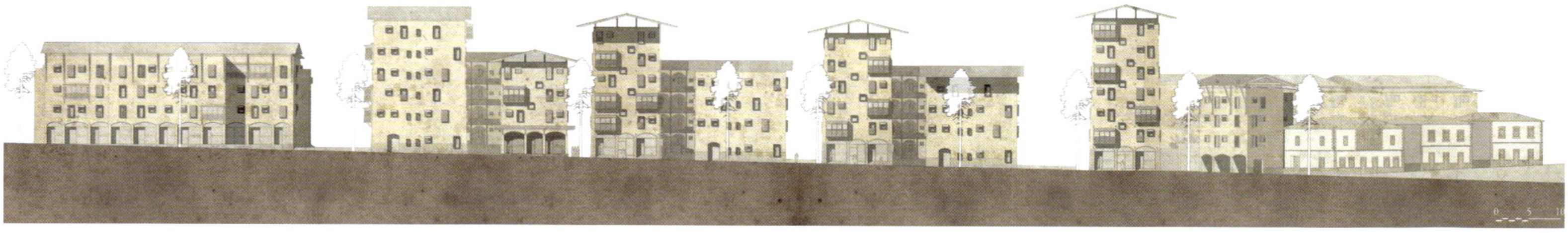

❸

❹

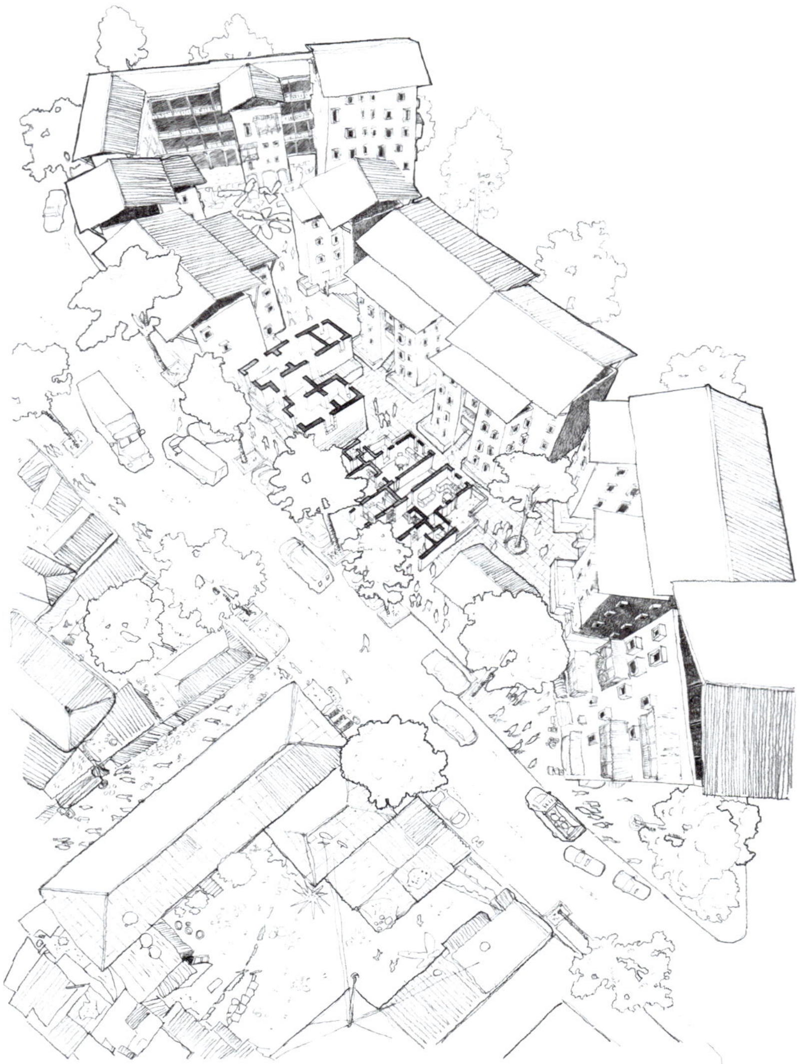

❸ **De hoofdstraat vormt een unieke economische kans voor kleine ondernemers. De opeenvolging van binnenplaatsen vormen een poreuze wand van de hoofdader, hetgeen de bedrijvigheid stimuleert.**
The main road offers unique economic opportunities to small businesses. The sequence of courtyards presents a porous wall along this main thoroughfare, encouraging commercial activities there.

❹ **Straten krijgen een nieuwe inrichting, tot bijvoorbeeld voetgangersgebied, om het gemeenschapsgevoel te stimuleren. Traditionele restaurants serveren maaltijden op de binnenplaatsen, ambachtslieden verkopen hun speciale producten en mensen genieten van het unieke karakter van het aanwezige erfgoed.**
Streets are reconfigured, for example as a pedestrian precinct to stimulate a feeling of community. Traditional restaurants serve meals in the courtyards, craftspeople sell their special products and everyone enjoys the uniqueness of the surrounding architectural heritage.

❺ **De historische architectuur in Talian vormt een samenhangend erfgoed, niet vanwege uitzonderlijke architectonische kwaliteit, maar omdat het de smeltkroes van culturen en bouwtechnieken vertegenwoordigt en daarmee de geschiedenis van de stad illustreert.**
The historical architecture in Talian collectively falls under heritage, not because of any exceptional architectural qualities, but because it represents the melting pot of cultures and building techniques and thus illustrates the city's history.

❺

BEYOND THE RIVER; DESIGNING FOR ANTWERP

Een sterke, herkenbare stedelijke vorm is cruciaal in een stedelijke setting en essentieel bij het uitbreiden of vernieuwen van een stad.
(Kevin Lynch (1960) The Image of the City)

Het ontwerp voor de stedenbouwkundige opzet van de Linkeroever van Antwerpen is geïnspireerd door observaties van verschillende auteurs zoals Roger Trancik, Aldo Rossi en Kevin Lynch. In het eerste deel van het afstudeerplan wordt het theoretisch kader ontwikkeld voor de stadsuitbreiding in combinatie met de stadstransformatie[1], in het tweede deel worden de bevindingen uit het uitgebreide theoretisch onderzoek geïmplementeerd in een stedenbouwkundig masterplan én een architectonisch ontwerp voor een Stadskroon[5] als onderdeel van het masterplan.

Het stedenbouwkundig ontwerp heeft als doel de Linkeroever vorm te geven als een integraal onderdeel van de stad Antwerpen, een waardige wederhelft van de Rechteroever in het radiaal-concentrische systeem van de stad. In dit stadsdeel moet de geprojecteerde groei van de stad kunnen plaatsvinden. De Linkeroever, gelegen aan de westzijde van de Schelde, wordt momenteel niet ervaren als integraal onderdeel van de stedelijke structuur van Antwerpen. De ontwikkeling van de Linkeroever geschiedt op basis van de groeilijnen[2] van de stad. In mijn ontwerp wordt op zowel grote als kleine schaal een stedelijk weefsel gevormd dat typerend is voor Antwerpen, van Urban Form tot Urban Tissue[3], gebaseerd op vorm- en ontwerpregels die bewust of onbewust terug te vinden zijn in de stad. De huidige contrasterende situatie wordt getransformeerd naar een structuur die aansluiting zoekt bij de Rechteroever, voortbouwend op het weefsel daar. Onderdeel van het masterplan Linkeroever is de transformatie naar een gezonder weefsel met meer diversiteit en met katalysatoren van stedelijkheid[4], kwartiermakers en in het bijzonder de realisatie van een zogeheten Stadskroon. Het plan zet grotere stedelijke motieven door zoals het stadscentrum, de binnenring en de stadsring en brengt daarnaast meer levendigheid en stedelijkheid naar de Linkeroever.

De Stadskroon wordt in het masterplan belichaamd door de ontworpen nieuwbouw voor het Vlaams Parlement. Het brengt publiek leven, is een aanjager van stedelijke ontwikkeling en ook een exercitie van een zekere vorm van Civic Art[6] op architectonische en stedelijke schaal. In lijn met de stedelijke component van de ontwikkeling Linkeroever komt ook de architectonische component van het ontwikkelen van een Stadskroon[5] neer op duidelijkheid en leesbaarheid, voortbouwend op Vorm, Type en Geleding[2, 5, 7] met een duidelijke centrale rol voor het publieke karakter van dit gebouw.

Op deze wijzen wordt met de verweving van de architectonische en stedenbouwkundige componenten, de Stadskroon en het Masterplan Linkeroever, getracht om het gebied dat eens het Vlaams Hoofd heette te transformeren naar het Hoofd van Vlaanderen én tot een waardige wederhelft van Rechteroever binnen het radiaal-concentrische stadsmodel van Antwerpen.

A strong, recognizable urban form is crucial in a city setting and essential when adding to or rebuilding a city.
(Kevin Lynch (1960) The Image of the City)

My design for the urban development of Antwerp's left river bank (Linkeroever) was inspired by observations made by authors like Roger Trancik, Aldo Rossi and Kevin Lynch. The first part of this graduation project is given over to constructing a theoretical framework for urban development combined with urban transformation[1]. In the second part, the findings of the exhaustive theoretical study are implemented in an urban master plan, one of whose components is the architectural design for a 'City Crown'[5].

The urban design seeks to give shape to Linkeroever as an integral component of the city of Antwerp, a worthy counterpart to the right bank (Rechteroever) in the city's radial-concentric configuration. Linkeroever is the most appropriate part of Antwerp to accommodate the city's projected growth. Located on the west side of the river Scheldt, this area is not perceived at present as an integral component of Antwerp's urban structure. The development of Linkeroever proceeds from growth lines[2] in the city. My design constructs at both macro and micro scales an urban fabric characteristic of Antwerp, from Urban Form to Urban Tissue[3], based on rules of form and design that can be found or felt in the city. The present contrasting situation is transformed into a structure that reaches out to Rechteroever by expanding on its fabric. One objective of the Linkeroever master plan is to transform it into a healthier fabric with greater diversity and catalysts of urbanity[4], 'trailblazers', and in particular through the creation of a so-called City Crown. The project also pursues larger urban issues such as the city centre and inner and outer ring roads, bringing greater vibrancy and urbanity to Linkeroever.

The City Crown is expressed in the master plan by the designed new-build for the Flemish Parliament. It promotes public life, acts as a catalyst for urban development and is also an exercise for a particular form of Civic Art[6] at the architectural and urban scales. In line with the urban component of the development of Linkeroever, the architectural component of a City Crown[5] is all about clarity and legibility based on Form, Type and Articulation[2,5,7] with this building's public character clearly to the fore.

This meshing of architectural and urban components, City Crown and Linkeroever master plan, seeks to transform the area once known as Vlaams Hoofd (Flemish Head) into the literal head of Flanders as well as a worthy counterpart of Rechteroever in Antwerp's radial-concentric city model.

Opleiding Place of education
TU-Eindhoven

Studierichting Specialization
architectuur & stedenbouw architecture & urban design

Mentoren Tutors
Christian Rapp, Pieter van Wesemael, Haike Apelt, Marcel Musch

[1] Carter, H. (1983). An Introduction to Urban Historical Geography.
[2] Rossi, A. (1966). The Architecture of the City.
[3] Trancik, R. (1986). Finding Lost Space.
[4] Gramsbergen, E. (2014). Kwartiermakers in Amsterdam.
[5] Taut, B. (1919). Die Stadtkrone.
[6] Sitte, C. (1889). The Art of Building Cities.
Hegemann, W. (1922). The American Vitruvius.
[7] Behne, A. (1926). Der Moderne Zweckbau.
Wittkower, R. (1949). Architectural Principles in the Age of Humanism.

NICK VAN GARDEREN

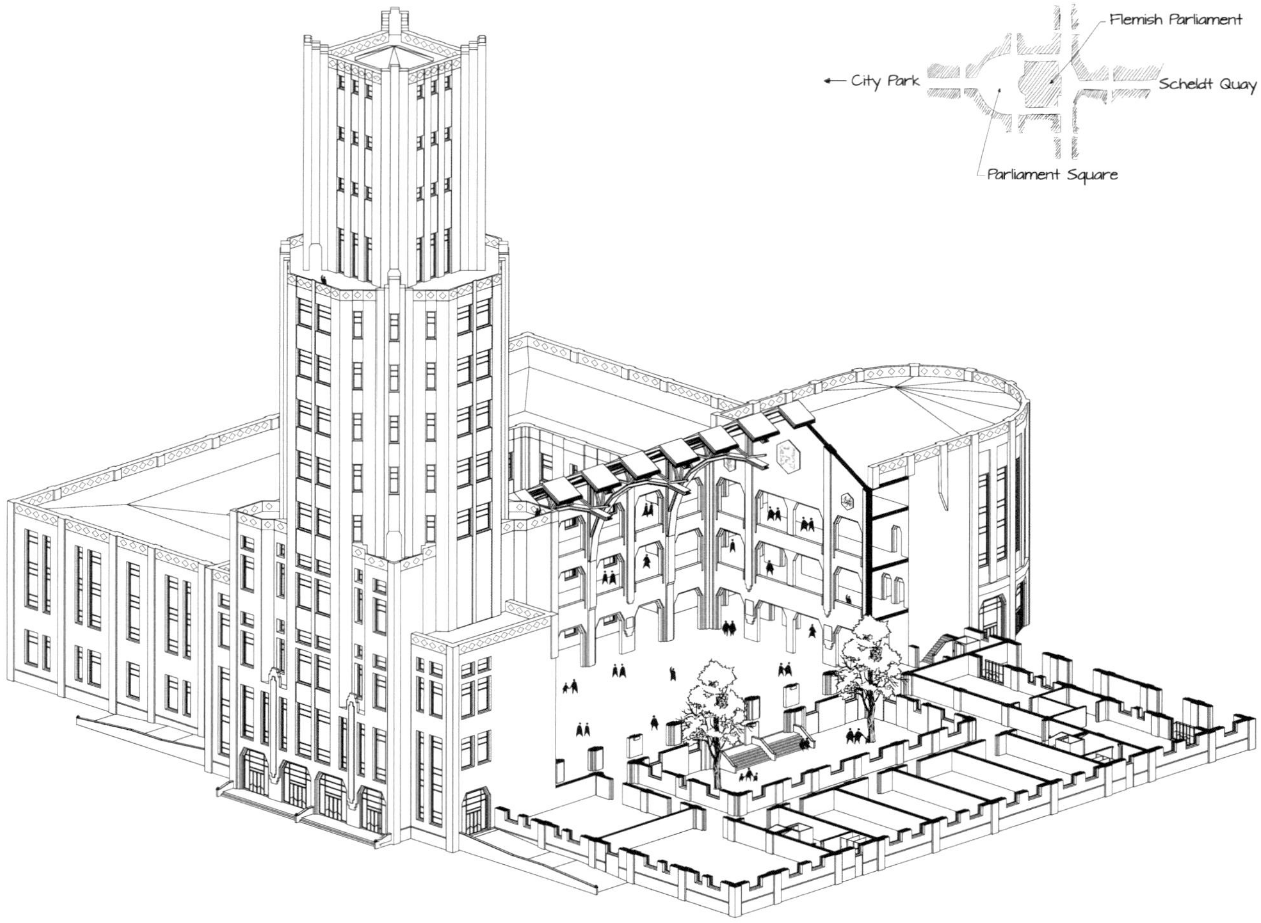

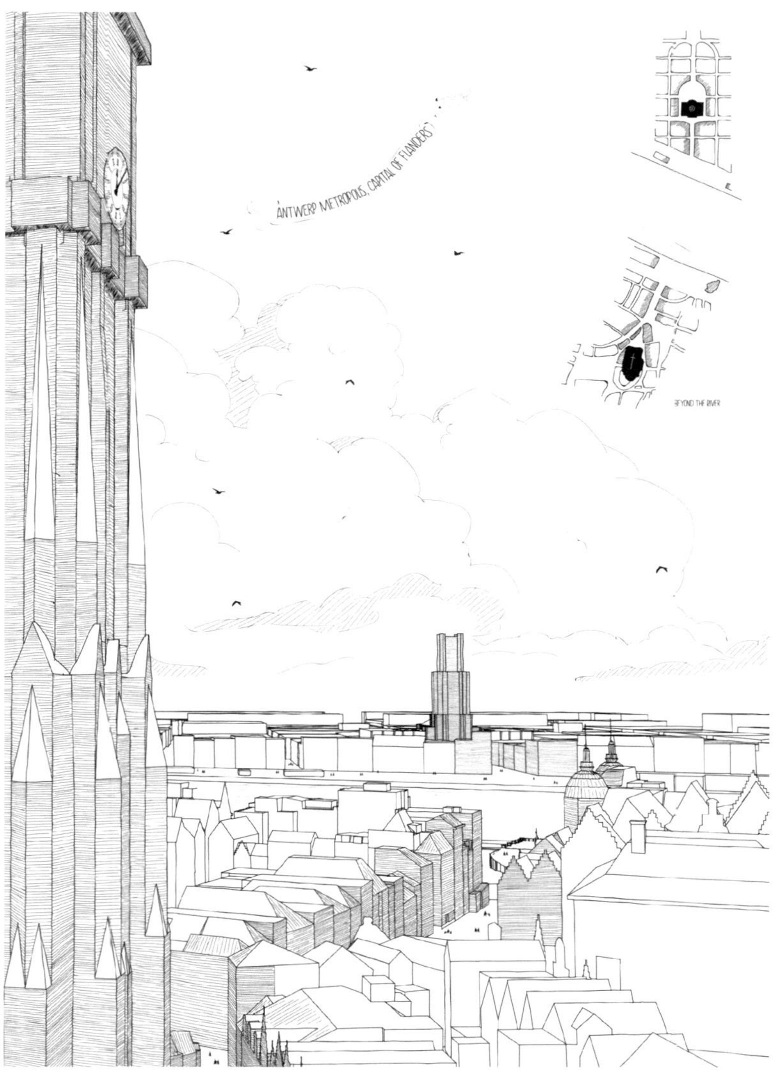

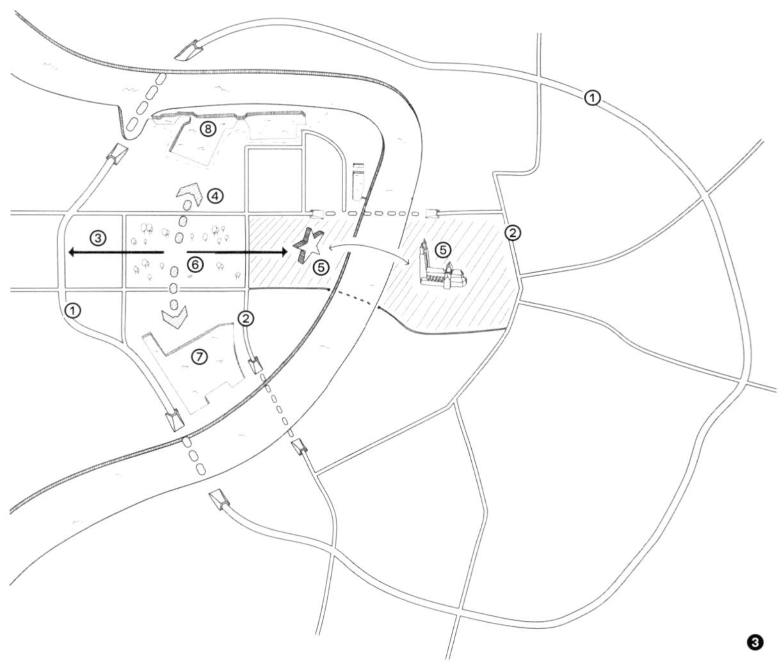

❶ **Vlaams parlement, een nieuw stedelijk baken als katalysator van het openbare leven op de Linkeroever.**
The Flemish Parliament building, a new urban landmark that is to galvanize public life in Linkeroever.

❷ **Impressie.**
Impression.

❸ **Masterplan voor de stedelijke ontwikkeling van de Linkeroever. Door de transformatie van de Linkeroever wordt Antwerpen één samenhangend geheel dat beide oevers van de Schelde beslaat.**
① buitenste ring ② binnenring ③ stedelijke as ④ recreatieve as ⑤ stedelijk ikoon ⑥ park ⑦ recreatieplas ⑧ marina
Master plan for the urban development of Linkeroever. Its transformation will weld Antwerp into a cohesive whole encompassing both banks of the Scheldt.
① outermost ring road ② inner ring road ③ urban axis ④ recreational axis ⑤ urban icon ⑥ park ⑦ recreational pool ⑧ marina

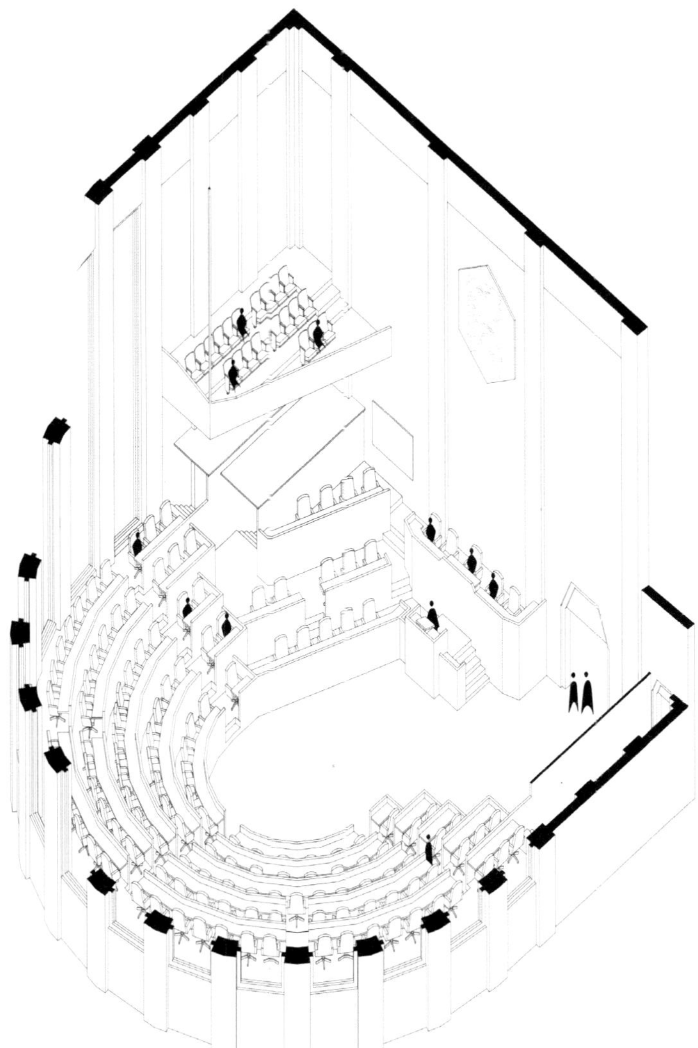

❹ **Masterplan metropolitan Antwerp.**

❺ **Grote publiekshal, het hart van het gebouw.**
Grand Civic Hall, the heart of the building.

❻ **Parlementaire zaal.**
Parliament Hall.

BUILD WITH MEMORY

❶ De hele gemeenschap.
The whole community.

Dit project gaat over het hergebruik van Taiwanese inheemse duurzame bouwmethodes voor de wederopbouw na een ramp. Daarbij worden niet alleen de huisvesting maar ook de emotionele gevoelens betrokken.

Tijdens de catastrofale aardbeving in Hualien op 7 februari 2018 in Taiwan, mijn thuisland, stortten hedendaagse betonnen en schijnbaar betrouwbare bouwblokken in. De honderden jaar oude, traditionele gebouwen daarentegen bleven stevig op hun plaats. Deze dramatische gebeurtenis was voor mij een belangrijke motivatie om de traditionele Taiwanese architectuur nader te onderzoeken.

In mijn onderzoek ontdekte ik dat men hier gebruik maakte van relatief eenvoudige methoden om stevige gebouwen te maken. Vaste hechtmiddelen als lijm of spijkers werden niet gebruikt, om die reden zijn deze gebouwen enerzijds flexibel en veerkrachtig en tegelijkertijd duurzaam. Het bouwmateriaal blijft immers beter beschikbaar voor hergebruik.

Ik heb onderzocht hoe deze traditionele bouwmethode toegepast kan worden voor toekomstige en meer veerkrachtige architectuur. Hoe kan het materiaal opnieuw gebruikt worden? En meer belangrijk, op welke manier kunnen we onze herinneringen onderdeel maken van de nieuw op te bouwen tijdelijke schuilplaatsen?

Na de ramp lagen wrakstukken en dagelijkse voorwerpen met herinneringen rondom verspreid. Ik zag de wrakstukken niet als afval, maar juist als materiaal om een nieuwe start te maken. En de saamhorigheid en geborgenheid van de mensen te herstellen. Het bouwen van een tijdelijke verblijfsplaats met behulp van de overblijfselen en gebruikmakend van de traditionele bouwmethoden.

Het onderzoek naar stapelen van het restmateriaal heeft geleid tot kolommen die de basis vormen van de al dan niet tijdelijke woonvormen. In een online handboek is deze strategie toelicht en toegankelijk gemaakt. Een methodiek die bouwt met herinneringen, niet alleen voor Taiwan maar ook voor andere delen in de wereld die te maken hebben natuurrampen en wederopbouw.

This project is about the reuse of Taiwanese indigenous sustainable building methods in post-disaster reconstruction. It addresses not only housing but also emotions.

During the catastrophic earthquake in Hualien on 7 February 2018 in Taiwan, my homeland, modern concrete buildings we had believed in collapsed, while the centuries-old traditional buildings stayed firmly in place. This dramatic event was for me a key motivation to make an in-depth study of traditional Taiwanese architecture.

During my research I discovered that indigenous craftsmen made use of relatively simple methods to create sturdy buildings. Rigid means of attachment such as glue or nails were avoided, which makes these buildings flexible and resilient and at the same time sustainable. The building materials used are also better suited to reuse.

I explored ways of how this traditional method of building could be applied to future architecture of a greater resilience. How, for instance, can the material be reused?

More importantly, how can we make our memories part of the temporary shelters we need to build?

In the aftermath of the disaster, wreckage and household objects of sentimental value lay round about. I saw these remnants not as waste but rather as the material with which to make a new start and restore the feelings of security and belonging among those affected. So temporary shelters could be built using the remains on site and drawing on traditional methods of construction.

My research into stacking the wreckage led me to design columns as the mainstay of the houses, temporary or otherwise. This strategy is explained in easy-to-follow instructions in a digital manual. It is a method that builds with memory, not just for Taiwan but for all parts of the world where natural disasters occur.

Opleiding Place of education
ArtEZ Zwolle

Studierichting Specialization
interieurarchitectuur interior architecture

Mentoren Tutors
Eric de Leeuw, Lucia Luptáková, Mark Proosten

YING-TING SHEN

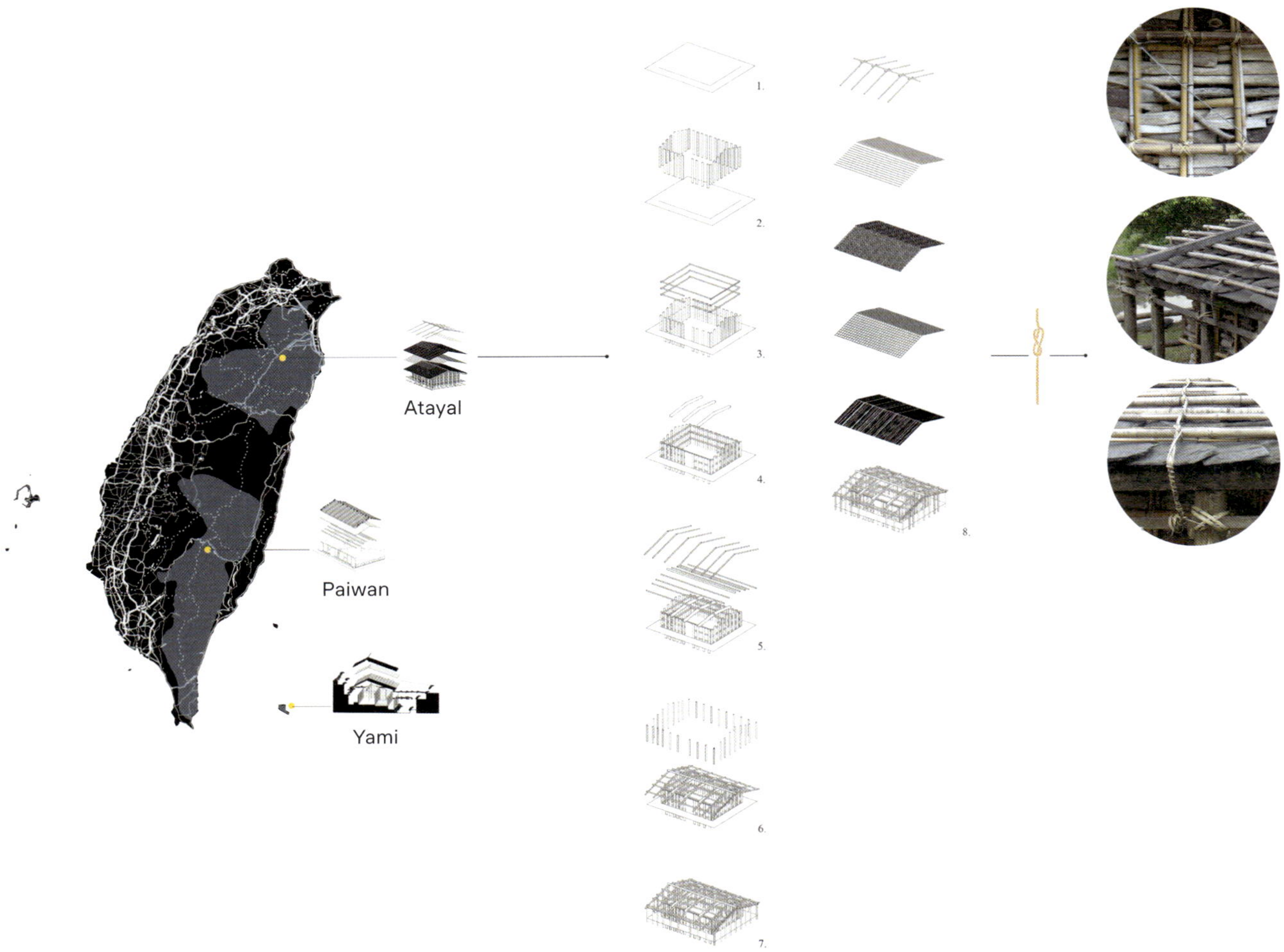

❷ In de Taiwanese inheemse architectuur zijn verschillende manieren ontwikkeld om op aardbevingen te reageren. Bij de stam Atayal wordt materiaal gestapeld tot een zwaar dak om de onderliggende structuur onder druk te brengen. De bouwmaterialen worden enkel met rotan verbonden waardoor het materiaal zelf intact blijft.
Indigenous Taiwanese architecture responds to earthquakes in different ways. In that of the Atayal tribe, the material is stacked to form a heavy roof that puts the underlying structure under pressure. The construction materials are tied together with rattan, so as to keep the building flexible and its components intact.

❸

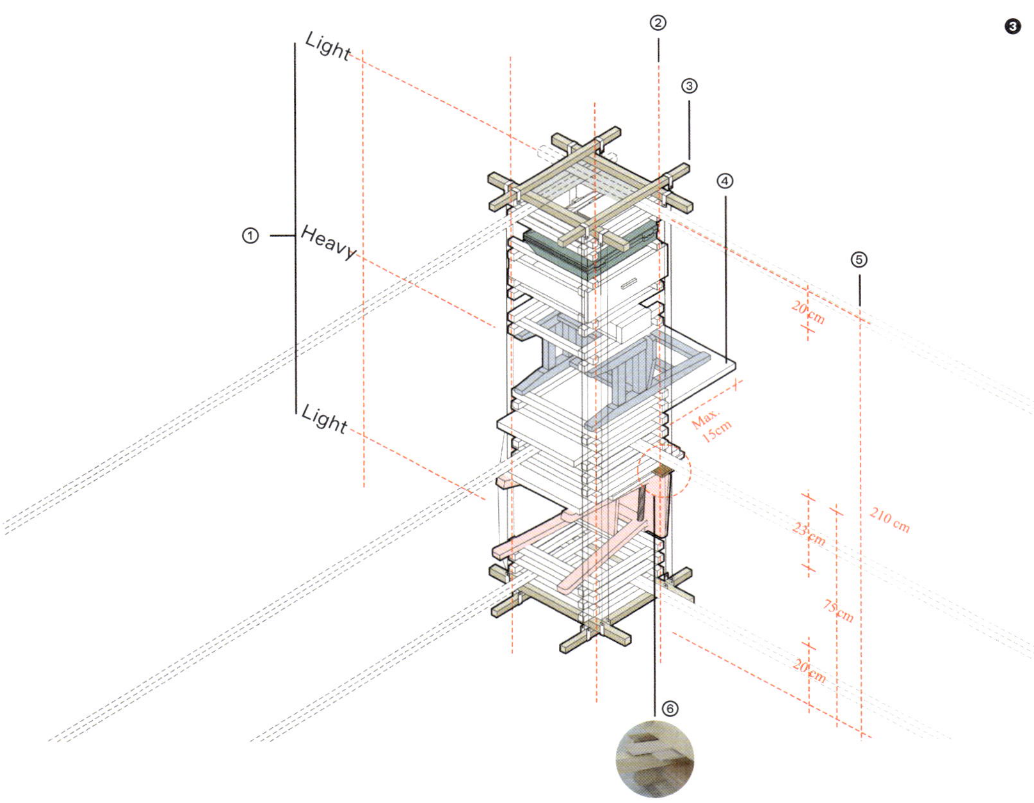

❹

❸ **Opzetten van een raamwerk dat mensen in staat stelt om de verschillende soorten afval te gebruiken in een gebied na een ramp.**
① Positie contragewicht. ② Uitlijnen van de stokken.
③ Verlengen de bovenste en onderste stokjes.
④ De maximale lengte is 15 cm. ⑤ Hoogte van de gehele stapel.
⑥ Kleine stukjes voor het uiteffenen.
Assembling a framework that enables people to use different kinds of wreckage in a post-disaster area.
① Positioning the counterweight. ② Aligning the wooden sticks.
③ Extending the upper and lower sticks.
④ Length shouldn't exceed 15 cm. ⑤ Total height of the stack.
⑥ Small pieces for adjusting uneven levels.

❹ **Bij het bouwen van een schuilplaats in een rampgebied moet het architecturale element zich aanpassen aan de omstandigheden. Als bouwmateriaal van de kolom wordt geen hout maar lokaal afval gebruikt.**
When building a shelter in a disaster area, the architectural components are dictated by circumstances. Thus the column is constructed not of wood but from the wreckage round about.

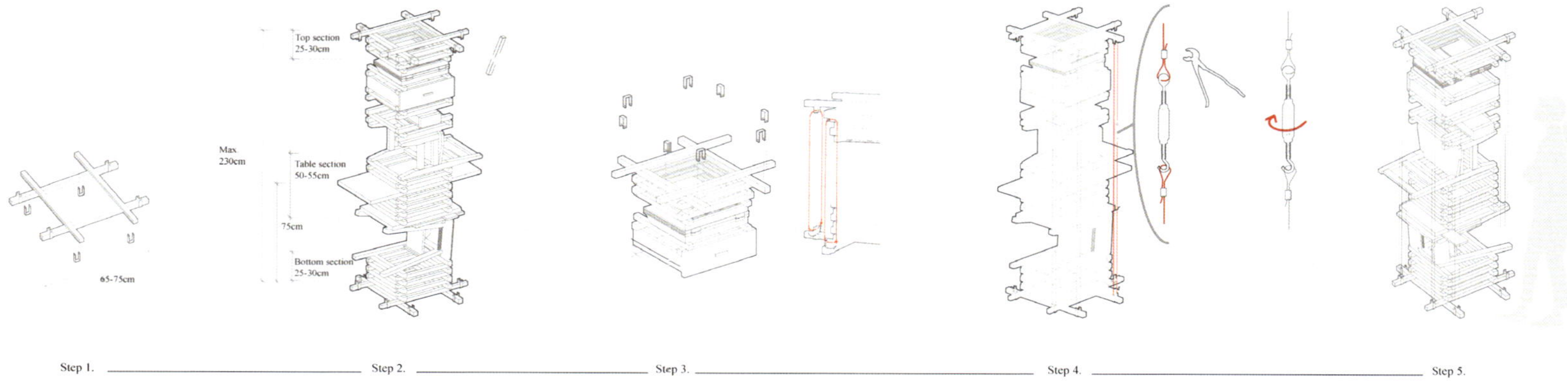

❺

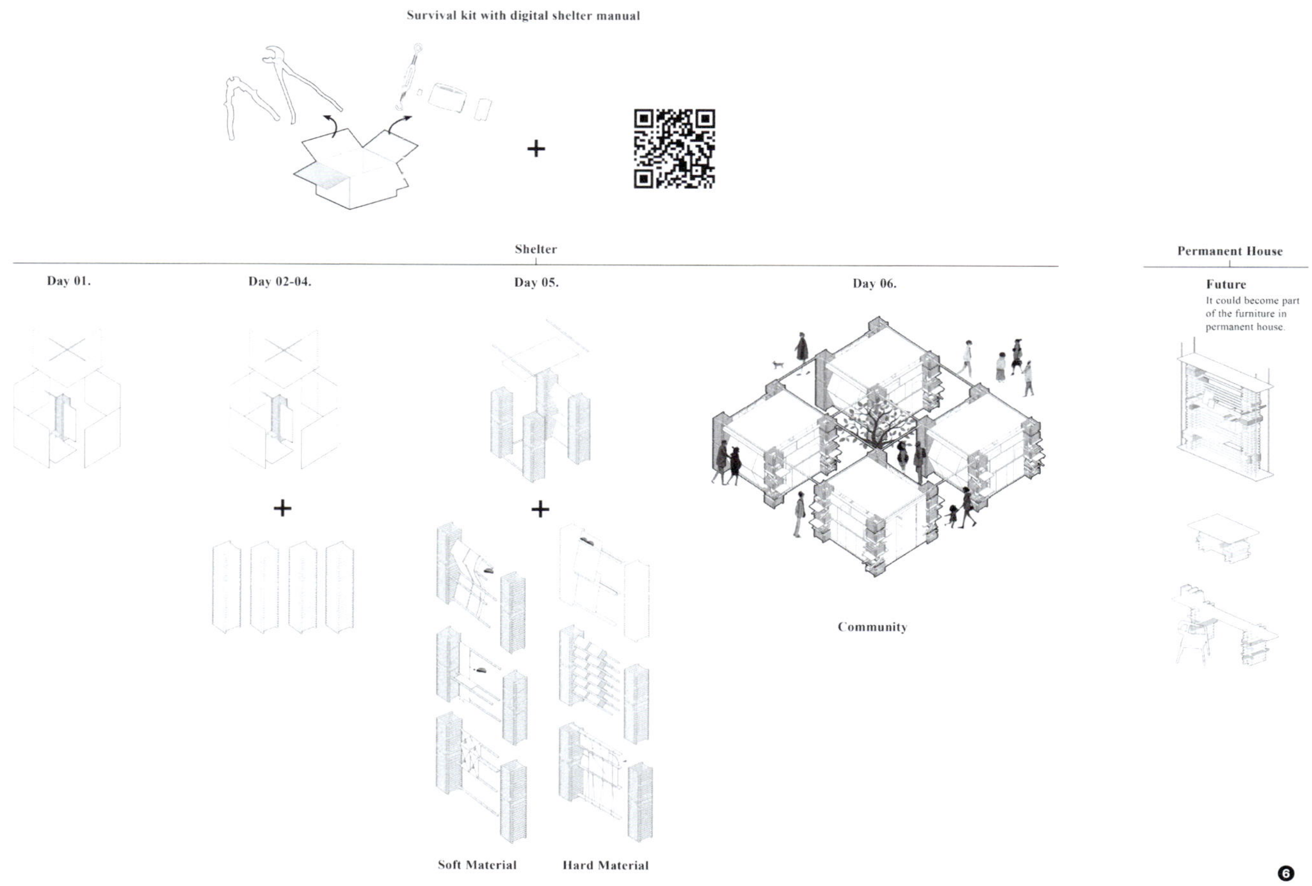

❻

❼

❽

❺ **Bouwinstructie van een kolom uit afvalmateriaal.**
Rules for constructing a column from wreckage.

❻ **Tijdlijn voor mensen om vanaf de eerste dag hun eigen onderkomen te bouwen, te beginnen met slechts één kolom. In de toekomst zou een deel van het materiaal ook een meubelstuk in een permanent huis kunnen worden. Overlevingspakket met digitale handleiding voor de bouw van een schuilplaats.**
Timeline for disaster victims to follow when building their own shelter from day one onwards, beginning with a single column. Some of the material could later become furniture in the permanent house. Survival kit with digital manual for building a shelter.

❼ **Het model op werkelijke grootte van een kolom is het resultaat van een reeks structurele experimenten. Het toont de mogelijkheid om een architectonisch element te construeren zonder schade aan het materiaal.**
This 1:1 model of a column is the outcome of a series of structural experiments. It demonstrates the possibility of constructing an architectural component without damaging the material.

❽ **Steegje tussen de schuilplaatsen.**
Passageway between shelters.

CITY HALL BRUSSELS

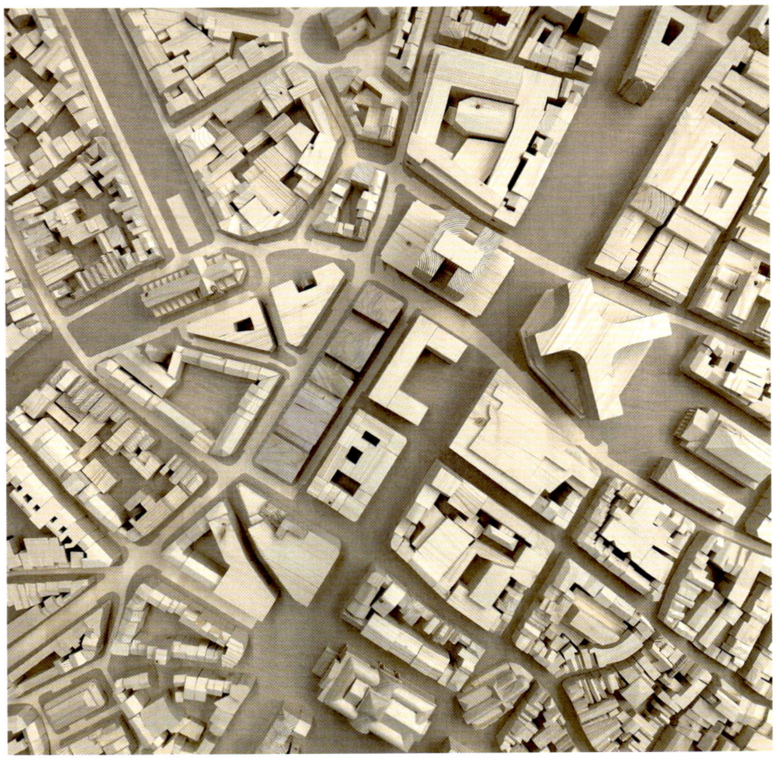

Voor het ontwerp van het nieuwe Stadhuis van Brussel vormden 'Rechten van de Natuur' een bepalend thema. Het project is bedoeld als tegenvoorstel op 'Brucity', het stadhuis dat momenteel op dezelfde locatie in aanbouw is en dat zich enkel presenteert als een administratief centrum. De bouw van een nieuw politiek gebouw door de overheid biedt echter de kans om het milieu een representatieve rol te geven en daarmee tegemoet te komen aan de hedendaagse verantwoordelijkheden ten aanzien van het bouwen.

Brussel, hoofdstad van zowel België als de Europese Unie, wordt met 183 nationaliteiten beschouwd als een heterogene stad. De verscheidenheid aan andere 'inwoners' blijft echter vaak onopgemerkt. De biodiversiteit van zowel het platteland als de stad verandert onder meer door stadsuitbreiding, die het natuurlijk land doet krimpen. De stedelijke ontwikkeling van Brussel illustreert hoe de natuur voortdurend is vervangen door ondergrondse betonconstructies en grootschalige bouwprojecten. Daarnaast is het groen niet gelijkmatig over de stad verdeeld. Als gevolg hiervan staan de flora en fauna in Brussel onder druk. Waar voorheen de natuur gezien werd als iets dat zich buiten de stad bevindt, ontstaan er tegenwoordig nieuwe ideologieën over wat de stad kan bieden. Dit geldt niet alleen voor mensen, maar ook voor andere organismen die eveneens het recht hebben op de stad als leefgebied.

Het project onderzoekt daartoe de toepassing van kalkhennep, een natuurlijk bouwmateriaal dat CO2 opneemt tijdens de plantengroei en de uitharding van de (lucht)kalk, wat resulteert in een negatieve CO2-voetafdruk. Na de levensduur kunnen alle componenten weer opgenomen worden in de natuurlijke cyclus. Omdat kalkhennep de noodzaak van aanvullende constructielagen, gebruikelijk in een traditionele muuropbouw, wegneemt kan het materiële karakter goed tot uitdrukking komen. Het ademend vermogen van het materiaal zorgt voor een zelfregulerende luchtvochtigheid in het interieur, wat niet alleen resulteert in een aangenaam binnenklimaat voor de 1700 werknemers, maar ook voor de dieren die in de gebouwschil leven. Het Stadhuis laat zien hoe de architectuur benut kan worden door de flora en fauna van Brussel, en omgekeerd, hoe natuur de architectuur kan verrijken.

Op grotere schaal beoogt het Stadhuis deel te nemen aan een ecologisch netwerk van het Brussels Hoofdstedelijk Gewest: om ecosystemen en biodiversiteit te herstellen en tevens als voorbeeld te dienen voor de omgeving en burgers, van de co-existentie van mens en natuur in de stad.

'Rights of Nature' was a defining theme for this design for a new City Hall in Brussels. The project is intended as a counter-proposal to 'Brucity', the city hall currently under construction on the same site, which presents itself merely as an administrative centre. The government's commission for a new political building is an opportunity to give the environment a representational role and thereby fulfil the responsibilities attendant on building today.

Brussels, capital of both Belgium and the European Union, is considered a heterogeneous city, as it is home to 183 nationalities. However, the diversity of its other 'inhabitants' often goes unnoticed. Natural land is shrinking, partly as a result of urban sprawl, and this is affecting the biodiversity of both countryside and city. Brussels' urban development illustrates how nature is continuously being replaced by underground concrete structures and large-scale building projects. Additionally, the green space that is there is not spread evenly across the city. As a result, the flora and fauna in Brussels are under pressure. Whereas nature used to be regarded as something beyond the city, we are now seeing the emergence of new ideologies on what the city can offer. This applies not only to people but also to other organisms with equal rights to the city as a habitat.

To this end, the project explores the use of lime-hemp, a natural building material that absorbs CO2 during both the plant's growth and the air lime setting process, resulting in a negative carbon footprint. After its lifespan, all components are taken up again in the natural cycle. As lime-hemp precludes the need for additional layers customary in the construction of traditional walls, its properties as a building material can be expressed to the full. Lime-hemp's breathing capacities allow for a self-regulating interior humidity, ensuring a pleasant indoor climate for the 1700 employees but also for the animals inhabiting the building envelope. The City Hall shows how architecture can be used by the flora and fauna of Brussels, and conversely, how nature can enrich architecture.

At the macro scale, the City Hall seeks to be part of an ecological network in the Brussels-Capital Region that is to restore ecosystems and biodiversity as well as serving as an example to its citizens and beyond of how humans and nature can coexist in the city.

Opleiding Place of education
TU-Delft

Studierichting Specialization
architectuur architecture

Mentoren Tutors
Sam De Vocht, Daniel Rosbottom, Mark Pimlott, Mauro Parravicini

❶ **Maquette locatie.**
Site model.

JOSINE VOS

❷

❸

❹

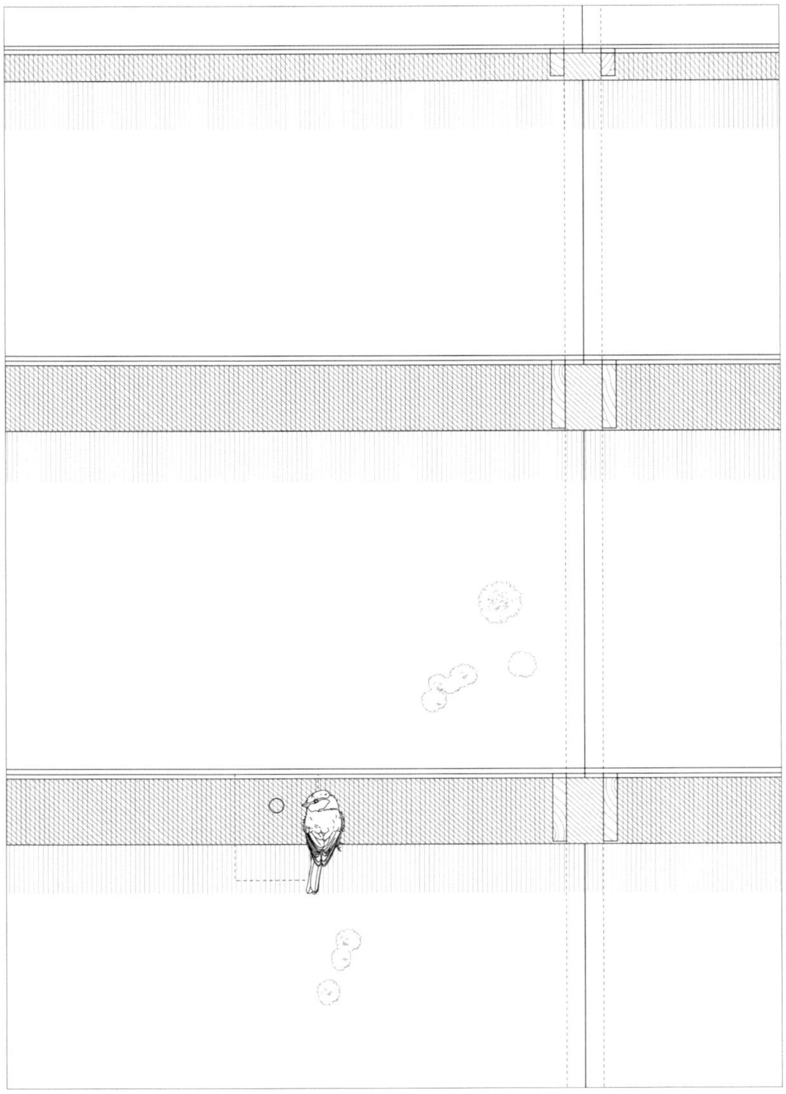

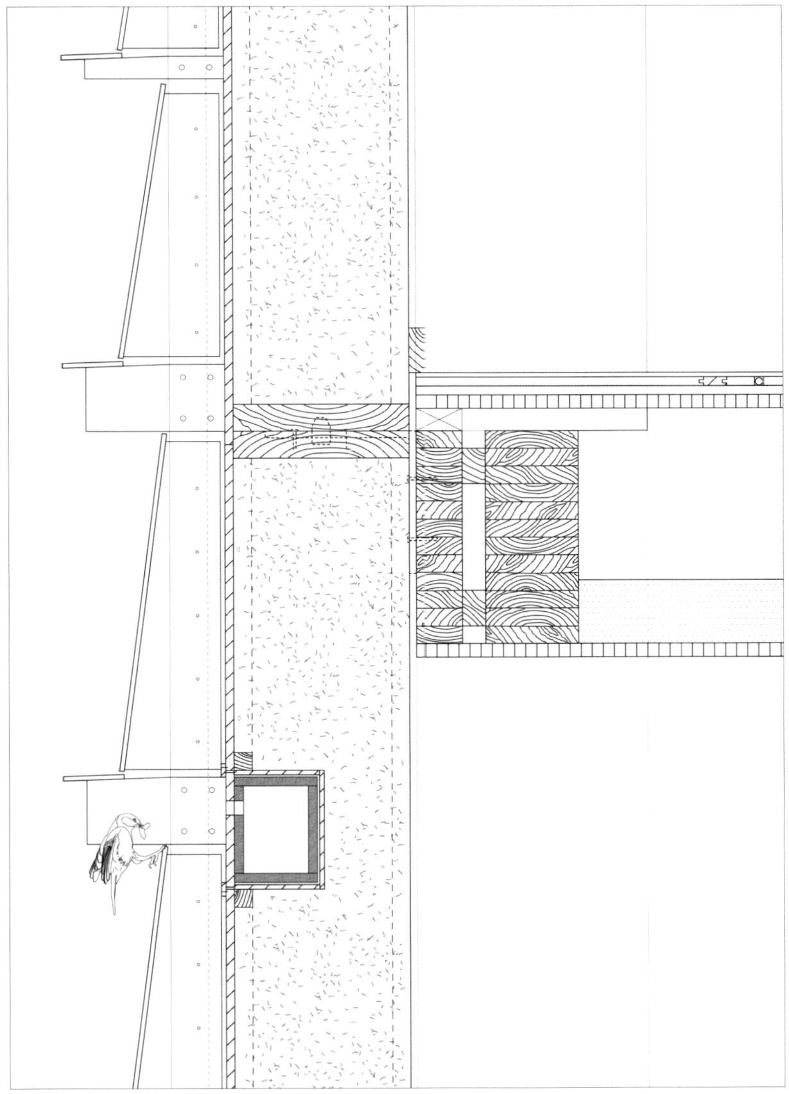

❺

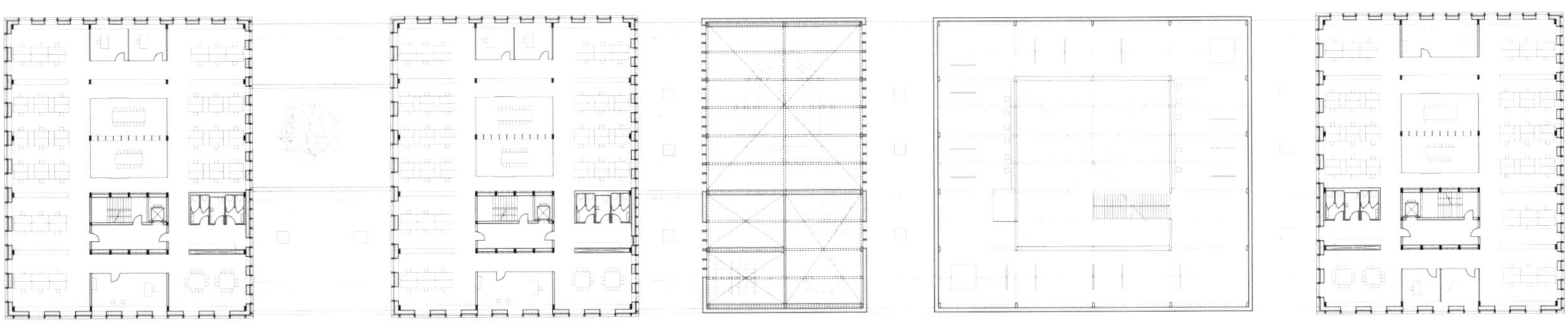

❻

❷ **Impressie van een tuin op straatniveau beplant met inheemse en aanbevolen plantensoorten in het Brussels Hoofdstedelijk Gewest, zoals de Helleborus foetidus en Viola odorata, om een diversiteit aan diersoorten aan te trekken.**
Impression of a garden at street level planted with indigenous and recommended plant species from the Brussels-Capital Region, such as Helleborus foetidus and Viola odorata, to attract a variety of animal species.

❸ **Zicht vanaf de Lakenstraat, maquette toont de variatie tussen gebouwvolume en tuinen binnen de omtrek van het gebouw.**
View from Lakenstraat, model showing the alternation of building volumes and gardens on site.

❹ **Politieke ruimte betreffende de 'Rechten van de Natuur' als introductie van het thema van het project. De maquette weergeeft een reconstructie van 'salle de café' binnen Maison du Peuple van Victor Horta uit biologisch afbreekbare materialen. Ooit een plek die de Brusselse arbeidersklasse vertegenwoordigde, nu heeft de natuur de overhand en geeft opnieuw vorm aan de architectuur.**
Political space illustrating the 'Rights of Nature' as an introduction to the theme of the project. The model shows a reconstruction from biodegradable materials of the 'salle de café' in Victor Horta's Maison du Peuple. Once a place representing Brussels' working class, nature has now taken over and is redefining the architecture.

❺ **Aanzicht en detail van de zuid-oostgevel. Prefab kalkhennep panelen (R: 6.33m m2K/W) inclusief nestkast voor onder meer kool- en pimpelmees, gekraagde roodstaart en huismus. Afmetingen tussen gevelpanelen is bepaald aan de hand van voorkeurshoogtes en -oriëntatie, alsook lichaamsgrootte van de dieren die voorkomen in het Brussels Hoofdstedelijk Gewest.**
View and detail of the south-east elevation showing the lime-hemp precast panels (R: 6.33m m2K/W) including a nest box for great tits, blue tits, redstarts, house sparrows and other bird species. Distances between panels are determined by preferred heights and orientation as well as by the body sizes of animals found in the Brussels-Capital Region.

❻ **Plattegrond vierde verdieping met de raadzaal en auditorium in het middelste volume, rechts daarvan een tentoonstellingsruimte en kantoren in de overige drie volumes.**
Fourth floor plan with the council chamber and lecture hall in the central volume, an exhibition area in the volume to its right and offices in the other three.

EEN NIEUWE START

Het is mijn persoonlijke missie om een school te ontwerpen in Azerbeidzjan waar kinderen dezelfde kansen krijgen als die ikzelf gehad heb. Ik ben geboren in Azerbeidzjan en opgegroeid in Nederland. Hier kreeg ik volop kansen om mezelf te ontwikkelen tot een zelfbewust persoon die zijn dromen mag najagen.

In mijn afstudeerproject zoom ik in op de maatschappelijke rol van architectuur en de invloed van een schoolgebouw op de ontwikkeling van kinderen en maatschappelijke cohesie. Mijn nieuwe typologie is herkenbaar voor Azerbeidzjanen door het gebruik van traditionele elementen uit de Azerbeidjaanse architectuur: de 'Mehelle's' (een gesloten bouwblok met een patio), de decoratieve elementen, de open relatie tussen binnen en buiten, interactie tussen gebruikers.

De scholen in Azerbeidzjan worden gebouwd volgens de Sovjet typologie: de docent legt uit, de leerling luistert. Deze formele en klassikale onderwijsmethode had niet tot doel de ontwikkeling tot zelfbewuste, kritische leerlingen of het bevorderen van wederzijds begrip en uitwisseling van ideeën tussen kinderen. Aan de hand van enquêtes onder leerlingen, gesprekken met ouders en mijn eigen ervaring, constateer ik een aantal problemen in het Azerbeidzjaanse schoolsysteem en de wijze waarop schoolgebouwen worden gebruikt. Er is een sterke behoefte aan vernieuwing van het schoolsysteem waar de nieuwe sociale, mondige, milieubewuste burgers van Azerbeidzjan opgeleid kunnen worden.

De nieuwe schooltypologie die ik ontwikkelde heeft een sterk verbeterd binnenklimaat door te ventileren met een traditionele windtoren, zonder gebruik van extra energie. De locatie van school is aan de rand van White City, een grootschalige stadsuitbreiding in Baku, en de arbeiderswijk Kesla. Ze is goed bereikbaar voor kinderen met verschillende maatschappelijke achtergronden wat de integratie tussen deze groepen ondersteunt. Het ontwerp staat niet op zichzelf maar gaat interactie aan met zijn omgeving. De nieuwe typologie is flexibel van opzet en biedt kansen voor zowel klassikaal als een moderne manier van lesgeven. Het ontwerp is geschikt voor stapsgewijze hervorming van het onderwijs in Azerbeidzjan.

Ik wil mijn contacten in Azerbeidzjan benutten om dit project onder de aandacht te brengen van ministeries en projectontwikkelaars. Met dit ontwerp wil ik kinderen, ouders en de overheid laten zien hoe een school veel meer kan betekenen dan alleen een bouwwerk met educatieve doeleinden. Het is ook een plek om te leren samenwerken, discussiëren, met elkaar te sporten of om groente te verbouwen. Met mijn nieuwe schooltypologie kunnen leerlingen, net als ik, hun dromen najagen. Het is een typologie die de ontwikkeling tot zelfbewuste burgers stimuleert.

Opleiding Place of education
AvB Groningen

Studierichting Specialization
architectuur architecture

Mentoren Tutors
Gabriel Schwake, Ron van Logchem, Sylvie Beugels

1

A NEW START

It is my personal mission to design a school in Azerbaijan where children have the same opportunities I myself have had. I was born in Azerbaijan and raised in the Netherlands. Here I was given every opportunity to develop into a self-aware individual who is able to follow his dreams.

My graduation project zooms in on the role architecture plays in society and the influence a school building has on its students' development and on the functioning of society in general. My new typology is recognizable to Azerbaijanis in its use of traditional features of Azerbaijan architecture: the Mehelles (perimeter blocks with a central courtyard), the decorative elements, the open relationship between inside and outside and the interaction between users.

Schools in Azerbaijan are built in accordance with the Soviet typology: the teacher explains and the pupil listens. This formal and traditional method of education was not intended to produce self-aware, critical pupils or foster mutual understanding and exchange of ideas between children. Based on surveys I conducted among pupils, conversations I had with parents and my own experiences, I identified a number of problems in the Azerbaijani school system and in the way school buildings are used. The school system is in urgent need of reform so as to provide education for the new generation of sociable, articulate and environmentally aware citizens of Azerbaijan.

The new school typology I have developed has a greatly improved indoor climate ventilated by a traditional wind tower rather than using additional energy. The school is sited on the edge of White City, a large-scale redevelopment project in Baku, and the workers' district of Keshla. It is eligible for children from different social backgrounds and therefore encourages integration between these groups. Rather than being self-contained, the design engages with its surroundings. The new typology is flexible and can accommodate teacher-fronted classes as well as more modern methods of education. The design lends itself well to the stepwise reform of education in Azerbaijan.

I would like to make the most of my contacts in Azerbaijan to bring this project to the attention of ministries and project developers. With this design, I want to show children, parents and the government how a school can be much more than a building for education alone. It is also a place where students learn to work together, engage in discussion, take part in sports and maybe grow vegetables. My new school typology enables pupils to follow their dreams, just as I have done, and encourages them to develop into self-aware citizens.

ELCHAN KOELIJEV

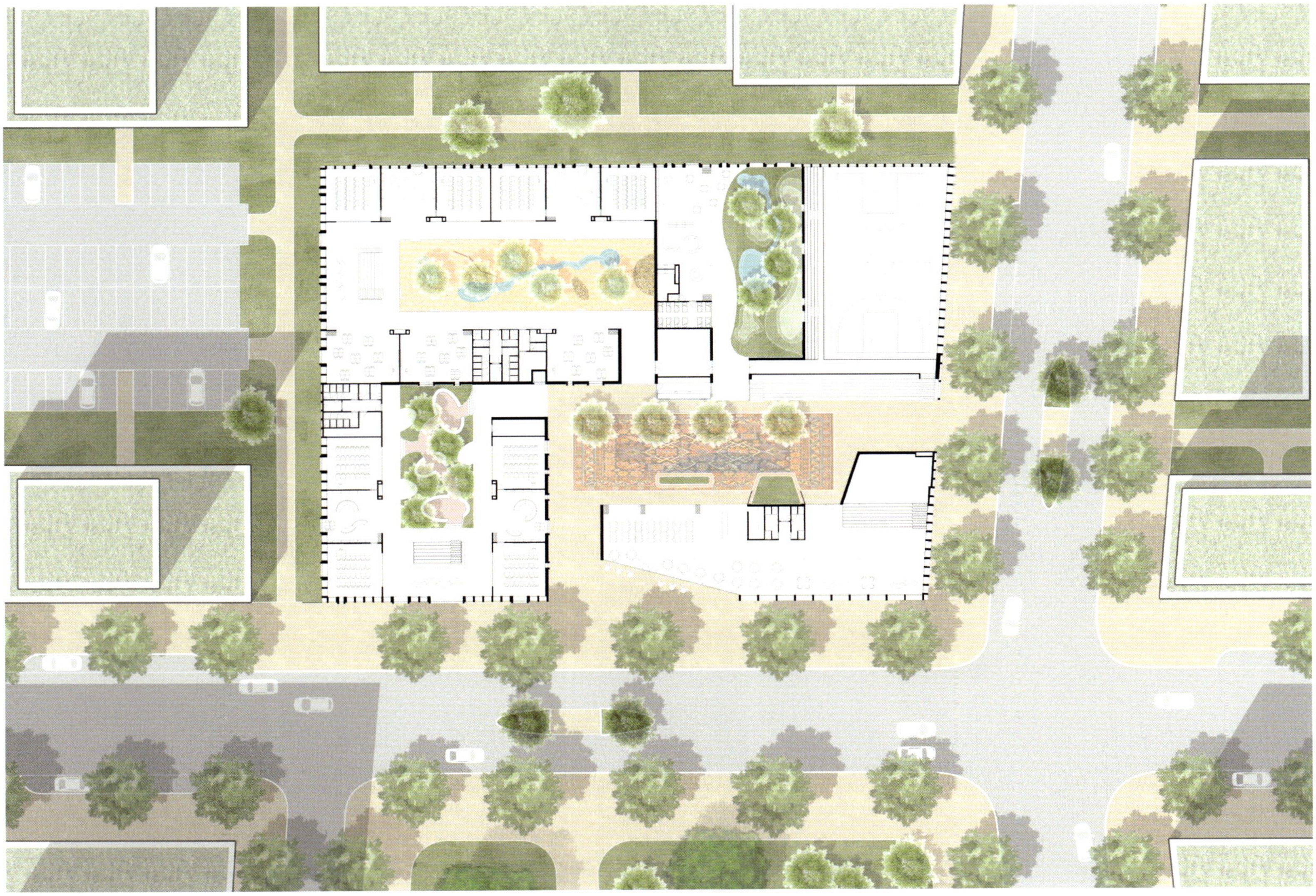

2

3

1 Aqua Mehelle, een plek voor iedereen.
'Aqua', a place for everyone.

2 Plattegrond.
Plan.

3 Doorsnede over aula, Mehelle en sportfaciliteiten.
Section through main hall, Mehelle and gym.

❹

❺

❻

❹ Hoofdentree.
Main entrance.

❺ Monkey town Mehelle kinderdagverblijf.
Monkey Town day nursery.

❻ Aula.
Main hall.

EUandME

1

Dit afstudeerproject presenteert de resultaten van een onderzoek naar een nieuwe synergie tussen Brussel als gebouwde stad, haar inwoners en het Europees programma. Als meest diverse en complexe stad van Europa op zowel sociaal, politiek als ruimtelijk vlak vormt Brussel de ideale testlocatie. Wat als Brussel haar tegenstellingen gaat vieren in plaats van vermijden? Dit project verandert de aanwezigheid van Europa in Brussel van een stuk vastgoed naar een representatieve plek in de stad en vormt een katalysator die de diversiteit en complexiteit van Brussel productief maakt.

De komst van Europa in Brussel heeft door middel van roestvrij staal, graniet en glas het stedelijk leven in de Leopoldswijk verdrongen. Deze post-politieke representatie staat haaks op het basisprincipe van Europa: de wil tot uitwisseling. De aantrekkingskracht van Brussel berust juist op een gemengde, meerlagige, hybride omgeving en kan gelet op de grote politieke, ruimtelijke en sociale fragmentatie dienen als een ideale 'ground zero' voor Europa. Hoe kan de Europese Unie haar missie zichtbaar maken in de stad en de diversiteit en complexiteit van Brussel productief maken?

Mijn plan verplaatst de aanwezigheid van Europa van het hoger gelegen gedeelte in de stad naar het Zuidstation gelegen middenin de vallei. Het is het dichtstbevolkte deel van de stad, met de meeste culturele diversiteit en zowel in kwantitatief als kwalitatief opzicht de minste openbare ruimte. Juist op deze plek, waar ook wekelijks de grootste markt van Europa plaatsvindt, kan Europa voor ruimtelijke, sociale en politieke uitwisseling zorgen.

Van een veelheid aan kleine gebouwen landt er op het Zuidstation juist één groot blok met een tuin aan de binnenzijde van Europees formaat. Het Europese programma landt daarmee in het hart van het Europese sporennetwerk. Een injectie met een grote naald die voortbouwt op een historie van integrale aanpakken in de stad, gebaseerd op een ruimtelijke visie uit de tijd van Leopold II waarin mobiliteit, het stadsweefsel en het landschap werden beschouwd als één geheel. Deze megavorm als stedelijke centraliteit maakt zowel een verbinding met de ontwikkelingen van het Abattoir aan het kanaal als met de Anspach boulevard waardoor de Zennevallei opnieuw leesbaar wordt als publieke structuur.

Het nieuwe Europese huis is een monument zonder spektakel, waar het juist gaat om de bezoeker en niet het gebouw, als machine voor common ground. Waar zowel geformaliseerde politieke bijeenkomsten als alledaagse activiteiten naast elkaar kunnen bestaan. Een machine tussen leegte en activiteit, voor alle Brusselaren en Europeanen: EUandME.

Opleiding Place of education
AvB Rotterdam

Studierichting Specialization
stedenbouw urban design

Mentoren Tutors
Ruurd Gietema, Peter Veenstra, Jan Vermeulen

This graduation project presents the results of a study into a new synergy between Brussels as a built city, its inhabitants and the European programme. Brussels is the most diverse and complex city in Europe socially, politically and spatially, which makes it ideal as a test case. What if Brussels were to celebrate its oppositions instead of avoiding them? This project changes the European presence in Brussels from a piece of real estate to a high-profile place in the city, a catalyst that can make the diversity and complexity of Brussels productive.

Europe's arrival in Brussels has overshadowed urban life in the residential Leopold Quarter with an onslaught of stainless steel, granite and glass. This post-political representation is at odds with Europe's underlying principle, namely the will to share. Indeed, Brussels' appeal lies in its mixed, multi-layered, hybrid environment. Given its extreme social, political and spatial fragmentation, Brussels can serve as an ideal 'ground zero' for Europe. So, how can the European Union give its mission visibility in the city and make the diversity and complexity of Brussels productive?

My project relocates Europe's presence from the higher-lying part of the city to the area abutting Brussels-South railway station (Gare du Midi) in the Senne river valley. This is the most densely populated part of the city with the greatest culture diversity and the least public open space, in terms of both quantity and quality. Home to Europe's biggest weekly market, it's the perfect place for spatial, social and political exchange.

Originally a constellation of many small buildings, this new European presence at Gare du Midi consists of one large city block with a central courtyard of European dimensions. This places the European programme at the heart of Europe's railway network. As an urban injection that builds upon a history of across-the-board interventions in the city, it takes its cue from a planning concept dating from the time of Leopold II when mobility, the urban fabric and the landscape were regarded as a single unified entity. This megaform is an urban centrality that connects to developments in the market area (Abattoir) along the canal and to Boulevard Anspach, reinstating the Senne valley's legibility as a public structure.

The new house for Europe is a monument devoid of spectacle whose visitors take priority over the building; a machine for common ground where formal political meetings and everyday life can coexist in close proximity. It is a machine between emptiness and activity, for all citizens of Brussels and all Europeans: EUandME.

JOHAN VAN LING

❶ **De herhuisvesting vormt een injectie met een grote naald die voortbouwt op een historie aan integrale aanpakken in de stad uit de tijd van Leopold II.**
The relocation is an urban injection that builds upon a history of across-the-board interventions in Brussels dating from the time of Leopold II.

❷ **De Europese tuin vormt een minerale ruimte waar grootschalige en dagelijkse activiteiten naast elkaar kunnen bestaan.**
The European garden is a mineral space where major events and day-to-day activity can co-exist in close proximity.

❷

❸

Door de open plattegrond, trappen en terrassen dringt het stedelijk leven van Brussel door tot in de Europese tuin en het interieur van het gebouw en vice versa.
① Europees park.
② Europees en stedelijk programma.
③ wonen en werken.
④ open plint.
⑤ Parlement en Raad.
⑥ bezoekerscentrum.

The open plan, stairs and café terraces draw the urban life of Brussels all the way into the European garden and the building's interior, and vice versa.
① European park.
② European and urban programmes.
③ living and working.
④ open plinth.
⑤ Parliament and Council.
⑥ visitors' centre.

❹ Het nieuwe Europese huis is een monument zonder spektakel, waar het juist gaat om de bezoeker en niet het gebouw, als machine voor common ground.
The new European house is a monument devoid of spectacle, where visitors take priority over the building, a machine for common ground.

❺ Complexiteit vormt het uitgangspunt voor het nieuwe huis van Europa.
Complexity was the frame of reference for the new house for Europe.

❻ Doorsnede over de Zennevallei. Het nieuwe huis van Europa als onderdeel van de Leopold II structuren.
Section through the Senne valley. The new house for Europe as part of the Leopoldian structures.

❹

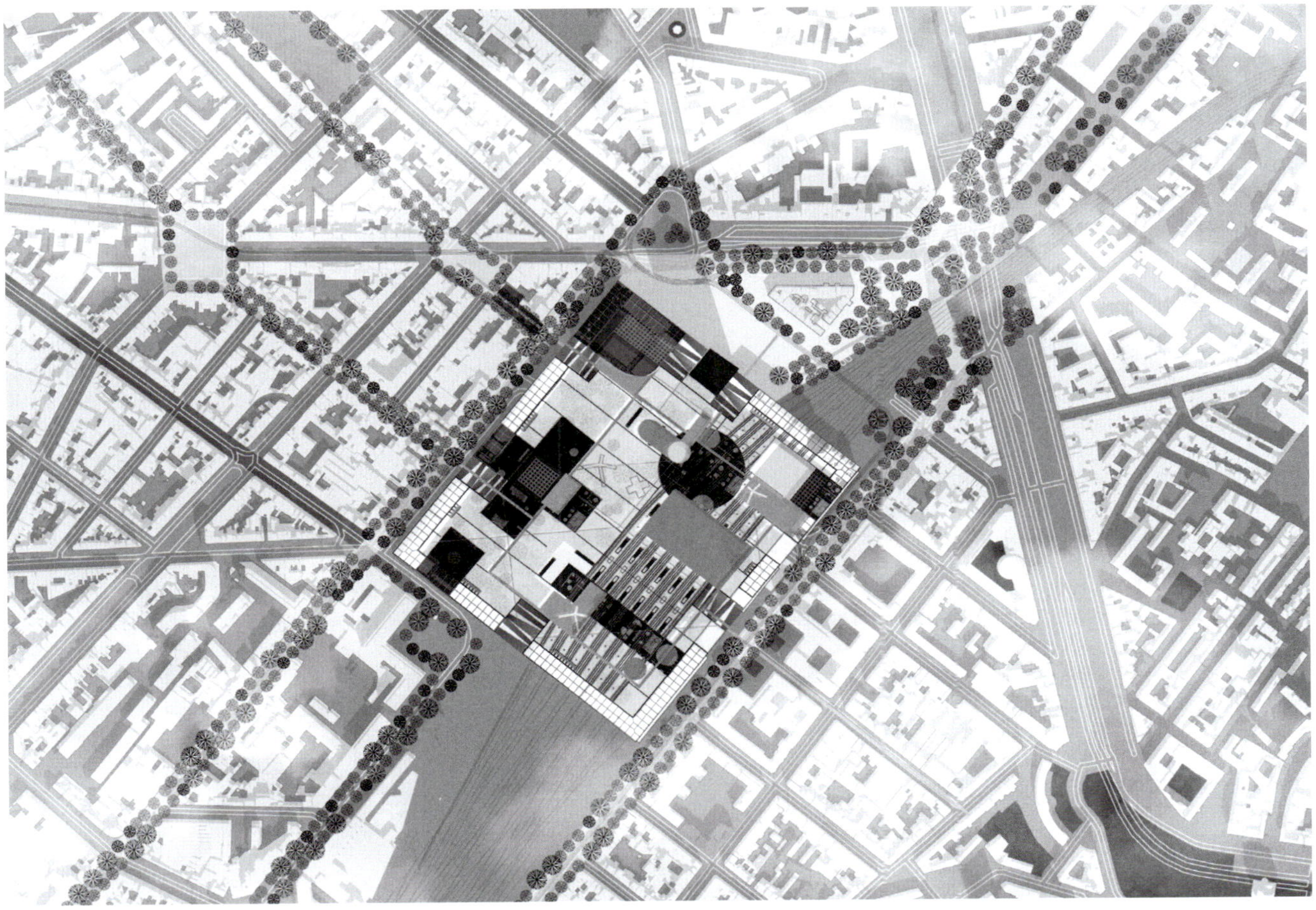

❺

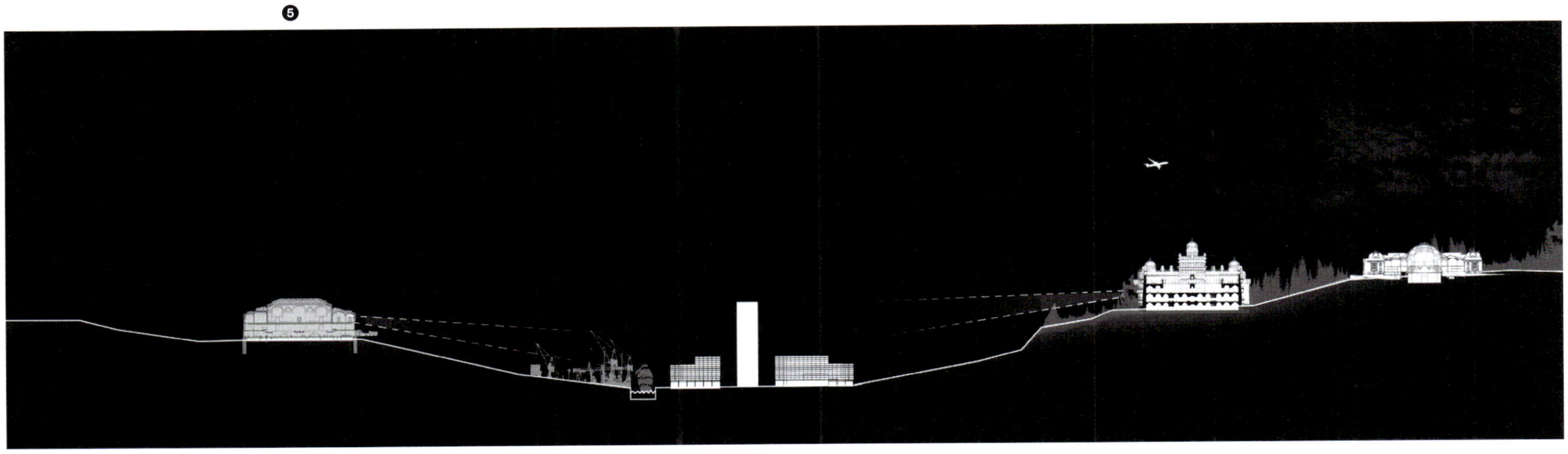

❻

FUENTE

Een plek voor verstilling op Aruba

"Wat een bedrijvigheid moet het dan geweest zijn op deze eenzame plaats bij 't Spaansche Lagoen, als de molen plette, de bakken gevuld werden en de spoorwagentjes op en neer rammelden over hoge bruggen, onder den zwarte rook der ovens, terwijl van al de bergwegen in den omtrek de troepen ezels afdaalden, geladen met zakken gouderts! Verlaten en eenzaam ligt nu de goudsmelterij zich te spiegelen in het blauwe Lagoen, als dromende 'n gouden droom uit lang vervlogen tijden, toen al de schatten der Arubaanse goudvelden tot haar stroomden." – P. Reginaldus Dellaert, 1926

Als kind, onderweg naar het strand, zag ik altijd een silhouet dat mij intrigeerde. Het waren de restanten van de oude goudsmelterij bij Balashi op Aruba. De ruïnes van de goudsmelterij zijn omringd door verschillende beladen gebieden: de Franse Pas, die een rijke sociale en maatschappelijke betekenis heeft en het Spaanse Lagoen, belangrijk door zijn fragiele ecologie. Samen met de restanten van de goudsmelterij vormen deze plekken de basis van mijn afstudeerproject.

Door een route worden de Franse Pas en het Spaanse Lagoen met elkaar verbonden. De route, die bestaat uit verschillende typen paden, doorkruist verschillende landschapstypen. Aan de route liggen de restanten van de goudsmelterij. Op een precieze wijze wordt op deze restanten ruimtelijk ingegrepen door in vier ruimten te experimenteren met het verdiepen, het overdekken en het visueel verdubbelen van ruimten. Door regenwater op te vangen en in te kaderen worden de ruimten geëtaleerd. Regen transformeert het eiland en de mens.

Voor de materialisatie van onderdelen van het ontwerp gaf de directe omgeving mooie aanleidingen voor experimenten. Door de ter plekke aanwezige Arubaanse kalkstenen 'calichi' kon ik op authentieke wijze kalk maken die kan dienen als basis voor een specifiek betonmengsel. Elke ruimte kent zijn eigen atmosfeer en een eigen, unieke toepassing van het mengsel, bijvoorbeeld in de textuur, die varieert van grof naar fijn. Dit proces van materialiseren vraagt om fysieke betrokkenheid van de ontwerper bij de uitvoering.

Dit project begon op de bodem van een zwembad, op zoek naar rust en stilte op een eiland dat steeds drukker wordt. De zoektocht leidde tot een project waarin architectuur en landschap onlosmakelijk met elkaar verbonden zijn. In mijn ontwerp vertelt de patina een belangrijk deel van het verhaal. De natuur krijgt op verschillende manieren de ruimte. Herinneringen aan vervuilende processen worden in stand gehouden door nieuwe processen die helen en zuiveren. Processen die voedend zijn voor het landschap en de mens. Even terug naar de stilte, even terug naar de bron. FUENTE

Opleiding Place of education
AvB Arnhem

Studierichting Specialization
architectuur architecture

Mentoren Tutors
Gianni Cito, Anouk Vogel, Ralph Brodruck, Annemarieken Hilberink

❶

A place for stillness on Aruba

'What a bustle of activity there must have been at this lonely spot at Spanish Lagoon, with the mill wheels crunching stone, the trays filling and the little trucks rattling back and forth on rails across high bridges amidst the black smoke from the ovens, as droves of donkeys made their way down the many mountain paths round about laden with sacks of gold ore! The gold mill now lies abandoned and desolate with just its reflection in the blue Lagoon, as if dreaming a golden dream of times long past when all the treasures of the Aruban gold mines poured into it.' – P. Reginaldus Dellaert, 1926

As a child living on Aruba, I was intrigued by a silhouette I always saw on my way to the beach. It was all that was left of the Balashi Gold Mill. These ruins overlook a pair of sensitive areas: Frenchman's Pass, with its rich social and societal significance, and Spanish Lagoon, important for its fragile ecology. These areas together with the ruins of the gold mill constitute the basis of my graduation project.

My design connects Frenchman's Pass and Spanish Lagoon with a route combining different types of paths and traversing different landscapes. The ruins of the gold mill can be found along this route. My project treats these ruins to the most precise spatial interventions by experimenting in four of its spaces with deepening, covering and visual doubling. These spaces are brought out visually by collecting rainwater and framing it in different ways. Rain transforms the island and its people.

The immediate surroundings provide wonderful opportunities for experimenting with the material form of the design's components. The Aruban 'caliche' limestone found on site enabled me to make lime, in the traditional way, that can serve as the basis for a particular concrete mixture. Each space has its own ambience and a unique application of the mixture, for example in terms of its texture, ranging from course to fine. This process of materialization calls for the designer's physical involvement in getting the project onto site.

This project began life at the bottom of a swimming pool, where I sought peace and quiet on an island that is getting busier all the time. My quest led me to a project in which architecture and landscape are one. Patina has a large part to play in the design, with nature coming into its own in different ways. Memories of polluting processes are kept alive by new processes that heal and purify, processes that nourish landscape and people alike. It is a return to stillness, a return to the source. FUENTE

ANTOINE BOWERS

❶ **Het uitkijkgebouw met zicht op het Arubaans landschap.**
The lookout building with a view across the Aruban landscape.

❷ **De huidige staat van de goudsmelterij te Balashi op Aruba. Het gebied kent een rijk industrieel verleden. Veel goud is hier gesmolten.**
The current state of the Balashi Gold Mill on Aruba. The area has a rich industrial past and produced large quantities of gold.

❸ **Maquette van de ruimtelijke ingrepen bij de oude goudsmelterij.**
Model of the spatial interventions at the former gold mill.

❹ **Axonometrie met de ruimtelijke ingrepen.**
① Regenbad ② Impluvium
③ Tunnel ④ Reservoir ⑤ Uitkijkgebouw
Axonometric view of the spatial interventions.
① Rain bath ② Impluvium
③ Tunnel ④ Reservoir ⑤ Lookout building

❷

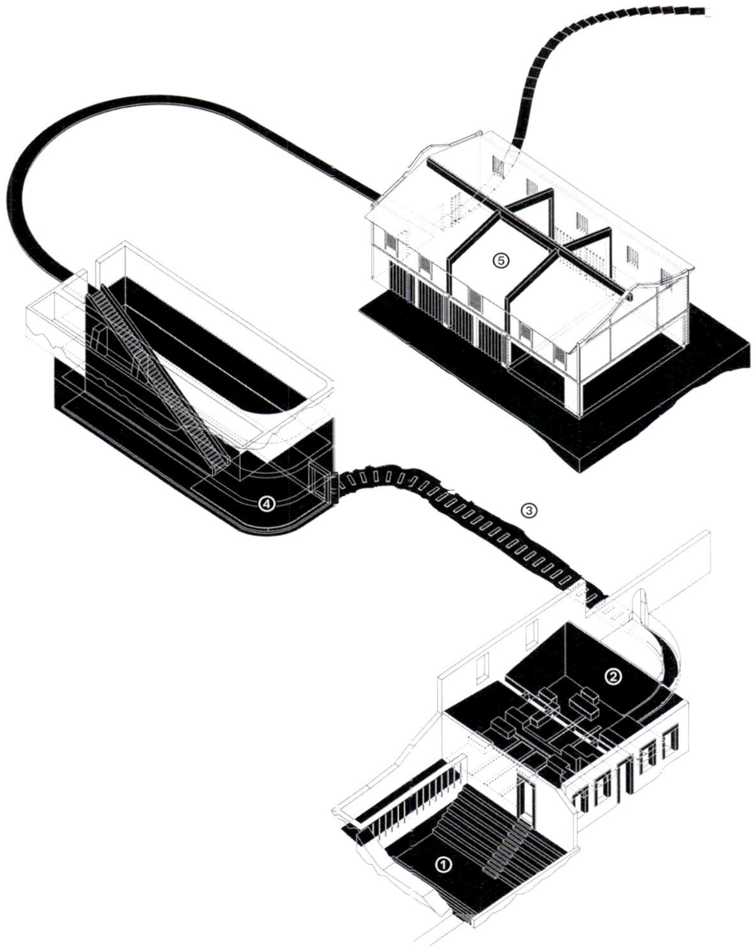

❹

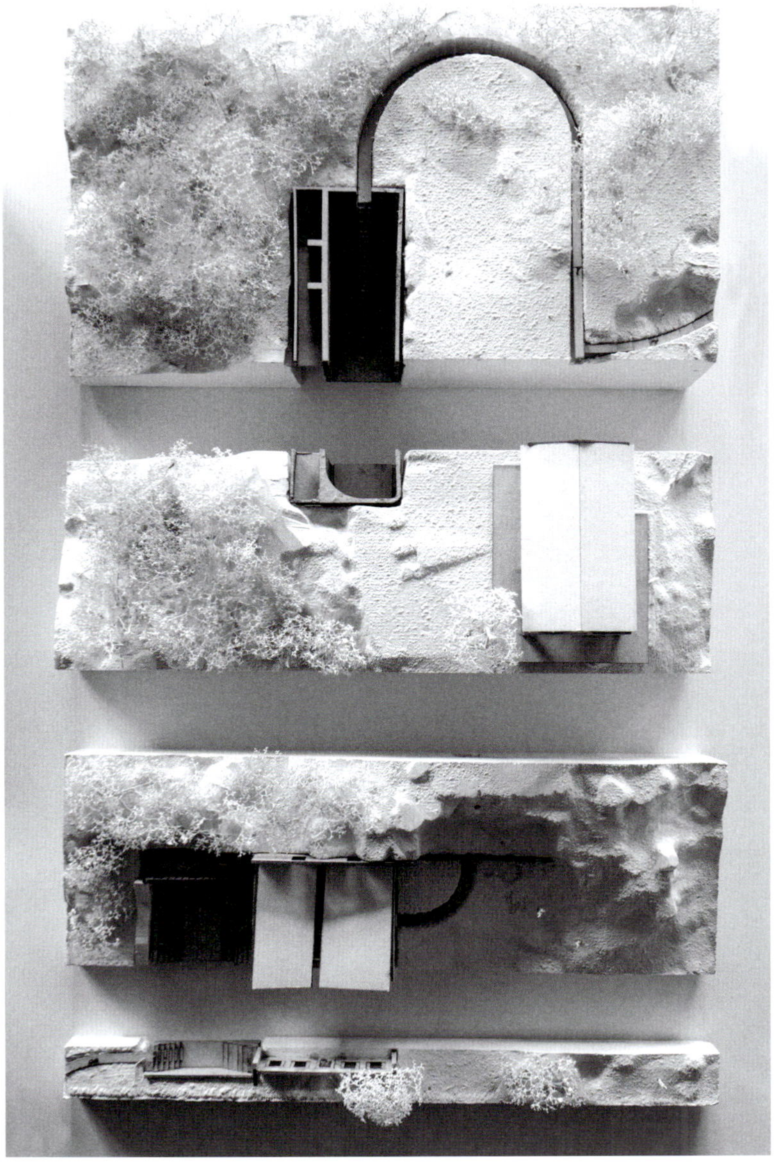

❸

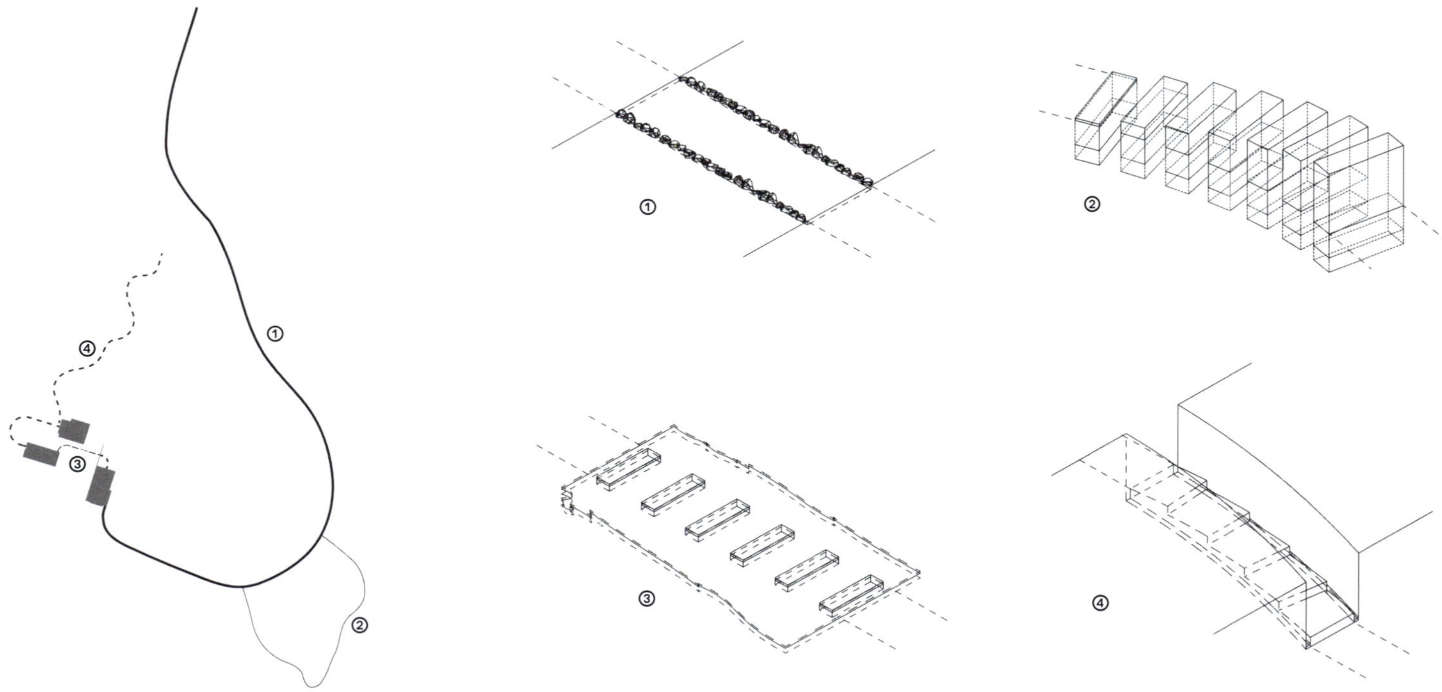

5

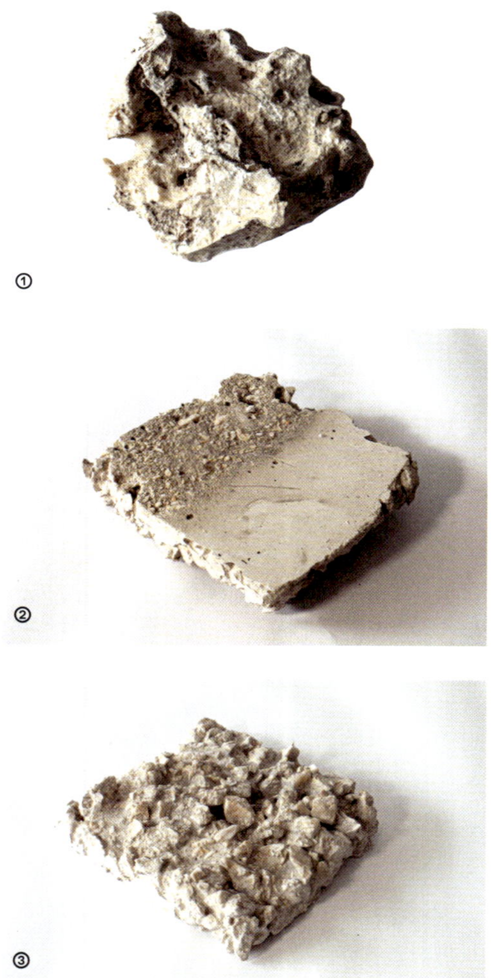

6

7

8

9

5 **Vier nieuw ontworpen paden verbinden de bijzondere plekken. Ze vormen tevens een route langs verschillende landschapstypen.**
① Zandpad ② Waterpad
③ Tunnel ④ Grondpad
Four newly designed paths connect the key features on site and double as a route through different landscape types.
① sand path ② water path
③ tunnel ④ ground path

6 **Door uit de Arubaanse kalksteen 'calichi' op authentieke wijze kalk te produceren, heb ik één specifieke betonmengsel kunnen maken. Van grof naar fijn, kent elke ruimte in het ontwerp zijn eigen behandeling en sfeer.**
① Calichi, basis materiaal voor de betonsamenstelling.
② Glad en gezandstraalde afwerking.
③ Strulatto, door het betonmengsel tegen een ondergrond te gooien ontstaat er een zeer grove afwerking. Door dit vervolgens te zandstralen komen de kleuren van de Calichi tevoorschijn.
I was able to make this particular concrete mix by using the caliche limestone on site to produce lime the traditional way. Each space in the design has its own treatment and ambience, with a texture ranging from course to fine.
① Caliche, the basic material for the concrete mixture.
② Smooth and sandblasted finishes.
③ Strulatto, a very course finish obtained by dashing (throwing) the concrete mixture onto a background. Sandblasting the result brings out the colours of the caliche.

7 **Het reservoir kort nadat het heeft geregend. Door grote maquettes te bouwen is het regenwater op analoge wijze in beeld gebracht.**
The reservoir shortly after a rainfall. Large models of the design components illustrate the effects of the rainwater.

8 **De entree die tegelijkertijd het gebied afsluit met een wand van geramde aarde. In de wand is de naam FUENTE subtiel verwerkt.**
The entrance, which also closes off the area with a wall of rammed earth with the name FUENTE subtly worked into it.

9 **De vergulde dof gouden spuwer ter plaatse van het regenbad.**
Unpolished gold-plated spouts above the rain bath.

HET DOGGERSLAND, DE KRAAMKAMER VAN DE NOORDZEE

Voor de Doggersbank, een ondiepte in de Noordzee, ontwierp ik een windpark waarbij ik de opgave benaderde vanuit het bestaande landschap en zeeleven. Van de schaal van het gehele Doggerslandschap tot de schaal van de windmolenvoet maakte ik ontwerpkeuzes die gericht zijn op het stimuleren van groei van een divers en rijk zeeleven. Op deze wijze benut ik de energieopgave als een kans om het ecosysteem van de Noordzee sterk te verbeteren.

De bodem van de Noordzee is nu grotendeels vergelijkbaar met een kale woestijn. De Noordzee wordt al sinds het begin van de 20e eeuw geëxploiteerd door de visserij. Dit heeft onder meer geleid tot het bijna helemaal verdwijnen van het harde substraat, de voedingsbodem van het zeeleven.

Het harde substraat van een windpark kan, mits slim ontworpen, een kans bieden om als rif te gaan fungeren waarop een rijk zeeleven mogelijk is. Dat vraagt om een nieuwe benadering voor het ontwerp en de ontwikkeling van windparken. We moeten de zee niet als blanco 'vel' zien, maar als een landschap en dit landschap met al zijn inwoners leren kennen.

Wie zijn de bewoners van de Doggersbank en wat doen ze? Wat zijn hun wensen? Hoe ziet hun dag eruit? Met mijn onderzoek bracht ik het landschap en de bewoners van de Doggersbank in kaart. De een heeft hele specifieke levensbehoeftes en de ander voelt zich juist overal thuis. Maar voor alle bewoners geldt dat hard substraat nodig is als vaste grond onder de voeten van het zeeleven.

De plannen voor de energietransitie zoals geprojecteerd op de Noordzee en nodig om de klimaatdoelstellingen te halen, zijn enorm. In 2050 moeten er 15.000 windmolens gebouwd zijn in de Noordzee waarvan 8000 op de Doggersbank. Uitgaande van het landschap, zijn bewoners en de plannen ben ik tot een reeks ontwerpparameters gekomen die van invloed zijn op het ontwerp van een windpark. Van het schaalniveau van een windmolenfundering tot aan die van een gigantisch windmolenpark over de gehele Doggersbank. Iedere ontwerp-keuze is beïnvloed door de behoeften van het zeeleven.

Het Doggersland creëert de condities voor een kraamkamer voor de Noordzee. Er is in de wetenschap tot nu toe vrij weinig bekend over de specifieke eisen en wensen van de verschillende diersoorten. Het uitgangspunt is daarom hoe diverser de habitat, hoe groter de biodiversiteit. Daarom vormt de voorgestelde cyclus van ontwerpen, aanleggen, onderzoeken en aanpassen van dit windmolenpark een kans om het landschap met haar zeeleven nog beter te leren kennen.

Wanneer de windmolens zijn afgeschreven is er een begin van een onderwater-natuurgebied achtergelaten, een kraamkamer van formaat die een bijdrage kan leveren aan het herstel van de gezondheid van de Noordzee.

DOGGERLAND, THE BREEDING GROUND OF THE NORTH SEA

On Dogger Bank, a large shallow area in the North Sea, I have designed a wind farm from the perspective of the existing landscape and its marine life. The design choices I made are to stimulate the growth of a diverse and rich marine life, from the scale of the entire Dogger landscape to that of a wind turbine base. In doing so, I have taken the energy task as an opportunity to significantly improve the North Sea's ecosystem.

The North Sea bed now largely resembles a barren desert. The fishing industry has exploited these waters since the beginning of the 20th century, resulting in the almost complete disappearance of the hard substrate, the breeding ground of marine life.

The hard substrate of a wind farm, if it is cleverly designed, can be made to act as a reef enabling a wealth of marine life. This requires a new approach to the design and development of wind farms. We should not regard the sea as a blank slate but as a landscape, and get to know this landscape and all its inhabitants.

Who are the residents of Dogger Bank? What do they do? What are their needs? What does their day look like? I used my research to map the landscape of Dogger Bank and its residents. The one resident has very specific needs and the other feels at home everywhere. But they all need the hard substrate, solid ground beneath the feet of all marine life.

The plans for the North Sea, as part of the energy transition necessary to achieving the set climate objectives, are on a massive scale. Fifteen thousand wind turbines need placing in the North Sea by 2050, 8000 of them on Dogger Bank. Proceeding from the landscape, its residents and the plans, I arrived at a series of parameters that influence the design of a wind farm, from the scale of a wind turbine foundation to that of a gigantic wind farm across the entire Dogger Bank. Each design decision has been influenced by the needs of the local marine life.

Doggerland creates the conditions for a nursery, a breeding ground for the North Sea. Even today, scientists know relatively little about the specific needs and wishes of the different animal species. The basic premise has always been the more diverse the habitat, the greater the biodiversity. This is why the proposed cycle of designing, constructing, researching and adapting this wind farm represents an opportunity to get to know the landscape and its marine life even better.

And when the wind turbines have had their day, they will leave behind the initial stages of an underwater nature reserve, a large nursery that can contribute to restoring the health of the North Sea.

Opleiding Place of education
AvB Amsterdam

Studierichting Specialization
landschapsarchitectuur landscape architecture

Mentoren Tutors
Marieke Timmermans, Philomene van der Vliet, Bruno Vermeersch

ZIEGA VAN DEN BERK

❶

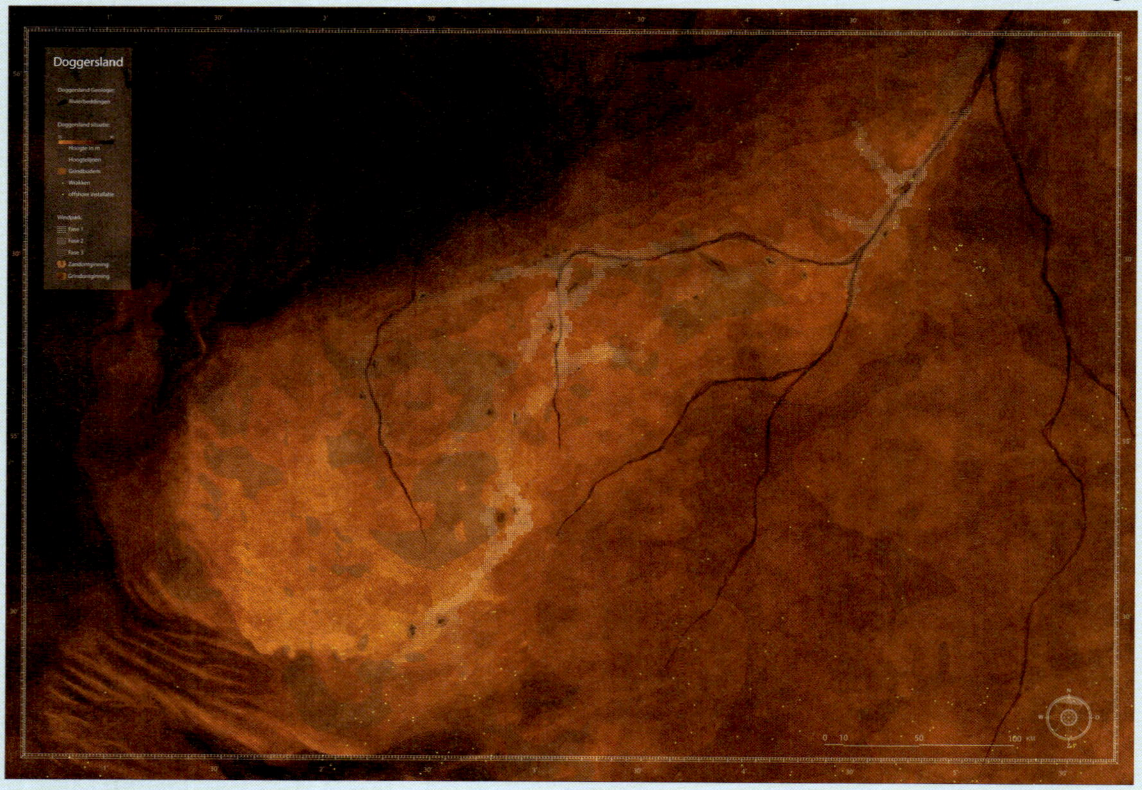

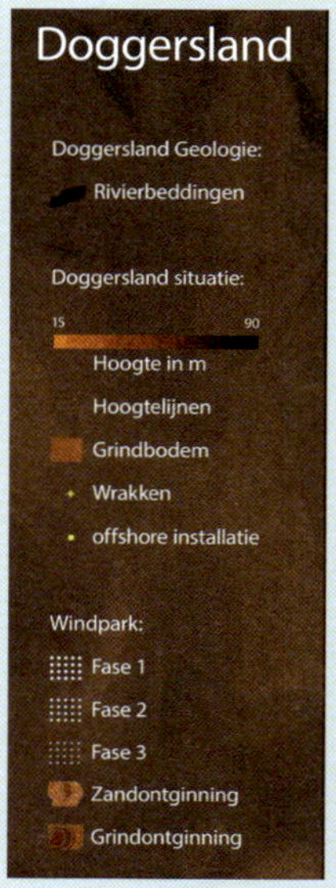

❷

❶ Het harde substraat van deze windmolenvoet biedt nieuwe woonplekken voor het zeeleven.
The hard substrate of this wind turbine base offers new homes to marine life.

❷ Plankaart, van windpark naar landschap. De rijkdom aan sedimenten van de oude glaciale landschappen komen door het uitrollen van dit windpark weer aan de oppervlakte. Hoe diverser de habitat, hoe groter de biodiversiteit.
From wind farm to landscape. The construction of this wind park causes the wealth of sediments from the old glacial landscapes to rise to the surface again. The more diverse the habitat, the greater the biodiversity.

❸ Het maakproces van de twee verschillende windmolenfunderingen laat een nieuw onderwaterlandschap achter.
Getting the two types of wind turbine foundations in place results in a new underwater landscape.

Methode Grotto

Methode Kegel

❸

❹

Wie zijn de (toekomstige) bewoners van de Noordzee? Wat doen ze? Wat zijn hun wensen? Hoe ziet hun dag eruit?
① Psammechinus (kleine zeeappel)
② Obelia longissima (lange zeedraad)
③ Homarus gammarus (Noordzee kreeft)
④ Halichondria panicea (broodspons)
⑤ Rhodophyta (roodwier)
⑥ Alloteuthis subulata (dwergpijlinktvis)
⑦ Cyanea capillata (gele haarkwal)
⑧ Raja clavata (stekelrog)
⑨ Modiolus modiolus (gewone paardenmossel)

Who are the (future) residents of the North Sea? What do they do? What are their needs? What does their day look like?
① Psammechinus (sea urchin)
② Obelia longissima (black sea hydrozoan)
③ Homarus gammarus (European lobster)
④ Halichondria panicea (breadcrumb sponge)
⑤ Rhodophyta (red algae)
⑥ Alloteuthis subulata (European common squid)
⑦ Cyanea capillata (lion's mane jellyfish)
⑧ Raja clavata (thornback ray)
⑨ Modiolus modiolus (northern horsemussel)

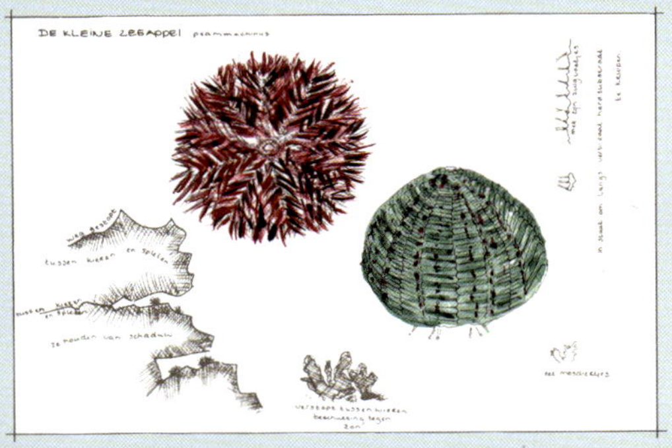

①

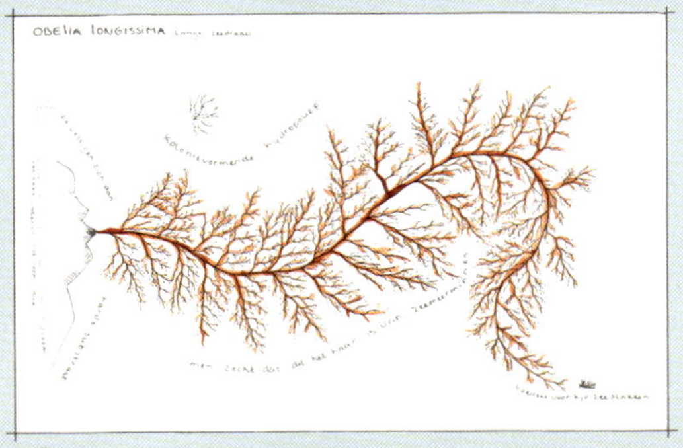

②

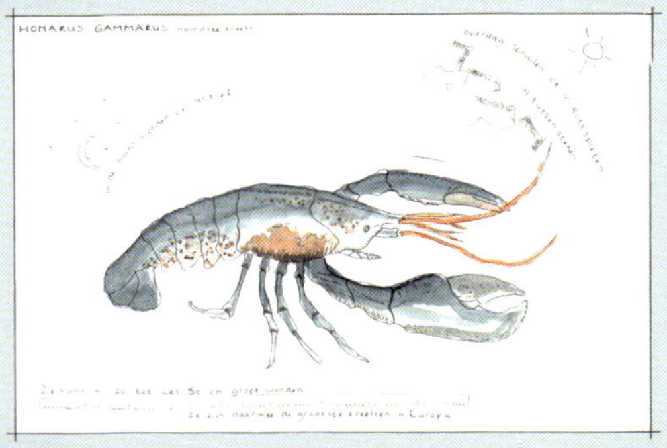

③

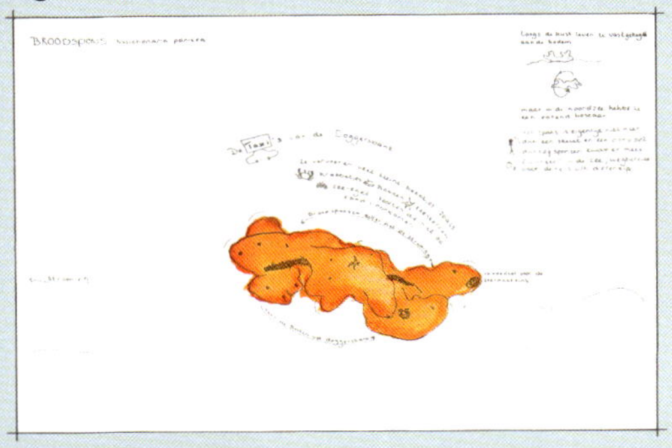

④

⑤

⑥

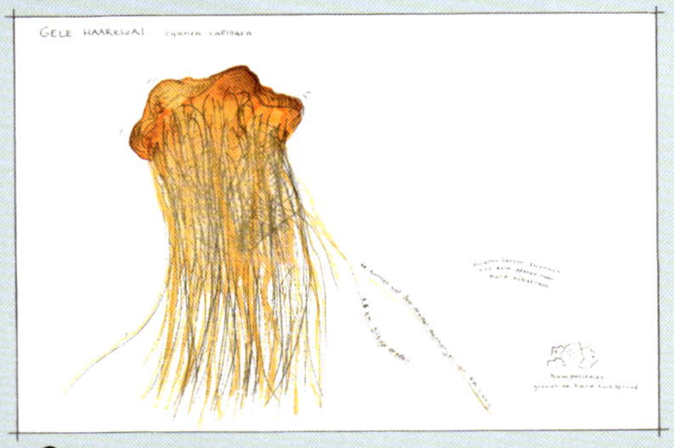

⑦

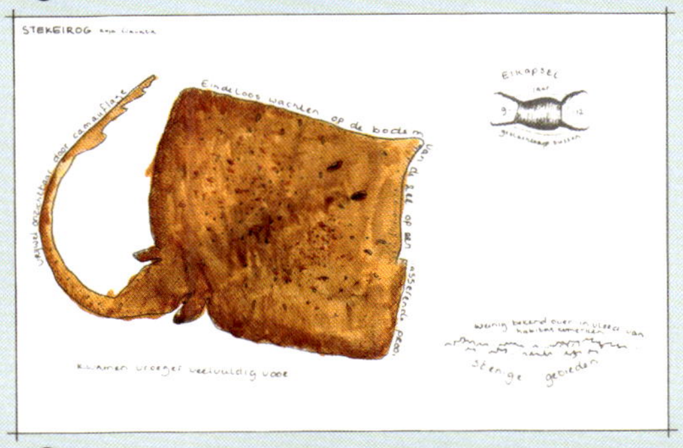

⑧

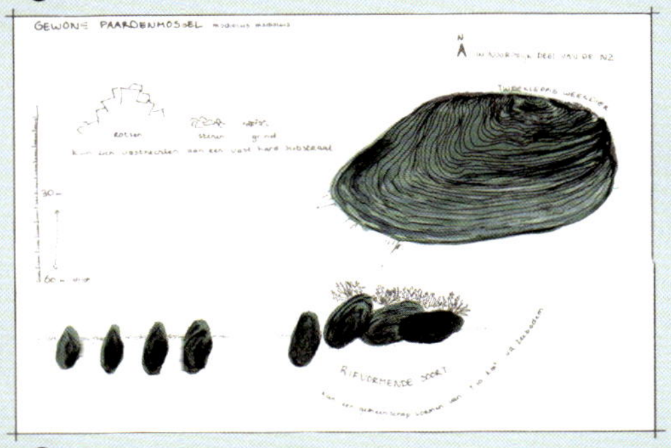

⑨

5

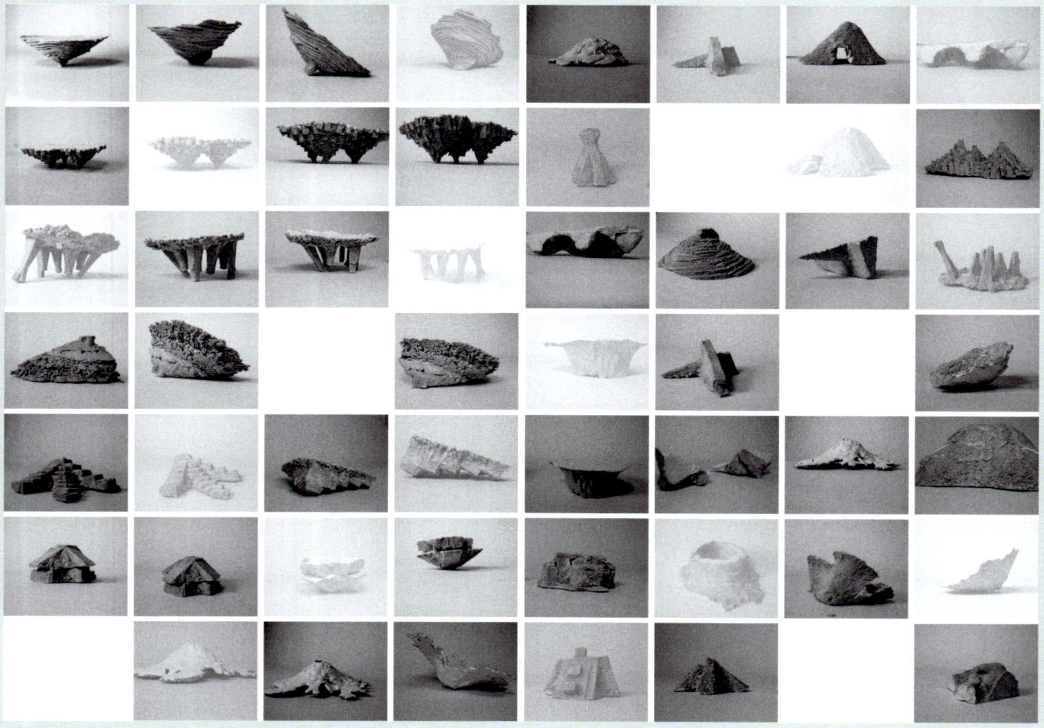

6

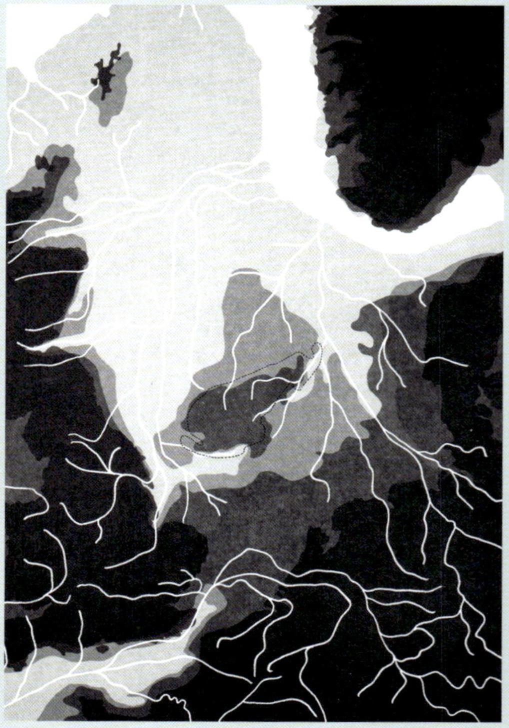

7

5 **Het Doggerswindpark, een nieuw landschap, een kraamkamer van formaat voor de Noordzee.**
Dogger wind farm, a new landscape, a major breeding ground for the North Sea.

6 **Een rijkdom aan windmolenvoeten. Geen enkele basis is hetzelfde doordat ook het landschap en de ondergrond invloed uitoefenen op het maakproces van de windmolenfundering.**
Wind turbine bases come in all shapes and sizes. No two are the same, since the landscape and the substrate influence the way each foundation is made.

7 **Het ontstaan van de projectlocatie, de Doggersbank een verdronken landschap in de Noordzee. Van licht naar donker grijs. 10500 v. Chr, 8000 v. Chr, 7000 v. Chr.**
The history of the project location: Dogger Bank as a sunken landscape in the North Sea. From light to dark grey. 10500 BC, 8000 BC, 7000 BC.

HOOGTIJ

Hoogtij, ofwel hoe we tijdig kunnen anticiperen op de nijpende gevolgen van de klimaatcrisis. Dit afstudeeronderzoek geeft een langetermijnvisie op de verstedelijkingsopgave voor de 21ste eeuw die tijdig anticipeert op de klimaateffecten, in de vorm van vier locatieafhankelijke strategieën, te weten: aanvallen, verdedigen, terugtrekken en verbinden. In de huidige verstedelijkingsopgave van Nederland wordt weinig rekening gehouden met de toenemende risico's van overstromingen door de klimaatcrisis. Dit terwijl het internationaal vermaarde waterveiligheidsbeleid de afgelopen honderd jaar altijd integraal verbonden was met de verstedelijking en infrastructuur. De lessen uit het verleden vormen de essentiële bouwstenen voor de toekomst.

Mijn fascinatie altijd is uitgegaan naar het bedwingen en het bespelen van het water door de mens in Nederland. Ik vind het echter verbazingwekkend om te zien dat in de huidige klimaatcrisis het verstedelijkingspatroon zich hier weinig van aantrekt, terwijl juist nu de besluiten worden genomen voor de komende generaties. De manier van handelen en het nemen van maatregelen hangt sterk samen met de heersende cultuur en de huidige tijd.

Zeespiegelstijging is onvermijdelijk. De mate waarin deze zal optreden hangt voor een groot deel samen met de snelheid van CO2 reductie. We kunnen niet wachten op zekerheid en zullen nu al moeten anticiperen op de onzekere toekomst. De vraag is welke keuzes we nu moeten maken en welke keuzes we in de toekomst nog kunnen maken als de zeespiegelstijging mee- en of tegenvalt.

Een analyse van de geschiedenis van de Deltawerken laat zien dat grootschalige publieke werken tijd nodig hebben. Tijd om vanuit de complexiteit van de opgave tot een integrale interventie te komen, tijd om alle belangen zorgvuldig af te wegen en vooral ook tijd om tot culturele bewustwording en acceptatie te komen.

Voor vier kenmerkende landschappen in Nederland is steeds één handelingsperspectief ontwikkeld die aan de hand van een concrete plek geïllustreerd wordt. De vier strategieën tonen de specificiteit van de waterveiligheidsopgave en hoe dit kan leiden tot nieuwe ruimtelijke typologieën. De ogenschijnlijk tegenstrijdige strategieën aanvallen, verdedigen, terugtrekken en verbinden zijn verbeeld aan de hand van respectievelijk Scheveningen (Dubbele Duinstad), Krimpen aan de Lek (Dras Dorp), Arnhem (Zand Stad) en de corridor A20 (Kronen Laan). De handelingsperspectieven dragen een nieuwe benadering aan in het lange termijn ontwerpen voor Nederland.

This graduation project, whose title is a play on 'high tide' and 'high time', is all about punctually addressing the profound consequences of the climate crisis. It gives a long-term perspective on the urbanization brief for the 21st century as a timely preparation for the effects of climate change. This takes the form of four strategies, depending on the site in question: attack, defend, retreat and connect. The current Dutch urbanization brief takes little account of the increasing risks of flooding due to the climate crisis. And this while the internationally renowned Dutch water safety policy has been indelibly linked with urbanization and infrastructure for the past hundred years. The lessons of the past are the essential building blocks of the future.

I have always been fascinated by the way the Dutch control and exploit the water. That said, I am astonished to see that the pattern of urbanization in this country pays so little heed to the current climate crisis, when now is the time to take decisions that will affect generations to come. The way we act and adopt measures is closely interwoven with the prevailing culture and the times we live in.

There is no way we can prevent the rise in sea level. How it will happen depends for a large part on how quickly we reduce carbon emissions. We cannot afford to wait for certainty and have to prepare ourselves now for the uncertain times ahead. We have to consider the choices we have to make now and the choices left to us in the future, depending on whether the sea level rise exceeds or falls short of expectations.

An analysis of the history of the Delta Works shows that putting large-scale public works in place takes time. Time to develop an all-inclusive intervention from the complexity of the brief, time to carefully weigh up all the interests and, most importantly, time for society to become aware of and accept the way things are.

The project develops four perspectives for action for four typical Dutch landscapes, illustrating them with an existing place. The four strategies demonstrate the specificity of the water safety brief and how this can give us new spatial typologies. The seemingly contradictory strategies of attack, defend, retreat and connect are illustrated by, respectively, Scheveningen (Dubbele Duinstad), Krimpen aan de Lek (Dras Dorp), Arnhem (Zand Stad) and the A20 corridor (Kronen Laan). The perspectives for action introduce a new approach to designing the Netherlands in the long term.

1

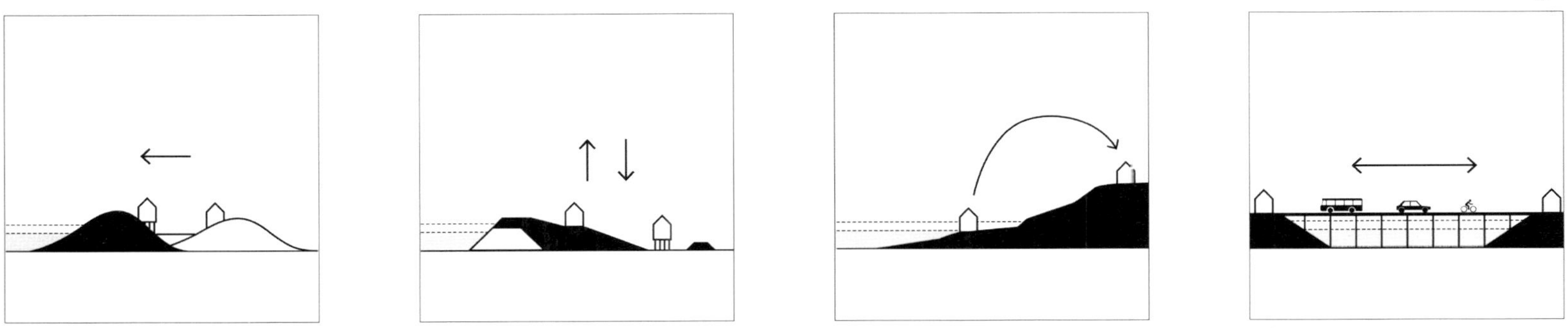

① ② ③ ④

Opleiding Place of education
AvB Rotterdam

Studierichting Specialization
stedenbouw urban design

Mentoren Tutors
Riëtte Bosch, Thijs van Spaandonk,
Dirk Sijmons, Paul Gerretsen

FREEK VAN RIET

❷ 

❸ 

❶ Vier strategieën
① Aanvallen. 'Ideologisch' Tech-optimisme onder het motto 'aanval is de beste verdediging' met kolonisatie van zee voor nieuwe stedelijke ontwikkeling en kustbescherming.
② Verdedigen. 'Twee snelheden' Uitgaan van bestaande kwaliteit van landschap en cultuur met behoud ervan. Niet iedereen woont en werkt in dezelfde normen van waterveiligheid.
③ Terugtrekken. 'Boekhoudkundig' Hervestiging van steden op hogere gronden. Een stad die continu in beweging is en dus ook verandert op basis van afschriftermijnen. Terugtrekken in contact met natuur.
④ Verbinden. 'Rationeel' Versterken van bestaande en nieuwe structuren en (stads)landschappen. Besluiten die zonder meer genomen kunnen worden op basis van feitelijkheden.
Four strategies
① Attack. 'Ideological' Tech-optimism having as its slogan 'attack is the best form of defence', colonizing the sea for new urban development and coastal protection.
② Defend. 'Two-speed' Proceeding from the existing qualities of landscape and culture and their preservation. Not everyone lives and works to the same standards of water safety.
③ Retreat. 'Bookkeeping' Relocating cities to higher ground. A city continually in motion and therefore subject to change with a reduction in value. Retreat in the company of nature.
④ Connect. 'Rational' Strengthening existing and new structures and landscapes. Decisions based on fact can be taken at any time.

❷ Dubbele Duinstad (2020 – 2040). De Nieuw Hollandse Kust is exemplarisch voor het eco-optimisme, vanuit het gedachtengoed dat er voor elk probleem een technische oplossing is. Omdat de strategie 'Aanvallen' aan de kust om zeer hoge en toenemende investeringen vraagt, is een alternatief spoor gewenst.
Dubbele Duinstad (2020 – 2040). The New Dutch Coast is a perfect example of eco-optimism, based on the philosophy that for every problem there is a technical solution. Since the strategy of Attack as applied to the coast requires sky-high investments, it calls for an alternative approach.

❸ Dras Dorp (2020 – 2060). Krimpen aan de Lek laat zien dat met de strategie 'Verdedigen' een nieuw bos- en waterrijk landschap zich kan ontwikkelen. Het vraagt om een ander type landgebruik met aangepaste woningen. Op die manier is men voorbereid op de grillige effecten van de klimaatcrisis en hoeft men het gebied niet te verlaten.
Dras Dorp (2020 – 2060). Krimpen aan de Lek shows that the strategy of Defend can create the conditions for a new wooded and well-watered landscape. It calls for another type of land use with modified housing units. This will prepare those concerned for the caprices of climate change and means that no one need leave the area.

❹ **Zand Stad (2020 – 2080). Met de strategie 'Terugtrekken' is Arnhem uitgegroeid tot een compacte groenstedelijk stad op hoogte met een uitgestrekt onbebouwd rivierengebied in de lagere delen. Het vraagt om een cultuuromslag waarbij huidig natuurbeleid hogere delen moet worden heroverwogen, gevolgd door een proces van bevrijding in het rivierengebied. Dit kan alleen slagen door vroegtijdig te starten en niet langer te wachten.**
Zand Stad (2020 – 2080). Armed with the strategy of Retreat, Arnhem will grow into a high-lying compact green city with an extensive river landscape in the lower-lying parts. This calls for a culture shift where current nature policy should reconsider the role played by higher-lying parts, followed by a process of freeing the river landscape below. This can only succeed if we start without delay.

❺ **Kronen Laan (2020 – 2100). Met de strategie 'Verbinden' biedt de verhoogde verbreding van spoor en snelweg een vluchtroute tijdens hoge waterstanden. Het is een meerwaarde zonder grote herstructurering van woongebieden met bovendien kansen voor stapeling van programma. Deze investering kan daarom zonder spijt worden genomen.**
Kronen Laan (2020 – 2100). With the Connect strategy, the elevated widening of railways and motorways offers an escape route during high water. It is advantageous without the need for major restructuring operations in residential areas and can even enable programme components to be stacked. So this is an investment that can be made without compunction.

HOUSE OF RITUALS

House of Rituals, ingegraven in het Zwitserse berglandschap, is een project dat de vragen van het menselijk bestaan in ruimte en tijd aan de orde stelt. Het plan exploreert de relatie van de mens met de wereld en brengt daartoe twee verschillende groepen mensen samen, mensen met een drang naar zelfmoord en terminaal zieke mensen. Ze hebben verschillende kenmerken en misschien een tegengestelde wil, maar delen hetzelfde lot: de dood. In de evolutie van culturen en beschavingen is architectuur die gewijd is aan de herinnering en de viering van leven en dood essentieel. Het begint bij de eerste afbakening van een ruimte door middel van een menselijke cirkel rond een evenement.

Dit ontwerp bestaat uit een opeenvolging van ruimten die samen een scenario vormen waarin menselijke activiteiten plaats kunnen vinden: de baarmoeder als de meest openbare ruimte, de open haard als sociale plek, de put, de intieme doorgang en tenslotte de grot als de meest persoonlijke ruimte waar de patiënt zich terugtrekt. De ervaring is tweevoudig: het is zowel een reis áls een reeks van geïsoleerde momenten. Elke ruimte is uniek, elk heeft zijn eigen sfeer. Het House of Rituals zet aan tot beweging en ontdekking. Het vormt de basis voor een zintuiglijke ervaring, het opnieuw verbinden van de mens en het individu door middel van rituelen met de primaire ervaringen van het dagelijks leven.

Vooral door de kapitalistische Westerse samenlevingen zijn de eeuwige spirituele waarden naar de achtergrond verdwenen. Het weefsel dat de mensheid in de loop van de tijd met elkaar verbindt ongeacht de plaats en de culturele achtergronden, lijkt te zijn vergeten. Desondanks zijn deze onderwerpen op de een of andere manier nog steeds aanwezig in ons dagelijks leven en nemen ze andere vormen aan. Dit is het geval bij het toegenomen aantal zelfmoorden, waar de World Health Organisation (WHO) in 2016 op wees en bezorgd was over de onzichtbare grote basis die aan de stijging ten grondslag lag. Hoewel zelfmoord in ons openbare leven wordt weggemoffeld omdat het als een misdaad of een plaag wordt beschouwd, heeft het invloed op ons dagelijks leven en vormt het onze steden. Het is onvermijdelijk dat het probleem van zelfmoordgedrag en poging tot zelfmoord vandaag de dag moet worden beschouwd als een ruimtelijke en morele vraag die moet worden heroverwogen en geïnterpreteerd.

Daarom draagt de ontwerpstrategie van het Huis van Rituelen een eigentijdse ruimtelijke oplossing aan voor de problemen die verband houden met de verschrikkelijke feiten van zelfmoordgedrag en zelfmoordpogingen. Dit door middel van een architectuur die afstand neemt tot de dood en alleen ruimten ontwikkelt die menselijke activiteiten en sociale interactie aanmoedigen.

1

The House of Rituals, part buried in the Swiss mountain landscape, addresses issues relating to our existence in space and time. This project explores humankind's relationship with the world. To that end, it brings together two different groups of people, the suicidal and the terminally ill. These have different characteristics and perhaps opposing wills but are united by the powerful presence of death in their lives. In the evolution of cultures and civilizations, there has always been architecture dedicated to memory and the celebration of life and death. It began with the first demarcation of space by a human circle around an event.

This design consists of a sequence of spaces together providing a scenario for human activity: the Womb as the most public of these spaces, the Fireplace as a social venue, the Well as an intimate passage and the Cave as the most personal space, where the patient can retreat. The experience is as much a journey as a series of isolated moments. Each space is unique and has its own ambience. The House of Rituals initiates movement and discovery. It provides the basis for a sensory experience, namely reconnecting, through rituals, humankind and the individual with the primary experiences of everyday life.

Our eternal spiritual values have been marginalized particularly by Western civilizations under capitalism. The tissue that has connected humankind over time regardless of place and cultural background seems to have been forgotten. Even so, in one way or another these topics are still present in our daily life where they have assumed other forms. This is the case with the increasing number of suicides, as pointed out in 2016 by the World Health Organization (WHO), together with its concern about the invisible broad layer of causes at its root. Although suicide has been hidden away from public life as if it were a criminal act or a plague, it still affects our daily lives and shapes our cities. It is inevitable that these days the problem of suicidal behaviour and attempted suicide should be regarded as a spatial and moral question that needs to be reconsidered and reinterpreted.

Hence, the design strategy of the House of Rituals seeks a contemporary spatial solution to the issues relating to the terrible reality of suicidal behaviour and attempted suicide. This it does by proposing an architecture that seeks to distance itself from death and constructs only spaces that encourage human activity and social interaction.

Opleiding Place of education
TU-Eindhoven

Studierichting Specialization
architectuur architecture

Mentoren Tutors
Jacob Voorthuis, Jan Schevers, Sjef van Hoof

MARCO SIRONI

❷

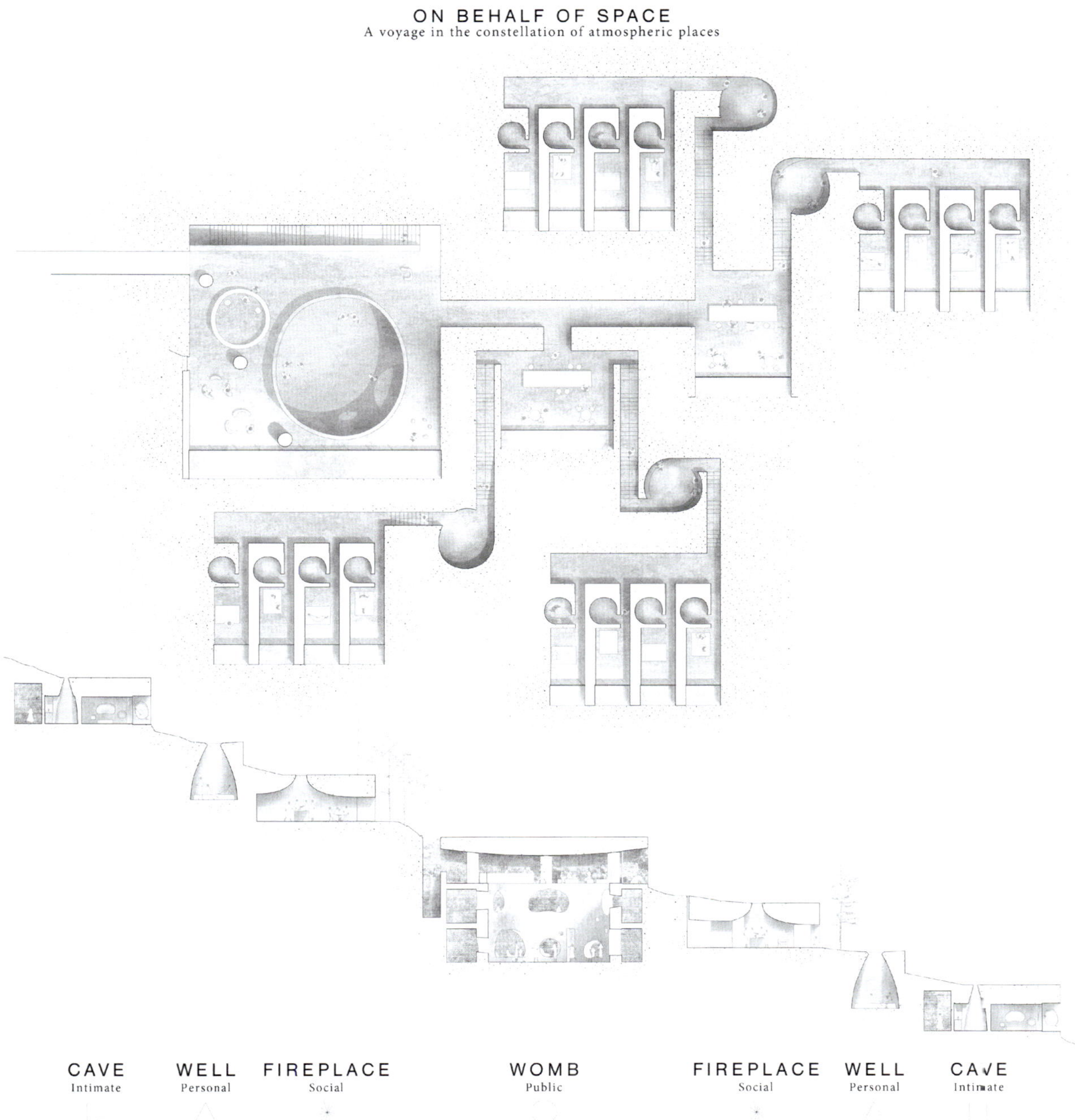

❸

❶ **Heterotopie.**
Heterotopia.

❷ **Namens de ruimte.**
On behalf of space.

❸ **Open haard, ontmoetingsruimte.**
Fireplace, meeting space.

❹

❺

❻

❹ **Perspectief.**
Perspective view.

❺ **Grot, intieme ruimte.**
Cave, intimate space.

❻ **Bron, persoonlijke ruimte.**
Well, personal space.

❼ **Baarmoeder, openbare ruimte.**
Womb, public space.

❼

MEMA

❶

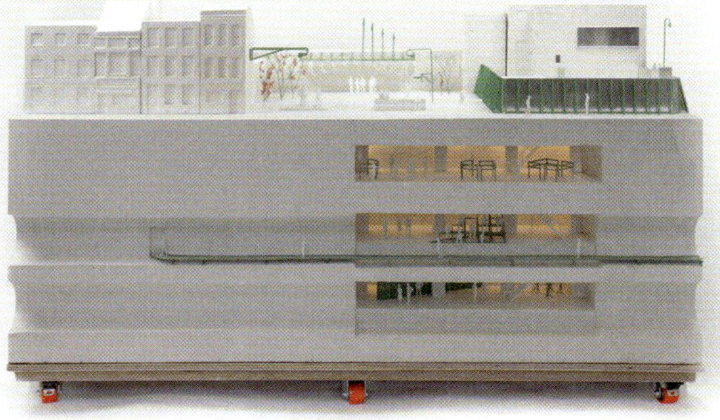

MEanderend MUSEUM ANTWERPEN

Het museum slingert zich als een zeven kilometer lange culturele route door de wijk Seefhoek in Antwerpen Noord. MEMA introduceert nieuwe gebruiksperspectieven en interventie typologieën voor leegstaande ruimten en ongebruikte terreinen die een stad reeds heeft. Het museum onderzoekt hoe minimale ingrepen of micro-interventies een maximale impact teweeg kunnen brengen zowel in het museum als in de publieke ruimte. De interventie is een activiteit van het museum waarbij de collectiviteit in de buurt verbeterd wordt. MEMA brengt de kwaliteiten en de schoonheid van het alledaagse naar voren. Binnen deze bescheiden architectuur gaat het museum op zoek naar specifieke ruimten om lokale kunst tentoon te stellen zodat een intrigerende dialoog en interactie ontstaat tussen de ruimte, de ingreep en het kunstwerk. Het museum manifesteert zich in leegstaand patrimonium zoals woningen, schuren, koterijen en parkeergarages en ook in ondergeschikte buurten. Het is gericht op het werken met en versterken van het bestaande. Elke ingreep geeft iets terug aan de wijk: een ontmoetingsplek, lokale 'artists in residence', nieuwe verbindingen of de opwaardering van de publieke ruimte. De nieuw ontworpen museum-as loopt van het atelier van Sam Dillemans tot het atelier van Panamarenko. De zeven kilometer lange route met 21 locaties wordt zichtbaar gemaakt door de introductie van een lijn, vormgegeven door groene betontegels die half zo groot zijn als de standaard stoeptegel. Deze tegel slingert door het bestaande stedelijke weefsel en transformeert zichzelf van stoep tot plint en omkadering.

MEMA luidt het einde in van het museum als autonoom icoon met witte en generieke ruimten. MEMA verbindt architectuur en kunst als reactie op het autonoom icoon. Het stelt de manier hoe de kunst tentoongesteld wordt als vraagstuk aan de orde en vooral de ontvreemding van kunst uit de maatschappij. Kunst komt uit de samenleving voort en gaat meestal ook over de samenleving. Het is er een reflectie op.

MEMA heeft als doel lokale Belgische kunst tentoon te stellen op een zo toegankelijk mogelijke manier. MEMA geeft lokale kunstenaars ruimte, ruimte die wacht om gebruikt te worden en het kunstwerk wordt bijgevolg gepositioneerd in het gezichtsveld van het publiek en in de samenleving.

Het sleutelmoment bij MEMA is de samenkomst tussen de locatie, de interventie en het kunstwerk. In MEMA ontstaat een beweging waarbij de kunst en de interventie in een specifieke constellatie geplaatst wordt. Het museum onderzoekt hoe minimale ingrepen een maximale impact teweeg brengen zowel in het museum als in de publieke ruimte.

De interventie is een functioneel ornament of anders gezegd een collage van alledaagse objecten die samen een museum vormen. MEMA onderzoekt hoe een sokkel, kolom, tafel, stoel, podium, tribune, en dergelijke op een zo minimale en niet-invasieve manier vormgegeven kunnen worden. Met plaatselijke materialen en een cradle-to-cradle filosofie wordt elke ruimte getransformeerd tot een museale ruimte. De elementen vormen een familie en bieden een rode draad door het museum.

MEandering MUSEUM, ANTWERP

The museum winds its way as a seven-kilometre-long cultural route through the Seefhoek neighbourhood in the northern part of the Antwerp agglomeration (Antwerpen-Noord). MEMA introduces new user perspectives and intervention typologies for the vacant buildings and unused grounds found in every city. The museum explores ways in which micro-interventions can have maximum impact both in the museum and in the public space round about. The intervention is a museum activity that is to improve local collectivity. MEMA foregrounds the qualities and beauty of the everyday. In its self-effacing architecture, the museum is a quest for spaces to exhibit local art so as to create an intriguing dialogue and interaction between space, intervention and artwork. The museum manifests itself in vacant buildings such as houses, sheds, outhouses and indoor car parks, as well as in less privileged parts of Seefhoek. It seeks to work with and strengthen the existing. Each intervention gives something back to the neighbourhood: a meeting place, local 'artists in residence', new connections or an upgrade to the public space. The newly designed museum axis extends from Sam Dillemans' studio to that of Panamarenko. The seven-kilometre-long route taking in 21 locations is visually expressed as a line marked by green concrete tiles half the size of a standard paving stone. These tiles wind their way through the existing urban fabric, transforming from pavement to plinth to surrounding border.

MEMA ushers in the end of the museum as a stand-alone icon of white generic spaces. MEMA unifies architecture and art as a reaction to that stand-alone status. It focuses attention on the way art is exhibited as an issue to be addressed, especially regarding its estrangement from the community. Art originates with society and generally takes society as its subject. It is a reflection on that society.

The idea behind MEMA is to exhibit local Belgian art in the most accessible way. MEMA provides space for local artists, space waiting to be used, with the artwork positioned in full view of the public and in the community.

The key moment in MEMA is when location, intervention and artwork converge, which unlike traditional museums places artwork and intervention in a specific constellation. The museum explores ways in which minimal interventions can have maximum impact on the museum but also on the surrounding public space.

The intervention in question is a functional ornament, or, to put it a different way, a collage of everyday objects which combine to make a museum. MEMA examines how a plinth, a column, a table, a chair, a stage, public seating, etc., can be designed in the most minimal and least invasive way. Using local materials and a cradle-to-cradle philosophy, each space is transformed into a museum room. All elements together constitute a family and provide a common thread throughout the museum.

Opleiding Place of education
AvB Rotterdam

Studierichting Specialization
architectuur architecture

Mentoren Tutors
Bart Hollanders, Filip Dujardin, Ninke Happel, Hinke Majoor

EILIEN NEUMANN

❷

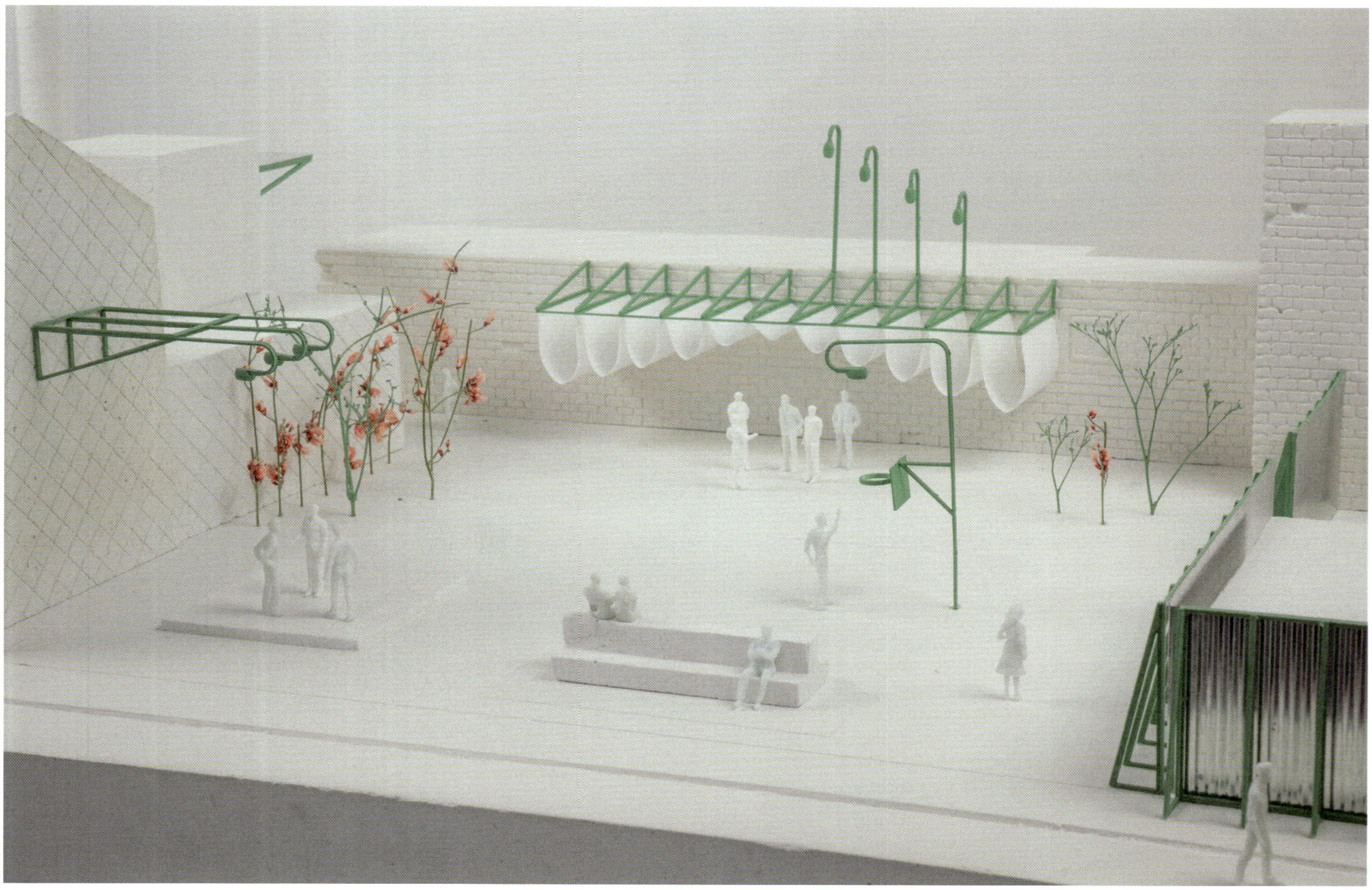

❸

❹

❶ ❸ Onderzoek naar een interventie typologie.
In search of an intervention typology.

❷ Straat typologie van het museum.
The museum's street typology.

❹ ❺ ❻ Eén van de locaties van het museum.
One of the 21 museum locations.

❺

❻

MESHWORKS OF CARE

HET TEGENGAAN VAN VERWAARLOZING DOOR MIDDEL VAN WEBBEN, KNOPEN EN VERSTRENGELING.

Dit plan ontwikkelt door middel van 'netwerken van zorg' een nieuw gemeenschappelijk kader dat een betekenisvolle verandering teweeg brengt in de verwaarloosde gemeenschappen in Londen. Een nieuwe ontwikkelingsaanpak voegt bestaande structuren samen tot een nieuw zorgweefsel. Het door bezuinigingen en privatisering geminimaliseerde en versnipperde zorgstelsel wordt uitgebreid en opnieuw geconfigureerd waarbij braakliggende openbare ruimte wordt benut. De verschillende zorginstellingen worden samengebracht in een nieuw raamwerk. Naarmate het raamwerk zich verder ontwikkelt, wordt de samenhang tussen de verschillende soorten zorg groter en wordt de wederzijdse ondersteuning versterkt.

Dit project stelt dat de zorg mede door middel van de architectuur moet worden bevrijd uit de gesloten structuren waarin het nu gevangen zit. Het plangebied bevindt zich in Wood Green in Noord-Londen. In plaats van het ondersteunen van de bestaande infrastructuur heeft de gemeente geprobeerd de worsteling van de gekorte zorginstellingen op te lossen door dure, nieuwe voorzieningen en gebouwen te realiseren. Deze plannen zijn mislukt omdat ze niet aansluiten op de dagelijkse realiteit. Dit project onderzoekt hoe het bestaande netwerk van zorginstellingen kan worden onderhouden en versterkt. Deze benadering wordt gepresenteerd als een 'zorgnetwerk'; een nieuwe vorm van bestuur en bewoning.

In een typisch stedelijk blok in Wood Green werkt het netwerk op buurtschaal. Zorginstellingen verwerven het eigendom van de openbare grond tussen hun eigen percelen en weven ze aaneen tot een samenhangend netwerk. Deze gevarieerde, ononderbroken oppervlak vormt de basis van een nieuw zorgkader, dat door zijstraten, trottoirs, parkeerplaatsen en achtertuinen met elkaar samengesteld is. Bestaande en toekomstige zorgpartijen delen de zorg-infrastructuur, bouwen nieuwe structuren en breiden zo gaandeweg het zorgnetwerk uit. Dit is een proces van het versoepelen van grenzen, het delen van middelen en het collectief werken. Tegelijkertijd wordt de notie van ruimte voor zorg als samenstelsel van geïsoleerde voorzieningen uitgedaagd.

De structuur groeit in de loop van de tijd langzaam verder. Naast de zorgzame acties en praktijken die plaatsvinden in Wood Green, vindt een opeenvolging van investeringen in de openbare ruimte plaats waar alle generaties gebruik van kunnen maken. De eerste constructies zijn de knopen, of kernen, van waaruit verder gebouwd kan worden aan het zorgnetwerk. Deze stap wordt gevolgd door de realisatie van aanpasbare frames als ruimte voor gemeenschapszorg. Frames zijn gedacht als extrusies van de knopen en de bestaande structuren. In architectonische zin refereren ze aan de repetitieve, hellende daken van de omliggende gebouwen.

Na verloop van tijd groeit het raamwerk over Wood Green. Frames worden samengevoegd, verwisseld en gescheiden, waardoor de bestaande sociale structuren van degenen die zorg verlenen, degenen die zorg nodig hebben en zij die ervan verstoken zijn opnieuw worden geconfigureerd.

COUNTERACTING NEGLECT THROUGH WEBS, KNOTS AND ENTANGLEMENT

This project uses what its designer calls 'meshworks of care' to develop a new common framework for creating meaningful change in London's neglected communities. A new development approach combines existing structures into a new caring framework. In this approach the care network, minimized and fragmented by funding cuts and privatization, is expanded and reconfigured making use of neglected public land. The disparate care institutions are recomposed into a new caring framework. As the framework expands, the institutions become increasingly close-knit and enjoy ever greater mutual support.

This project argues that care needs to be reclaimed through architecture from the closed practices that are framing it. The work is situated in Wood Green, North London. Rather than supporting existing infrastructure, the local authority has attempted to save the struggling care institutions by realizing costly new facilities and buildings. These plans have failed as they bear no relation to workaday reality. Instead this project considers how the existing network of care institutions can be sustained and cultivated. This approach is presented as a 'meshwork of care', a new form of governance and inhabitation.

Sited in a typical urban block in Wood Green, the meshwork operates at a neighbourhood scale. Care institutions apply for ownership of the public land between their plots, weaving them into a unified terrain. This diverse uninterrupted surface underpins a new caring framework, flowing through side streets, pavements, parking spaces and backyards. Existing and potential future care groups share the caring infrastructure, building new structures and gradually expanding the network. This is a process of loosening boundaries, sharing resources and working collectively, all the while challenging the notions of space for care as bounded and singular.

The structure grows slowly over time, alongside the caring actions and practices occurring in Wood Green, as a multigenerational sequence of investments in public space. The first constructions are the knots, cores from which the caring infrastructure can be developed further. This step is followed by the creation of adaptable frames, as space for community care. Frames are imagined as extrusions of the knots and existing structures. Architecturally, they refer to the repetitive pitched roofs of the surrounding buildings.

Over time, the framework grows across Wood Green. Frames are joined, swapped and separated, reconfiguring the known social structures of those who give care, those who receive care and those who are neglected.

Opleiding Place of education
TU-Delft

Studierichting Specialization
architectuur architecture

Mentoren Tutors
Roel van de Pas, Leeke Reinders, Pierre Jennen

SUSIE COX

❶ **Ondersteunende interventies: knopen en kaders Bestaand Het onderbenutte en verwaarloosde parkeerterrein van Lyndum Court.**
Supporting interventions: knots and frames Existing: The underused and neglected parking space at Lyndum Court.

❷ **Knoop: een markeerpunt in het netwerk, van waaruit wordt geconfigureerd, aangesloten en uitgebreid.**
Knot: a sturdy point in the meshwork from which to configure, adjoin and expand.

❸ **Kader: ruimte voor wijkzorg, zich uitbreidend vanuit knopen en bestaande constructies.**
Frame: space for community care, extruded from the knots and existing structures.

❹ **Groeiende kaders: Samenvoegen, uitbreiden en verstrengelen.**
① Het kader groeit vanuit de bestaande daklozenopvang.
② Het kader groeit vanuit een nieuw service knooppunt.
Expanding frameworks: Adjoin, expand and entangle.
① The frame expands from the existing homeless shelter.
② The frame expands from a new service knot.

❶

❷

❸

①

② ❹

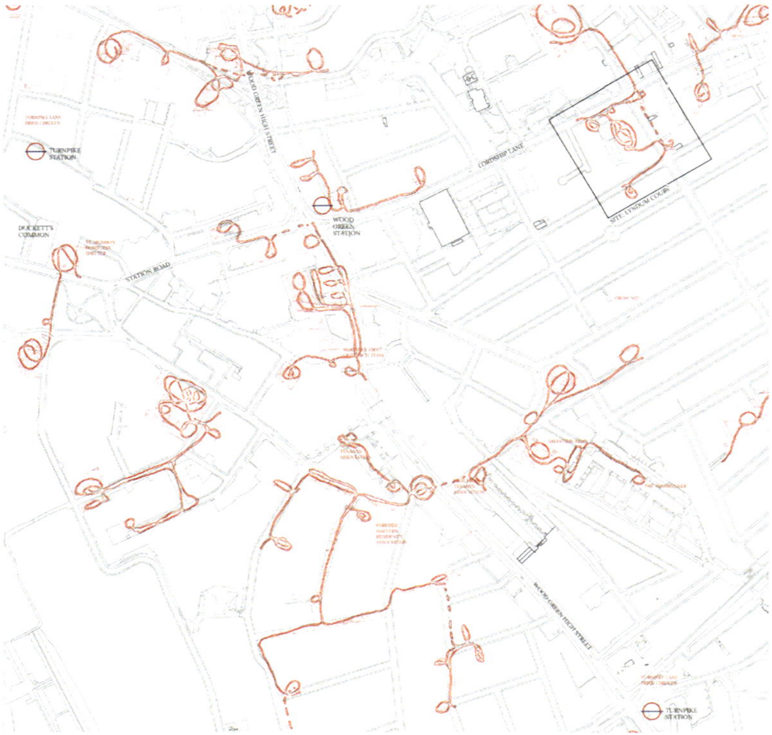

❺

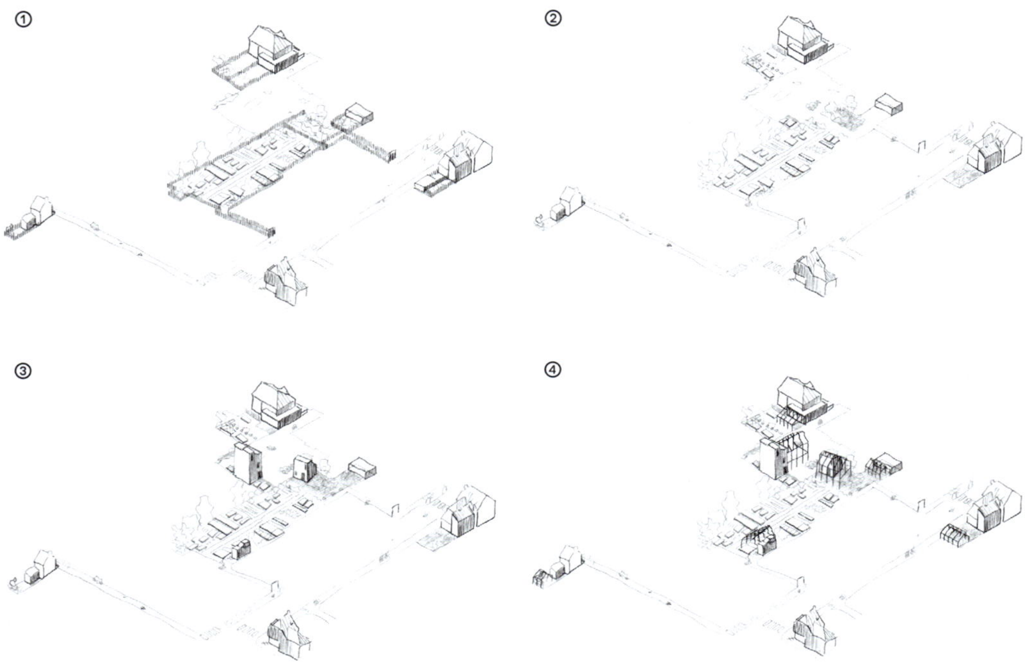

❻

❼

❽

❺ **Raamwerk van zorg als openbare infrastructuur in 2070.**
Meshworks of care as common infrastructure in 2070.

❻ **Volgorde van verstrengeling: tijd en in gebruikneming**
① Verzamelen: instellingen vormen collectieven, openbare grond wordt verworven.
② Oppervlakte: omheiningen worden gesloopt, paden aangelegd en gerepareerd, plantbedden ingezaaid.
③ Knoop: Diensten opgericht, het land kan in gebruik worden genomen.
④ Kader: Constructies groeien uit knopen en bestaande gebouwen.
Sequence of entanglement: time and inhabitation
① Collect: institutions collectivize, public land is acquired.
② Surface: fences demolished, paths laid and repaired, beds planted.
③ Knot: Services erected, the land can be inhabited.
④ Frame: Structures grow from knots and existing buildings.

❼ **Begane grond. Ruimte voor informele activiteiten. Diensten worden zichtbaar gespreid over het kader.**
Ground floor. Space for informal activities. Services are visibly spread over the frame.

❽ **Eerste verdieping. De bovenste verdiepingen bevatten privé kamers die ontsloten worden vanuit de knoop.**
First floor. The upper floors contain private rooms accessed from the knot.

NOT JUST ANOTHER SOLAR FIELD

EEN MULTIFUNCTIONELE ENERGIETUIN VOOR MASTWIJK

Dit project presenteert een uitgebreide verzameling relevante ontwerprichtlijnen voor EnergyGardens in het algemeen en een uitgewerkt ontwerp voor de energietuin Mastwijk nabij Montfoort in de provincie Utrecht. Het ontwerp laat zien hoe de richtlijnen kunnen worden vertaald naar een specifieke situatie, dit om belanghebbenden en bewoners van dienst te zijn.

De regionale energiestrategie (RES) U16 voor de Regio rond Utrecht eist dat in 2030 3,6 terawattuur aan duurzame elektriciteit wordt opgewekt. Concreet betekent dit een oppervlakte van 3.600 hectare aan zonnevelden die binnen negen jaar in het landschap moeten worden gerealiseerd. Hoewel dit doel misschien niet realistisch is, mag zelfs het verschijnen van een enkele hectare zonneveld in het landschap niet meer zonder een zorgvuldige planning verlopen. Onderzoek heeft aangetoond dat zonnevelden veel extra functies kunnen bevatten zonder hun productiviteit te verminderen. Vooral in dichtbevolkte regio's, zoals de RES U16, mogen schaarse oppervlakten niet zomaar worden toegewezen aan landgebruik met één functie.

Dit project bouwt voort op bestaande kennis over multifunctionele zonnevelden om een reeks ontwerprichtlijnen te ontwikkelen. Deze technische richtlijnen worden in dit plan gecombineerd met richtlijnen voor tuinontwerp teneinde het recent ontwikkelde concept van EnergyGardens verder te onderbouwen. Een deel van deze richtlijnen is getoetst in het ontwerp voor een EnergyGarden op de voormalige stortplaats Mastwijk in de provincie Utrecht. Dit is een reëel project, dat momenteel wordt ontwikkeld en gepland staat om in 2022 te worden geïmplementeerd. Het onderzoek van dit afstudeerplan werd toegepast bij het ontwerp. Door middel van een uitgebreid participatieproces met bewoners en andere belanghebbenden konden de algemene ontwerprichtlijnen aangepast worden aan de lokale eisen.

Naast de opwekking van elektriciteit kenmerkt de Energietuin Mastwijk zich door het verbeteren van de biodiversiteit en voorzieningen voor lokale en regionale recreatie. Ook is er sprake van een educatieve component die bezoekers informeert over de site en die hen in staat stelt om het zonneveld te beleven. De resultaten van onderzoek en de samenwerking met stakeholders worden ruimtelijk vertaald in ontwerpmaatregelen vanaf de schaal van het gehele twintig hectare grote perceel tot aan het gedetailleerde ontwerp van inrichtingselementen. Het ontwerp omvat zowel keuzes die gebaseerd zijn op zeer technische vereisten en oplossingen zoals atmosferische en emotionele beslissingen en materiaalkeuzes die cruciaal zijn voor het algemene karakter van de EnergyGarden. Het ontwerp illustreert dat het concept van EnergyGardens een waardevolle benadering kan zijn van de energietransitie op kleine schaal waarbij tegelijkertijd andere heersende onderwerpen integraal worden aangepakt.

Opleiding Place of education
Wageningen University

Studierichting Specialization
landschapsarchitectuur landscape architecture

Mentoren Tutors
Sven Stremke, Merel Enserink, Dirk Oudes

❶

A MULTIFUNCTIONAL ENERGYGARDEN FOR MASTWIJK

This project presents an extensive collection of relevant design guidelines for EnergyGardens in general and for a fully worked-up design for Mastwijk EnergyGarden near Montfoort in the province of Utrecht. The design shows how the guidelines can be translated into a specific case that serves stakeholders and residents alike.

The regional energy strategy (RES) U16 for the Utrecht Region stipulates that 3.6 terawatt-hours of renewable electricity must be generated by the year 2030. In more concrete terms, this means providing 3,600 hectares of PV arrays in the landscape within the next nine years. Though this goal might not be realistic, even a single hectare should not be put in place without careful planning. Research has demonstrated that solar farms can host many additional functions without reducing their productivity. Particularly in densely populated regions like RES U16, the few available surface areas should not be given over to single-purpose land use without a good reason.

This project builds upon existing knowledge about multifunctional solar farms to identify a set of design guidelines. These technical guidelines are combined in this project with guidelines for garden design to further underpin the recently developed concept of EnergyGardens. Some of these guidelines are tested in a design for an EnergyGarden at Mastwijk, a former landfill in Utrecht province. This is a real project currently being developed and scheduled for completion in 2022. The research component of this master thesis was applied to the design. An extensive participation process with residents and other stakeholders meant that the general design guidelines could be adjusted to meet local demands.

Besides generating electricity, Mastwijk EnergyGarden seeks to improve the local biodiversity and provide facilities for local and regional recreation. There is also an educational component that informs visitors about the site and enables them to experience the solar farm to the full. The results of research and the active collaboration with stakeholders has been translated into spatial design measures, from the scale of the entire plot of twenty hectares to that of the detailed design of site furnishings. The design combines choices based on extremely technical requirements with more emotional and ambience-related decisions and material applications crucial to the general character of the EnergyGarden. This project illustrates that the EnergyGardens concept can be a valuable small-scale response to the energy transition as well as addressing other issues of importance today.

FLORIAN BECKER

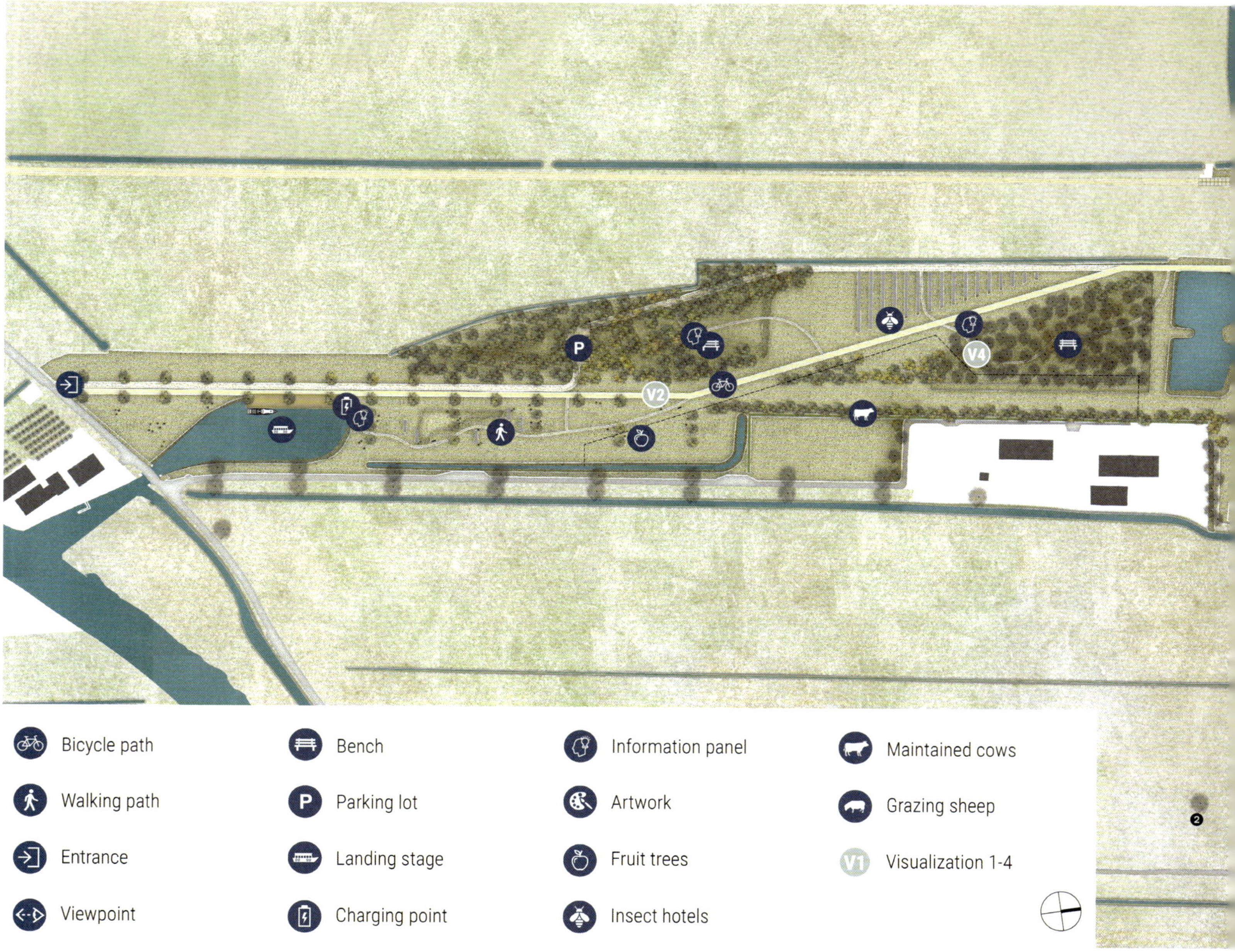

❷

❸

❹

❶ **Vanaf het fietspad in het Westen is het hoogteverschil tussen de afvalberg en het omliggend polderlandschap goed te zien. De bijzonderheid van dit bestaande terrein wordt gebruikt als 'natuurlijke' zichtbescherming om de zonnepanelen voor een groot deel te camoufleren. Bovendien biedt het bezoekers een uniek uitzicht over de polder Mastwijk en de Utrechtse skyline.**
The difference in height between the waste mountain and the surrounding polder landscape is clearly visible from the cycle path in the west. That particular quality of this existing terrain serves as a 'natural' visual barrier to partially camouflage the PV panels. It also offers visitors unique views of the Mastwijk polder and the Utrecht skyline.

❷ **Het masterplan laat duidelijk de verdeling van de zonnepanelen met stijgende intensiteit naar het Noorden van het projectgebied zien, die gebaseerd is op o.a. bestaande ecologische waarden en zichtbaarheid vanuit de omliggende polder. Het zuidelijke gedeelte biedt daarbij vooral veel functies voor recreatie en educatie terwijl het noordelijke gedeelte rust voor ecologische ontwikkeling biedt.**
The master plan clearly shows the division of the project area, with the arrays of PV panels rising in intensity to the northern part. The site was chosen largely because of the existing ecological values and its visibility from the surrounding polder. In addition, the southern part contains mainly recreational and educational facilities whereas the northern part offers peace and quiet for ecological development.

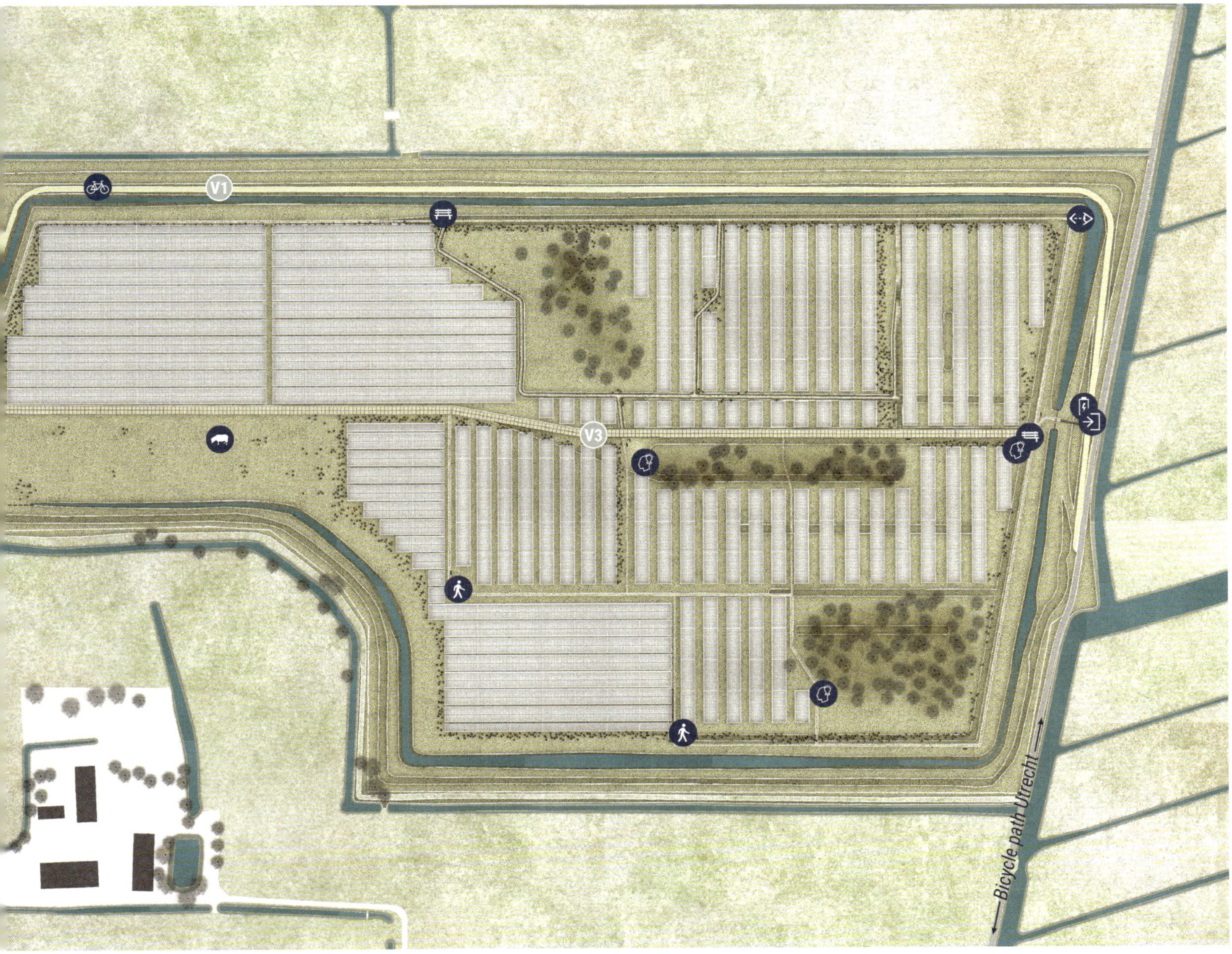

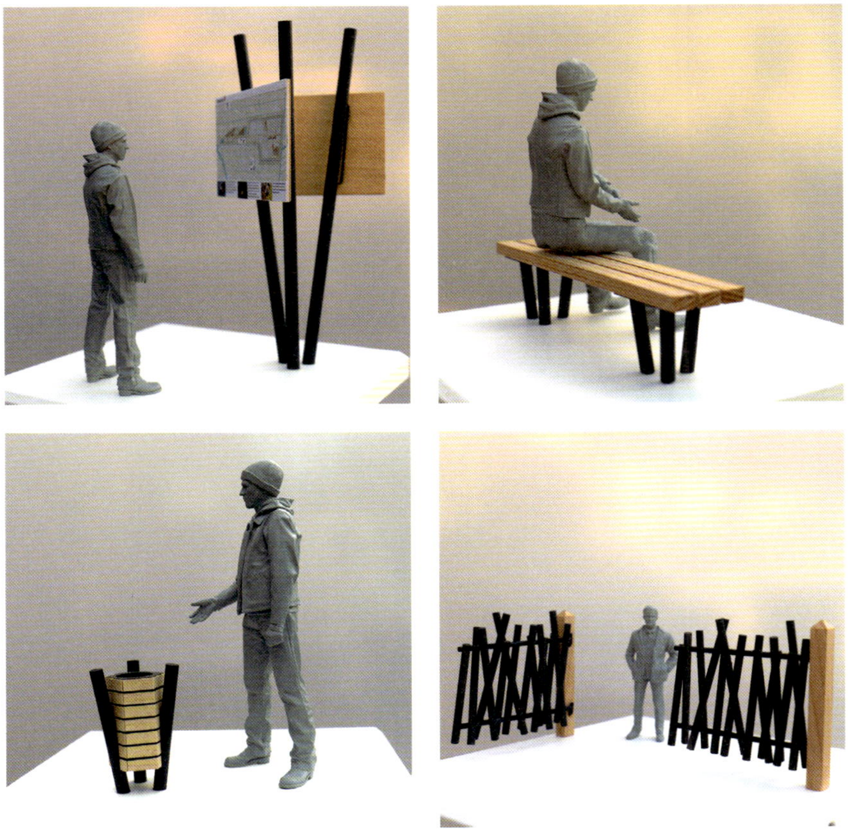

❺

❸ **In het Noordelijke gedeelte is de hoge intensiteit van de zonnepanelen meteen zichtbaar, hoewel de bestaande en nieuw ontwikkelde wilgenbosjes met vochtige ondergroei groene eilanden voor natuur en wandelaars laten ontstaan.**
In the northern part, the high intensity of arrays is immediately visible. Nearby existing and newly developed patches of willow with their lush undergrowth create green islands for nature and ramblers.

❹ **Zichtassen spelen een grote rol in de Energietuin om bezoekers door het smalle en langgerekte perceel te leiden. Natuurlijk lijkende barrières als boerenhekken en de al ter plekke zijnde Schotse Hooglanders helpen erbij om bezoekers van de directe buren, of de technische installatie af te houden.**
Visual axes figure prominently in the EnergyGarden where they guide visitors through the long, narrow plot. 'Natural' barriers such as agricultural fencing and the already present highland cattle help to keep visitors away from the immediate neighbours and from the solar landscape.

❺ **Maquettes van het meubilair. Terwijl de vorm door de wilgengroeivorm in de lokale geriefbosjes is bepaald, baseren de materialen op de plaatselijke geschiedenis van de Energietuin op de afvalberg. Zo zijn de zwarte staven gemaakt van gerecycled plastic en voor de rest gewerkt met het hernieuwbare materiaal hout.**
Models of furniture. If their form is defined by the growth forms of local willows, the materials take their cue from the local history of the EnergyGarden atop the landfill. The black tilted poles are made from recycled plastic and the rest from renewable used wood.

OF STONES AND TRAVELERS

De Venetiaanse kwestie: een machine die lucratief is in de consumptie van zijn eigen producten.

Het project heeft tot doel de manier te begrijpen en te testen waarop door middel van architectuur de duurzaamheid van toerisme in Venetië kan worden bevorderd. De druk van bezoekers op het historische centrum wordt verminderd en toeristen wordt een programma aangeboden waardoor ze langer in de stad verblijven om die in zijn totaliteit te ervaren.

Venetië staat op een beslissend keuzemoment in zijn bestaan. De situatie staat symbool voor de moeizame relatie tussen steden en toeristen, tussen stenen en reizigers. Het is het moment waarop de stad evolueert naar een productieve machine in haar eigen consumptie. De aanwezigheid van toeristen in Venetië heeft de transformatie van het historische centrum tot een economische machine veroorzaakt, die uiteindelijk alleen nog maar reageert op de behoeften van die toeristen. Het karakter van de stad wordt verder bepaald door de twee gezichten: het pittoreske historische centrum en het anonieme industriële karakter van de periferie.

De transformatie van het eiland met opslagtanks in Porto Marghera biedt de uitgelezen mogelijkheid om te testen hoe de stad kan evolueren tot een meer gelaagde stad die ontsnapt aan haar pittoreske identiteit. Deze locatie weerspiegelt de ambivalentie van Venetië. Omdat het met zijn olietanks een industrieel karakter heeft, vertegenwoordigt het eiland het andere, onbekende, gezicht van Venetië. Hier kan een nieuwe conditie voor het leven in de stad worden ontwikkeld. Venetië wordt daarbij opgevat als een assemblage, een combinatie van verschillende lagen waarbij de relatie tussen die lagen bepalend is voor het karakter van de stad. Op basis van de ontleding van de kwaliteiten van de stad streefde ik tijdens de ontwikkeling van mijn project naar de toepassing van die kwaliteiten in het toekomstige beeld.

Het ontwerp is gepositioneerd tussen de bestaande olietanks. Die zijn geregenereerd tot sociale condensors en dus als containers met nieuwe publieke functies. De tussenruimten zijn opgedeeld in twee niveaus. De begane grond voor commerciële activiteiten en de verdieping voor wooneenheden. Hun contrasterende vormen, tegelijkertijd tegengesteld en complementair, zijn de uitdrukking van de twee facetten van de Venetiaanse dichotomie. Door een moderne interpretatie te bieden van wat Venetië als stad is, presenteert het project zichzelf als een alternatief perspectief op de toekomst van het eiland, met als doel de toekomstige transformatie ervan positief te beïnvloeden.

1

The Venetian question: a productive machine that consumes its own products.

The aim of this project is to understand and test ways of advancing the sustainability of tourism in Venice using architecture. The pressure of visitors on the historical centre can be reduced, while offering them a programme for longer stays so that they can experience the city to the full.

Venice is at a crossroads in its history. This situation is symbolic of the difficult relationship between cities and tourists, between stones and travellers. The city is evolving into a productive machine that consumes its own products. The presence of tourists in Venice has triggered the transformation of the historical centre into an economy-driven machine that ultimately only responds to tourist needs. The city's character is further defined by its two faces: the picturesque historical centre and the anonymous industrial outskirts.

The transformation of 'Storage Tank Island' in Porto Marghera provides the perfect opportunity to test how Venice can evolve into a more layered city freed of its picturesque identity. This site reflects the city's ambivalent character. With its industrial aspect expressed by the storage tanks, the island represents the other, unknown face of Venice. This is where a new condition for living in the city can be created. Venice can thus be conceived of as an assemblage, a combination of layers whose relationship is defining for the character of the city as a whole. After dissecting the city's qualities, I sought during the course of my project to apply those qualities to the Venice of the future.

The design is positioned between the existing oil tanks, which have been regenerated into social condensers and therefore as containers of new public functions. The in-between spaces are divided into two levels, the ground floor for commercial activity and the upper floor for residential units. Their contrasting forms, at once opposing and complementary, express the two facets of the Venetian dichotomy. In offering a modern interpretation of the city that is Venice, the project presents itself as an alternative perspective on the future of the island, with the aim of positively influencing its future transformation.

Opleiding Place of education
TU-Delft

Studierichting Specialization
architectuur architecture

Mentoren Tutors
Jorge Mejia Hernandez, Stavros Kousoulas, Hubert van der Meel

RICCARDO SFORZI

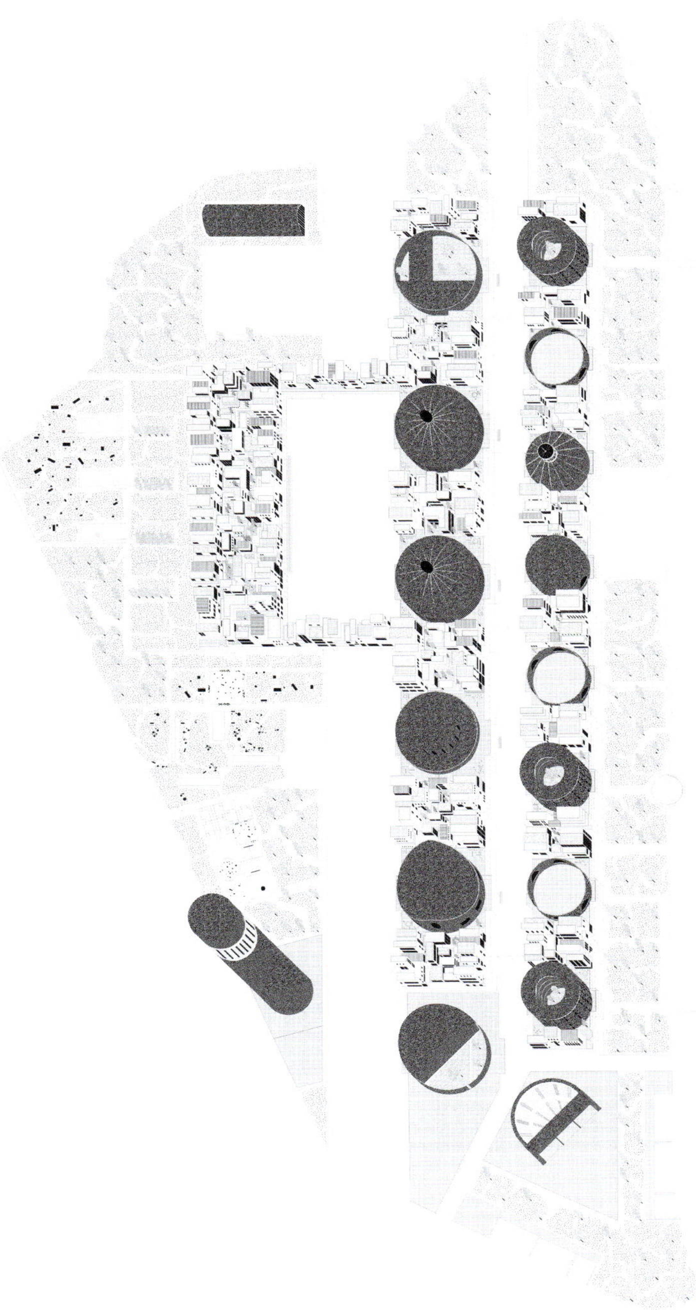

❷

❸

❹

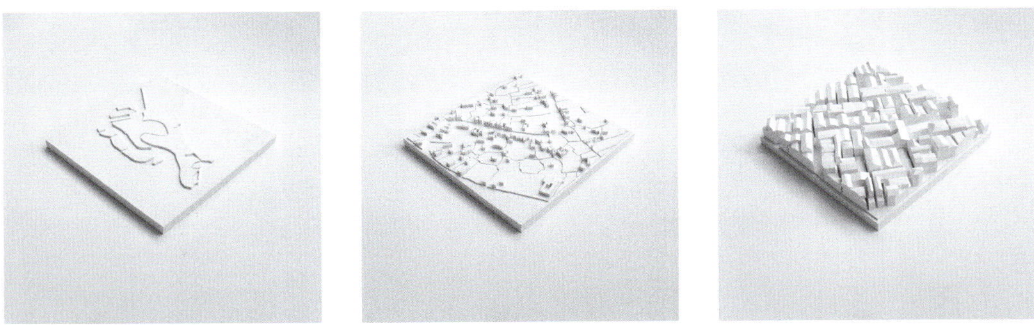

①

②

❶ **Venetië: een machine die lucratief is in de consumptie van zijn eigen producten.**
Venice: a productive machine that consumes its own products.

❷ **Masterplan: Of Stones and Travelers.**

❸ **Storyboard: Woonverdieping, eerste verdieping.**
Story board: Residential level, first floor.

❹ **① Principes van de ontwikkeling van Venetië: limieten, knopen, tussenruimtes**
② Herhaling en voortzetting op het Storage Tank Island
① Principles of Venice's development: limits, nodes, in-between spaces
② Reiteration and continuation on Storage Tank Island

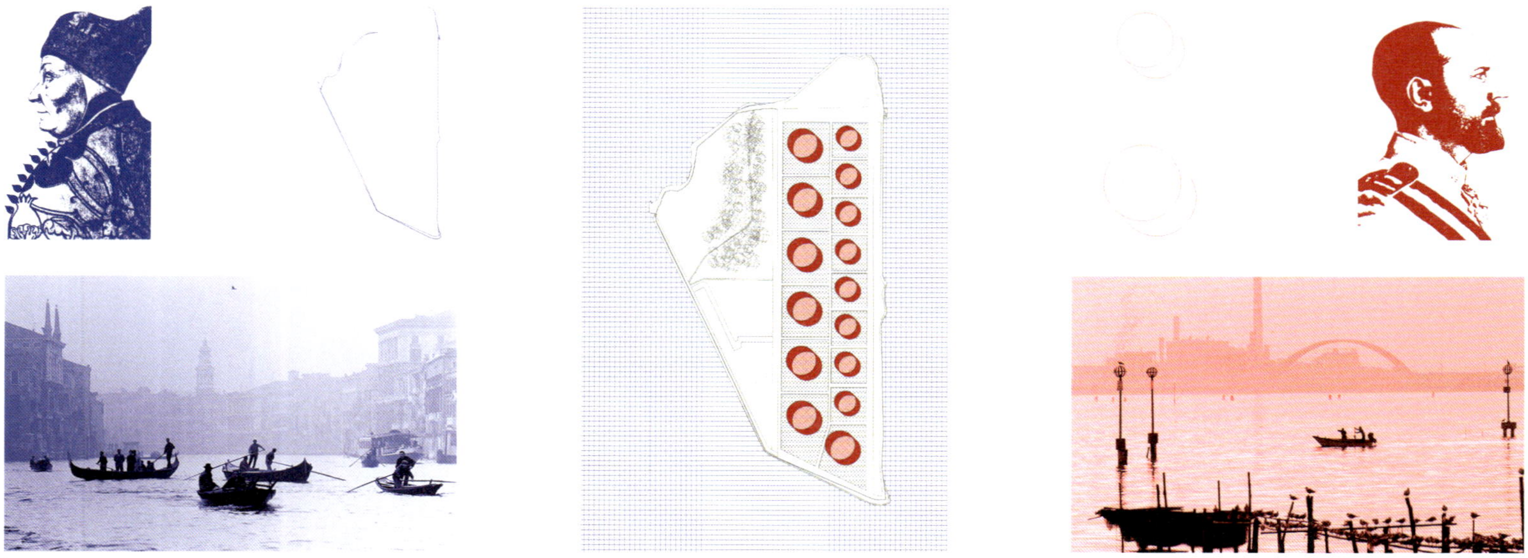

❺

❻

❺ **Venetiaanse dichotomie: pittoresk versus industrieel.**
Venetian dichotomy: picturesque versus industrial.

❻ **Storyboard: Uitzicht vanaf de boot.**
Story board: View from the boat.

❼ **Storyboard: Commerciële functies, begane grond.**
Story board: Commercial level, ground floor.

❼

POKU OSO
CONSERVATORIUM SURINAME

Poku Oso is het onderkomen van het Conservatorium van Suriname in de Cultuurtuin, een nieuwe typologie van een openluchtschool. Een toegankelijke, muzikale geluidsomgeving die zorgt voor binding. Met ruimten om van elkaar te leren, om creativiteit, nieuwsgierigheid en beweging te stimuleren en een sterkere gemeenschap te ontwikkelen. Muziek is een geweldige sociale en educatieve activator voor iedereen. Het ontwerp is een impuls de vergeten aspecten van de Cultuurtuin aan te pakken, zodat deze weer als geheel toegankelijk wordt en weer opgenomen wordt in het hart van alle Surinamers.

De studenten van het conservatorium leren over Surinaamse muziek en cultuur. Vanuit de koloniale tijd hebben alle culturen hun eigen muziek meegenomen die nu deel uitmaakt van de Surinaamse cultuur. Wie zijn wortelen kent, kan zich in volle groei ontwikkelen.

Een locatie die geschikt is voor het Conservatorium Suriname, Poku Oso, is de Cultuurtuin, een plek die te midden staat van de samenleving. De Cultuurtuin, ook wel de 'Cul' genoemd, is momenteel een genegeerd muzikaal landschap midden in de hoofdstad Paramaribo met vele verborgen schatten. Deze botanische proeftuin werd aangelegd in 1898 om te experimenteren met inheemse en exotische plantensoorten, bomen en cultuurgewassen uit haast alle werelddelen. De bijzondere bomen trekken vele soorten vogels aan die samen met Poku Oso de muziek in de tuin verzorgen.. De 'sixi urus', verzorgen het dagelijkse orkest stipt om zes uur. De ruisende wind zorgt voor verkoeling in de wandelbossen en de regen klettert op de bomendaken.

Het Conservatorium bestaat uit een ensemble van Surinaamse muziekgebouwen. Alle zorgvuldig geplaatste muziekgebouwen functioneren op zichzelf als een soort instrument, als een houtblaasinstrument of een apinti drum. Op ieder moment van de dag klinken zij anders. Ik heb een klankruimte gecomponeerd in de tropische stadstuin midden in Paramaribo.

De nieuwe muziekgebouwen van het conservatorium zijn verwant aan de unieke traditionele houten volkswoningen. Alle huisjes, grote en kleine, behoren tot een familie. Ze tonen daarnaast ook ieder hun eigen persoonlijkheid die wordt gedefinieerd door de soort muziek die zij maken en door de specifieke plek in de tuin waar ze staan. Titei Oso, het snaarhuis, is een klankkast. De snaren langs de wanden trillen mee met de muziek, de regen en de wind. Winti Oso, het houtblaashuis, is opgebouwd uit architectonische 'mondstukken' verbonden met lange buizen, die lage en hoge tonen verspreiden door de Cultuurtuin.

Door de toevoeging van dit muziekdorp komt de tuin tot leven, met haar geluiden en texturen, als een soort performance art. De gehele tuin maakt muziek! Iedere plek heeft zijn eigen geluid, Surinaamse klanken heersen in deze stadstuin van Paramaribo.

Poku Oso is het conservatorium dat de culturele waarden van Suriname in zich draagt. Van landschap tot detail, van gebouwtypologie tot gebruik, van cultuur tot bouwmethodiek. Het ontwerp is een pleidooi voor een precieze omgang met delicate geschiedenis, landschap, klimaat, architectuur en de gebruikers van een plek.

Muziek is de taal die iedereen spreekt...

Opleiding Place of education
AvB Amsterdam

Studierichting Specialization
architectuur architecture

Mentoren Tutors
Frits van Dongen, Machiel Spaan, Maike van Stiphout

Poku Oso is the home of the new Surinamese music conservatory (Conservatorium Suriname) in the Cultuurtuin (literally, garden of culture). Designed as a new typology of open-air school, it provides an accessible and musical sound environment that is to provide a sense of connection. In its rooms, students can learn from one another; these are rooms that stimulate creativity, curiosity and movement so as to develop a stronger community. Music is a fantastic social and educational activator for everyone. The design is a stimulus to tackling the forgotten aspects of the Cultuurtuin, making it all accessible again and returning it to the hearts of all Surinamese people.

Students at the conservatory learn about the music and culture of Suriname. The music of all the country's ethnic groups has been handed down since colonial times and is now part of Surinamese culture. To know your roots enables you to develop your full potential.

The most suitable site for Conservatorium Suriname (Poku Oso) is the Cultuurtuin, a place at the heart of society. Often referred to as the 'Cul', the garden of culture is currently a neglected musical landscape full of hidden treasures in the centre of the capital Paramaribo. This botanical testing ground was built in 1898 to experiment with native and exotic plants, trees and cultivated crops from almost every continent. The unique trees attract many bird species that join with the conservatory in flooding the garden with music. There is the dawn chorus every morning at six o'clock sharp (the 'sixi urus'). The rustling wind has a cooling effect in the hiking woods and the rain patters on the trees canopies.

The conservatory consists of an ensemble of Surinamese music buildings. All the carefully sited buildings function as musical instruments themselves, such as a woodwind instrument or an apinti drum. These sound different at different times of the day. I have composed a sound trail in the tropical garden in the midst of the city.

The new buildings of the conservatory are related to the unique traditional wooden houses of Suriname. All the houses on site, large or small, belong to a family but also exhibit their own personality, defined by the type of music they make and by their particular place in the garden. Titei Oso, the string house, is a sound box, where the strings along the walls vibrate with the music, the rain and the wind. Winti Oso, the woodwind house, is assembled from architectural 'mouthpieces' attached to long tubes that scatter low and high notes throughout the Cultuurtuin.

With the arrival of this music village the garden comes to life, its sounds and textures combining in a kind of performance art. The whole garden makes music! Each place has its own sound. Surinamese tones prevail in this city garden in Paramaribo.

Poku Oso is the conservatory that carries within it the cultural values of Suriname, from landscape to detail, from building typology to use, from culture to methods of construction. The design is an appeal for a targeted approach to the delicate history, landscape, climate, architecture and users of a place.

Music is the language we all speak...

LINDSEY VAN DE WETERING

1

2

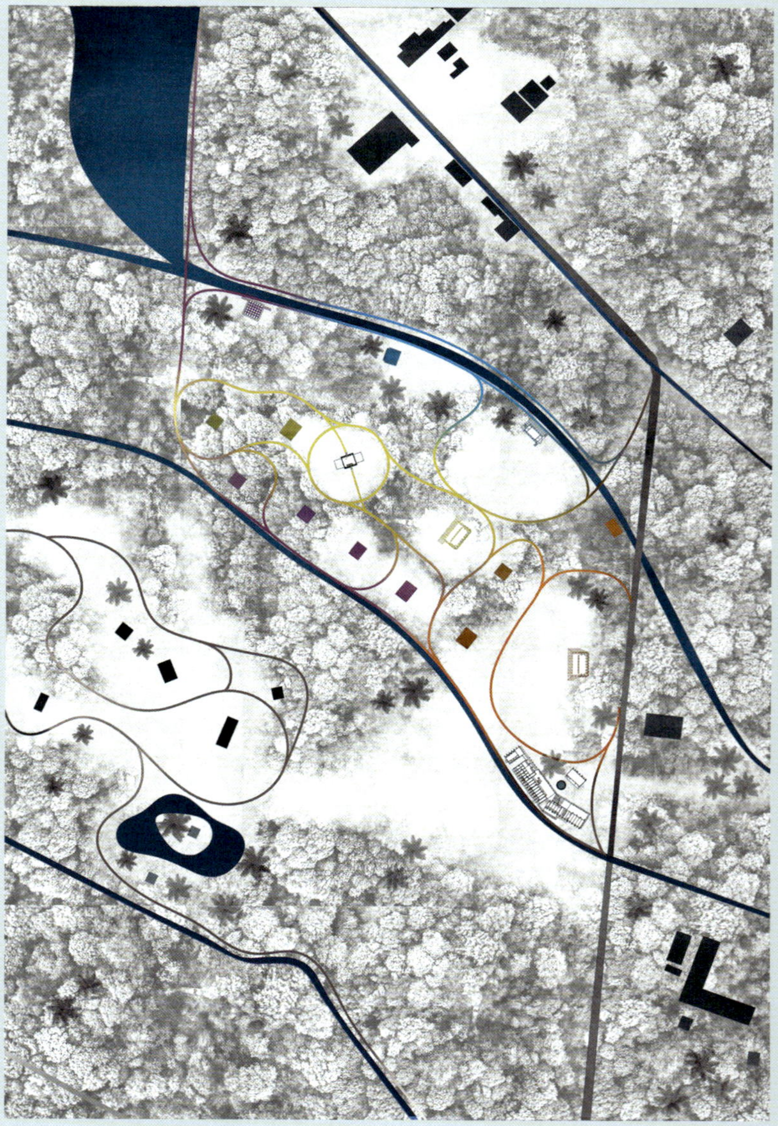

3

❹

❺

❻

❶ **Welkom in de Cultuurtuin, de muzikale, tropische stadstuin van Paramaribo.**
Welcome to the Cultuurtuin, Paramaribo's musical, tropical city garden.

❷ **Poku Oso is een uniek conservatorium dat de culturele waarden van Suriname in zich draagt.**
Poku Oso is a unique conservatory, a vehicle for the cultural values of Suriname.

❸ ❹ **Door toevoeging van Poku Oso, een ensemble van Surinaamse muziekgebouwen komt de tuin tot leven, met haar verschillende geluiden en texturen.**
The addition of Poku Oso, an ensemble of Surinamese music buildings, brings the garden to life with its different sounds and textures.

❺ **Tutu Oso Het koperblaashuis. De gevel van het koperblaasinstrument bestaat uit architectonische 'mondstukken' die lage en hoge tonen verspreiden door de tuin.**
Tutu Oso The brass house. The frontage of this 'brass instrument' is assembled from architectural 'mouthpieces' that scatter low and high notes throughout the garden.

❻ **Alle muziekgebouwen hebben unieke details die bijdragen aan de klimaatadaptatie, functie en akoestiek.**
All the music buildings possess unique details that contribute to their purpose, acoustics and ability to adapt to climate change.

❼ **Winti Oso Dit gebouw is geïnspireerd op het houten blaasinstrument. De gevel bestaat uit houten cassetten die bijdragen aan de klank en verkoeling van het gebouw.**
Winti Oso Inspired by woodwind instruments, this building is clad in timber cassettes that contribute to its sound and keep it cool.

❼

POWER, DREAMS, AND INDIFFERENCE. ARCHITECTURAL MEANS IN A YOUNG KOSOVO

Het ontwerp is een ontmoetingsplek voor jongeren: een drietal paviljoens die uitkijken over de stad Prizren in het zuiden van Kosovo. Het uitgangspunt is om de jongeren samen te brengen, te inspireren om zich het project toe te eigenen en op deze manier verantwoordelijkheid te nemen voor hun stad. Het project is tot stand gekomen in samenwerking met UN Habitat die in haar Global Public Space Program zoekt naar mogelijkheden om de betrokkenheid van burgers te vergroten.

Veel jongeren in Kosovo zijn gefrustreerd. Ongeveer de helft is werkloos en droomt ervan te emigreren, ze zijn ervan overtuigd dat ze elders een beter leven zullen vinden. Alhoewel de jongeren meer dan de helft van de twee miljoen inwoners van Kosovo representeren, voelen de meesten zich niet politiek vertegenwoordigd of serieus genomen. Dientengevolge koesteren weinigen hoop en ontbreekt het hun aan moed om investeringsmogelijkheden in hun land te zoeken. Het ontbreken van agency, het potentieel tot handelen, wordt weerspiegeld in de manier waarop lokale architectuur wordt benaderd. Of het nu dient als instrument om de communistische ideologie uit te dragen of om een etnische identiteit te creëren, de betekenis ervan wordt grotendeels van bovenaf gedicteerd. Nu het land in een neoliberale democratie tuimelt, is er een gebrek aan besef dat de samenleving verantwoordelijkheid kan en moet nemen voor haar stedelijke omgeving. Historisch weefsel is vernietigd, openbare ruimten worden vernield en nieuwe architectuur is goedkoop en van slechte kwaliteit.

Binnen het kader van een casestudy in samenwerking met de VN en een kritische analyse van burgerparticipatie, is het project dan ook gericht op agency. Het onderzoekt hoe een gemeenschapsvoorziening legitimiteit kan geven aan wat jongeren doen en hoe ze daar zelf aan kunnen bijdragen. Het wilt een idee van een publiek gebouw introduceren op een plek waar dit niet bestaat en door het nemen van gemeenschappelijke verantwoordelijkheid enthousiasme aanwakkeren om samen voor iets zorg te dragen. Het project betoogt dat de jeugd recht heeft een zichtbare plek in de stad in te nemen, dat de stad in hen investeert. Dit met de hoop dat ze willen blijven en op hun beurt in de stad willen investeren. De architectuur wil vorm geven aan hun stem. Maar anders dan de door de geschiedenis geïllustreerde politieke architectuur waarbij het politieke bericht niet bespreekbaar was, nodigt het uit tot een open discussie. Het dak van het ontwerp representeert dit gedachtegoed; de traditionele zware muren zijn geopend, de horizontale vlakken nodigen uit om samen te komen.

Daarna bevraagt het project hoe het vorm kan geven aan de constructie, rekening houdend met lokale middelen en ambachten. Door het samen met de jonge mensen en met hout uit de streek te bouwen, adresseert het een slecht beheerde houtindustrie, de bosbouwsystemen en de illegale kap, terwijl het de jongeren een vak leert. Tot slot suggereert het project een kader waardoor het effect doordringt op verschillende niveaus. Het pleit voor het scheppen van een bewustwordingsproces en voor onderwijs, beide vormen de grondslag van het ontwerp en het onderhoudsbeleid. Er wordt gekozen voor een diepgaande en langzame benadering van het project. De jonge mensen worden gezien en gehoord. Het project nodigt ze uit om te handelen. Het is een investering in hun toekomst.

Opleiding Place of education
TU-Delft

Studierichting Specialization
architectuur architecture

Mentoren Tutors
Mark Pimlott, Daniel Rosbottom, Gilbert Koskamp

The design is for a meeting place for young people: three pavilions that look out over the city of Prizren in the south of Kosovo. Its premise is to bring the young people together, to inspire them to make the project their own and in that way take responsibility for their city. This project was realized in association with UN Habitat, whose Global Public Space Programme seeks to involve the community in a more inclusive way.

Many of Kosovo's young people are frustrated. Around half are unemployed and dream of emigrating; they are convinced they will find better lives elsewhere. These young people constitute more than fifty per cent of the two million inhabitants of Kosovo, yet they don't feel politically represented or taken seriously. Consequently, many of them have no hope and lack the courage to seek ways of investing in their own country. This absence of agency, or the potential to act, is mirrored in the approach to local architecture. Whether serving as a tool to express communist ideology or as a way to create an ethnic identity, its meaning has largely been dictated from above. So now, as the country tumbles into a neoliberal democracy, there is a lack of awareness that society can and should take responsibility for its urban environment. Historical fabric has been destroyed, public spaces are being vandalized and new architecture is cheap and of poor quality.

Within the context of a case study conducted with the UN and a critical analysis of citizen participation, the project therefore focuses on agency. It explores how a community facility might give legitimacy to what young people do and how they themselves could contribute to the community.

It seeks to introduce the notion of a 'public building' at a place where this doesn't exist, and in taking social responsibility inspire enthusiasm among young people to jointly take care of something in the community. The project argues that these young people have the right to take up a visible place in the city, that the city invests in them, in the hope that they will want to stay and invest in their city in return. Its architecture seeks to give them a voice. Unlike Kosovo's politicized architecture attested to by history where the political message was closed for discussion, the openness of this architecture invites debate. The roof of the design represents this body of thought; the traditional heavy walls have been opened up and the horizontal planes offer places to gather.

The project then examines how it can give shape to the building's construction, keeping in mind the local resources and crafts. By building it together with the young people from locally sourced timber, it addresses the poorly managed timber industry, the forestry systems and the illegal logging, while teaching the young people a trade. Lastly, the project suggests a framework whose impact resonates on several levels. It calls for a process of awareness-building and for education, both of which underpin the design as well as its future maintenance. It proposes a deeper, slower approach to the project. The young people are to be seen and heard. The project invites them to act. It is an investment in their future.

ANNEBÉ BROUWER

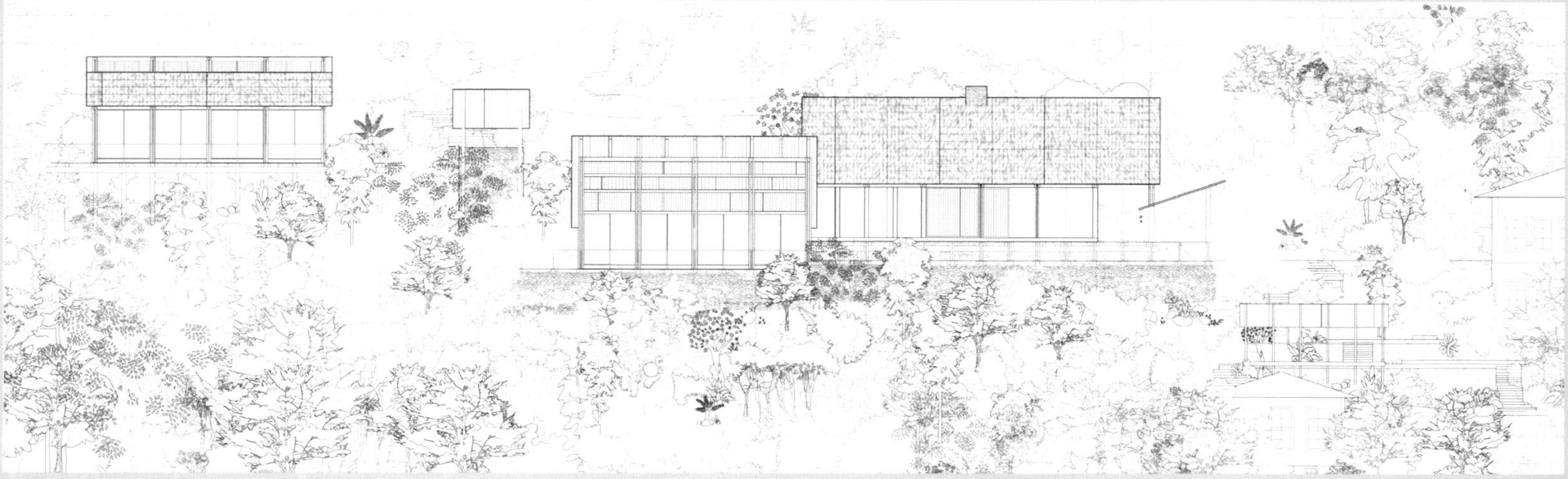

❶

❷

❶ **Westgevel met uitzicht op de stad.**
West elevation, eyes to the city.

❷ **Op het pad naar het fort terugkijkend naar de stad.**
On the path to the fort, looking back towards the city.

❸ **Axonometrie, wisselende mate van openheid naar de stad.**
Axonometric view with varying degrees of openness to the city.

❸

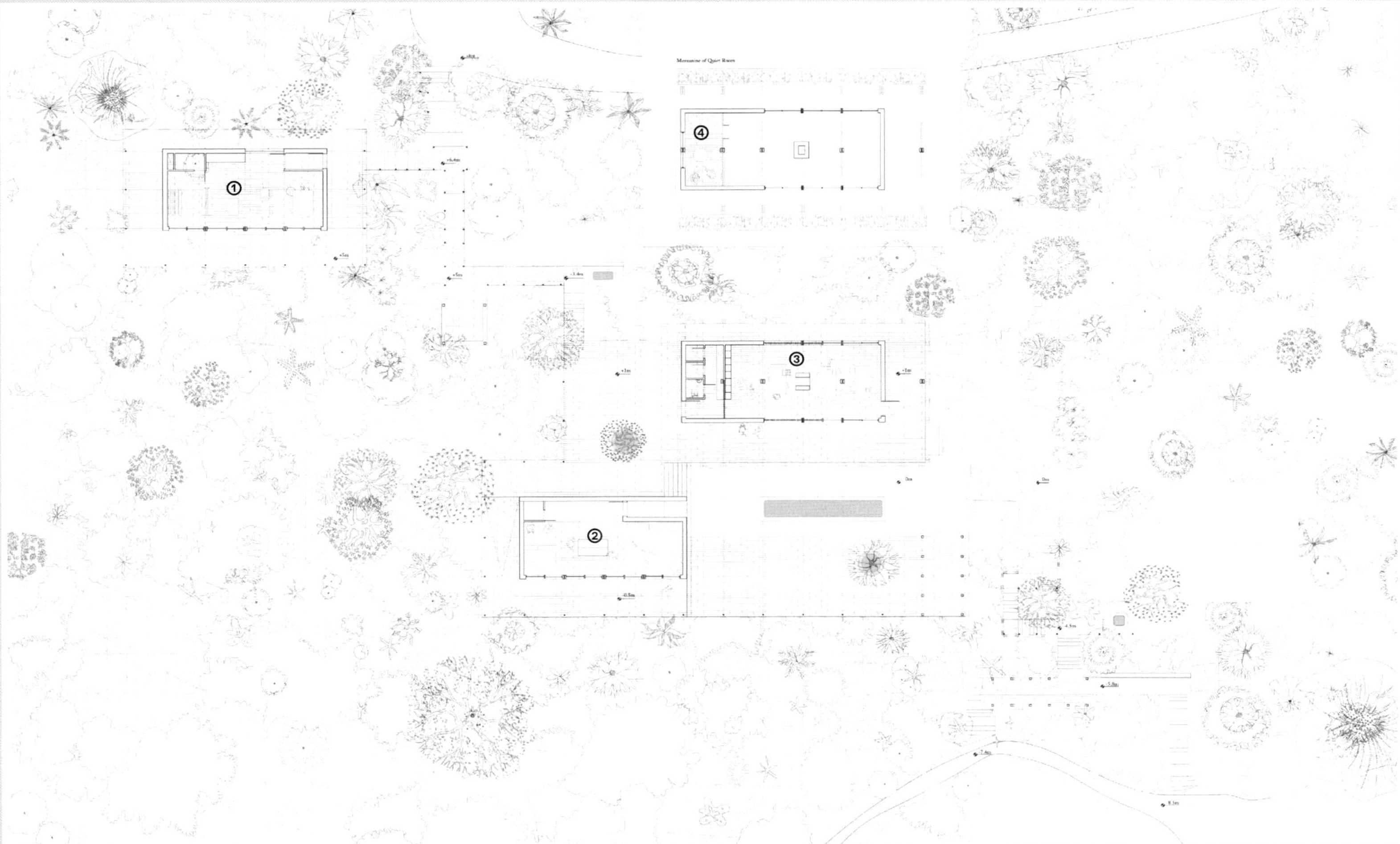

❹
Plattegrond, drempels.
① houtwerkplaats.
② openbare ruimte.
③ stille ruimte.
④ mezzanine stille ruimte.
Plan, thresholds.
① carpentry workshop.
② public room.
③ quiet room.
④ mezzanine of quiet room.

❺ **Doorsnede over de publieke ruimte.**
Section through the public room.

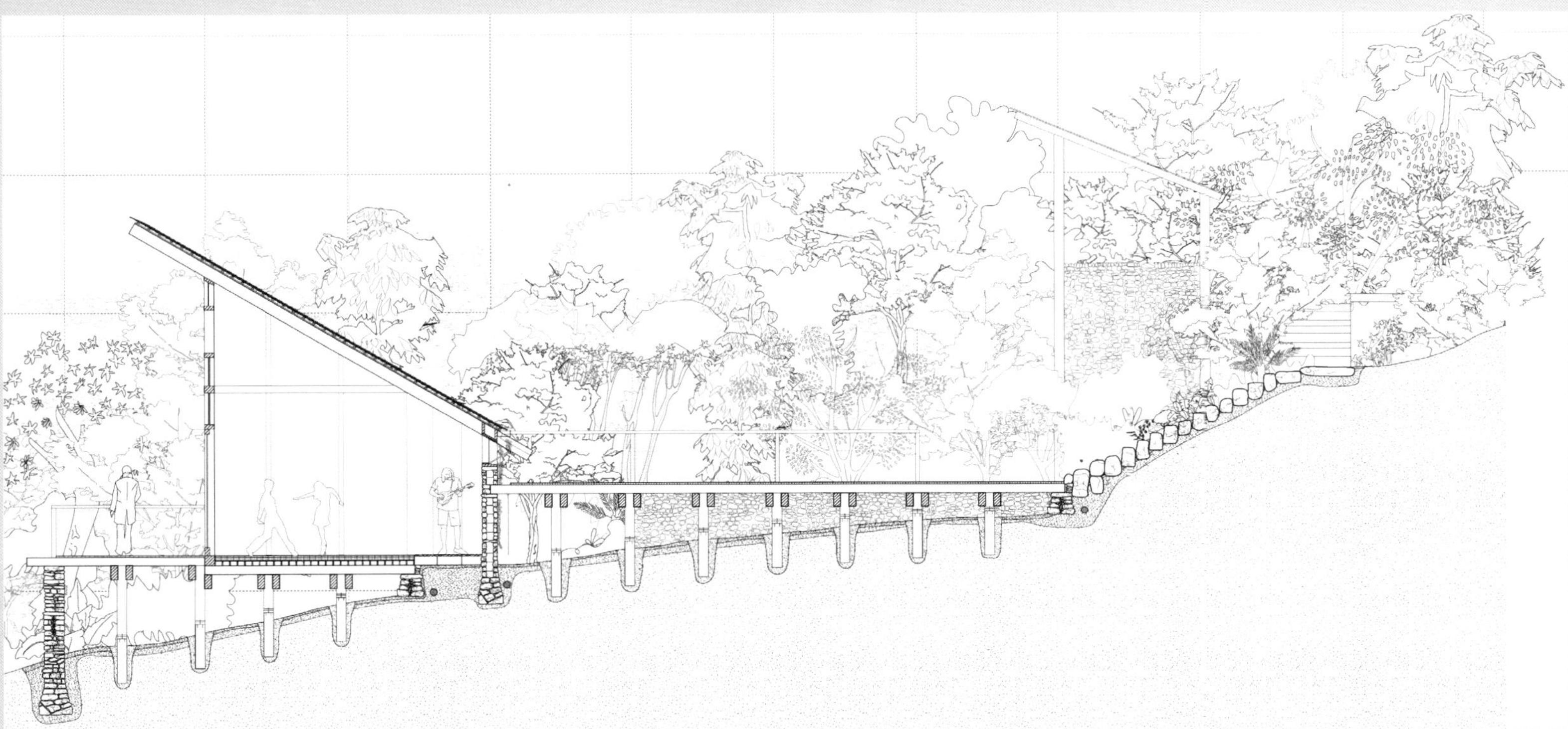

❺

❻

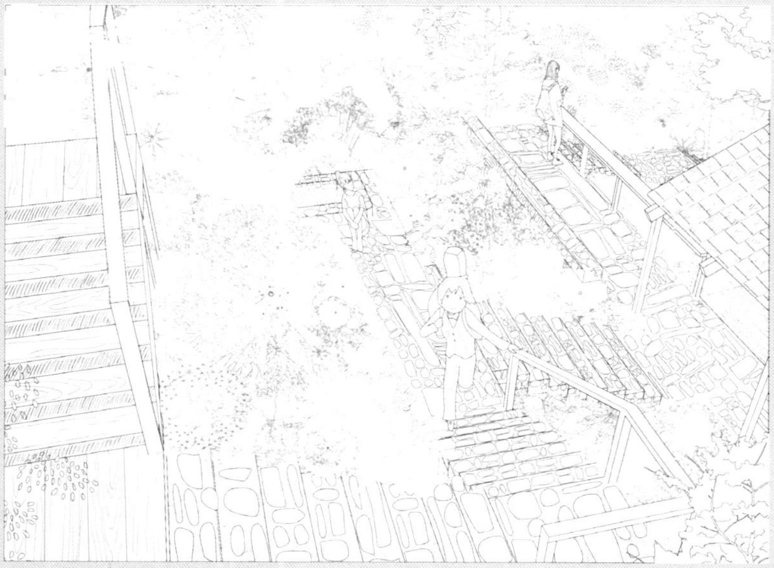

❼

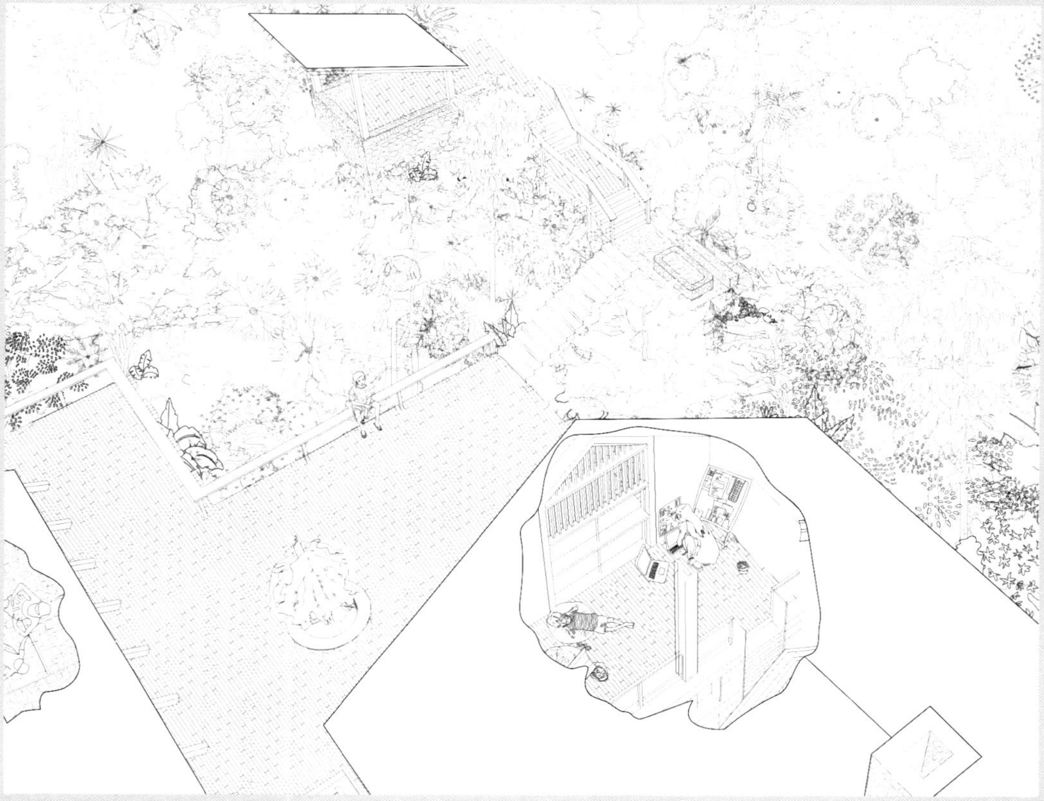

❽

❻ **De tekenles in de openbare ruimte is net weer begonnen.**
Art classes have just started again in the public room.

❼ **Rennend de trap op vanuit de stad naar het centrale platform.**
Running up the stairs from the city to the main platform.

❽ **Aida werkt aan haar bedrijfsplan in de stille ruimte.**
Aida works on her business plan in the quiet room.

PUBLIEKE RUIMTE ALS VERZOENINGSPLEK IN POST-CONFLICTGEBIEDEN

Meertalige theaterschool voor kinderen in een stadspark in Chisinau, de hoofdstad van Moldavië. Het project is bedoeld om na een periode van conflict een proces van verzoening op gang te brengen in een multi-etnische omgeving.

Sinds het gewapende burgerconflict in Moldavië in 1992 eindigde met een staakt-het-vuren, is er nog steeds weinig zicht op een echt vreedzame samenleving. Het land is etnisch en taalkundig verdeeld. Er is een wankel identiteitsbesef, de economie stagneert en vanwege corruptie is het vertrouwen in de politiek zeer gering. Die verdeeldheid in Moldavië is helaas geen uitzondering. De afgelopen dertig jaar zijn wereldwijd meer dan zeventig miljoen mensen ontheemd geraakt doordat ze op de vlucht moesten voor gewapende conflicten in hun thuisland. En als de directe geweldsdreiging voorbij is, blijft de grote uitdaging hoe in post-conflictgebieden een harmonieuze samenleving kan groeien.

Moldavië is mijn geboorteland. Als interieurarchitect wil ik een ontwerp maken waarin ruimte is voor wederzijds begrip en de uitwisseling van gedachten en gevoelens. Alleen zo kunnen mensen met een verschillende taal en achtergrond vreedzaam samenleven. Ik ben het onderzoek begonnen met het bouwen van een waardenmatrix van diverse doelgroepen. Deze matrix maakt het mogelijk om een programma te creëren dat mensen met een verschillende en soms botsende achtergrond samenbrengt in een meertalige theaterschool.

Tegelijkertijd heb ik op basis van een psychologisch onderzoek* geanalyseerd hoe ruimtelijke aspecten ofwel negatieve gevoelens kunnen oproepen, waardoor sociale spanning kan toenemen; of juist positieve gevoelens oproepen, waardoor samenwerking en begrip worden bevorderd. Experimenteren met mock-ups en diverse scenario's resulteerde in dertien belangrijke instrumenten en methodes. Deze toolbox geeft richting bij het ontwerpen van een ruimte die het verzoeningsproces in een multi-etnische post-conflictomgeving stimuleert. De toolbox is toegepast op het ontwerp van de meertalige theaterschool voor kinderen. Bij dit project werkte ik samen met lokale mensen, een regisseur, een psycholoog en vredesdeskundigen.

Voor mij als ontwerper is het zeer pijnlijk om te zien hoe sociale spanningen mijn geboorteland in een houdgreep houden. Zolang dit niet wordt opgelost, kan het ontwikkelingspotentieel van Moldavië onvoldoende worden benut. De theaterschool in Chisinau moet een katalysator zijn voor wederzijds begrip en het afnemen van de etnische tegenstellingen. Zodat er een vreedzame en eerlijke samenleving groeit waarin iedereen een gelijke kans heeft op een beter leven.

* "Dangerous ideas. Five beliefs that propel groups toward conflict". R.J. Eidelson, J.I. Eidelson, 2003

Opleiding Place of education
Hogeschool voor de Kunsten Utrecht

Studierichting Specialization
interieurarchitectuur interior architecture

Mentoren Tutors
Roy Letterle, Irene Müller, Arlette Kerkhof

PUBLLC SPACE AS A PLACE OF RECONCILIATION IN POST-CONFLICT AREAS

A multi-lingual theatre school for children in a city park in Chisinau, the capital of Moldova. The project seeks to set in train a process of reconciliation in a multi-ethnic post-conflict environment.

In 1992, a ceasefire brought to an end the civil armed conflict in Moldova, but even now we are still a long way from regaining a truly peaceful society. The country is divided, ethnically and linguistically. There is an identity crisis, the economy is stagnating and statewide corruption is the cause of widespread political distrust. Regrettably the division in Moldova is no exception. Over the past 30 years more than 70 million people have been displaced worldwide, mainly as a result of armed conflict in the homeland. And once the immediate threat of violence is past, there remains the major challenge of how to rebuild a harmonious society in such post-conflict areas.

I was born in Moldova. As an interior architect, I want to design spaces that promote mutual understanding and the exchange of thoughts and feelings. Only then can people with different languages and backgrounds live together in peace. I began the research component of this project by building a values matrix for different target groups. This matrix enabled me to create a spatial programme that brings together people with different and even clashing ideologies in a multi-lingual theatre school.

I also analysed on the basis of an existing psychological study* ways in which spatial aspects can evoke negative feelings, which may increase social tension, or positive feelings, thereby improving interaction and fostering understanding. Experiments done with mock-ups and different scenarios gave me thirteen key instruments and methods. This toolbox provides a guideline for designing spaces that can stimulate the reconciliation process in a multi-ethnic post-conflict environment. I applied it to the design for the multi-lingual theatre school for children. For this project I worked together with the local community, a theatre director, a psychologist and people involved in the peacemaking process.

It is very painful for me as a designer to see how social tension has my motherland in its grip. Moldova's development potential will never be fully realized until this is resolved. The theatre school in Chisinau must act as a catalyst for mutual understanding and for reconciling differences between ethnic groups, paving the way for a peaceful and just society with equal opportunities for a better life.

* 'Dangerous ideas. Five beliefs that propel groups toward conflict.' R.J. Eidelson, J.I. Eidelson, 2003

ANNA CEGLOVA

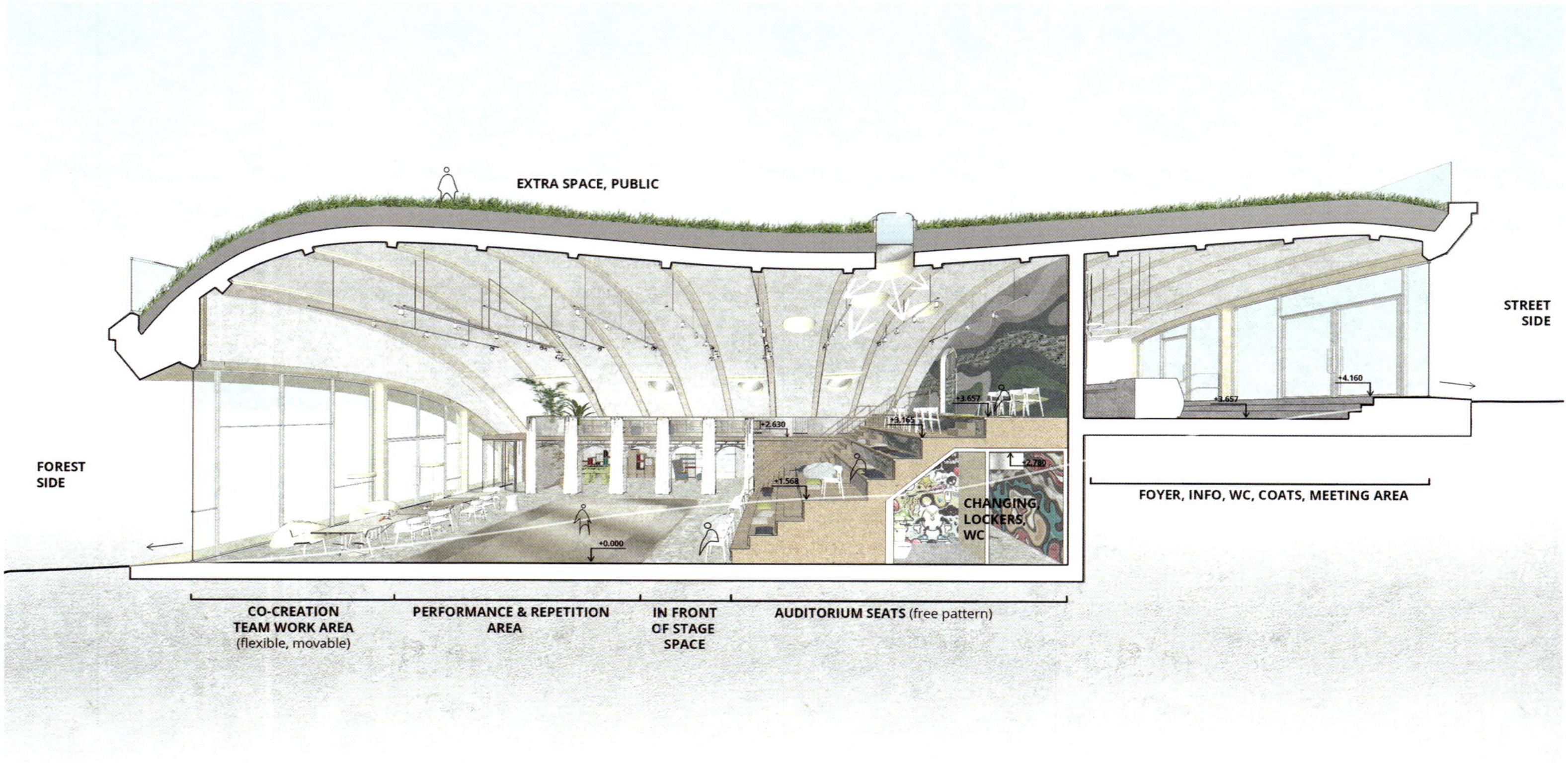

❶

❷

❶ **Doorsnede, binnenlandschap.**
Sectional side view of inside landscape.

❷ **Schema's.**
Diagrams.

❸ **Isometrisch uitzicht. Toolbox toegepast en uitgelegd.**
Isometric view. Toolbox applied and explained.

❹ **Meertalig Theaterschoolgebouw als vervolg van het park**
Multi-lingual theatre school building as continuation of the park.

❺ **Natuur als universele waarde voor iedereen. Altijd binnen aanwezig.**
Nature as universal value for all. Always present inside.

❻ **Samen de goede en wijze afloop van dingen herleven. Empathie leren vanuit verschillende rollen.**
Reliving happy and wise endings together. Learning empathy from playing different roles.

❼ **Gefocuste visuele en auditieve contacten van artiesten en publiek. Forum-theater als een van de vormen van samenwerking.**
Focused visual and auditory contact between performers and audience. Forum theatre as one form of collaboration.

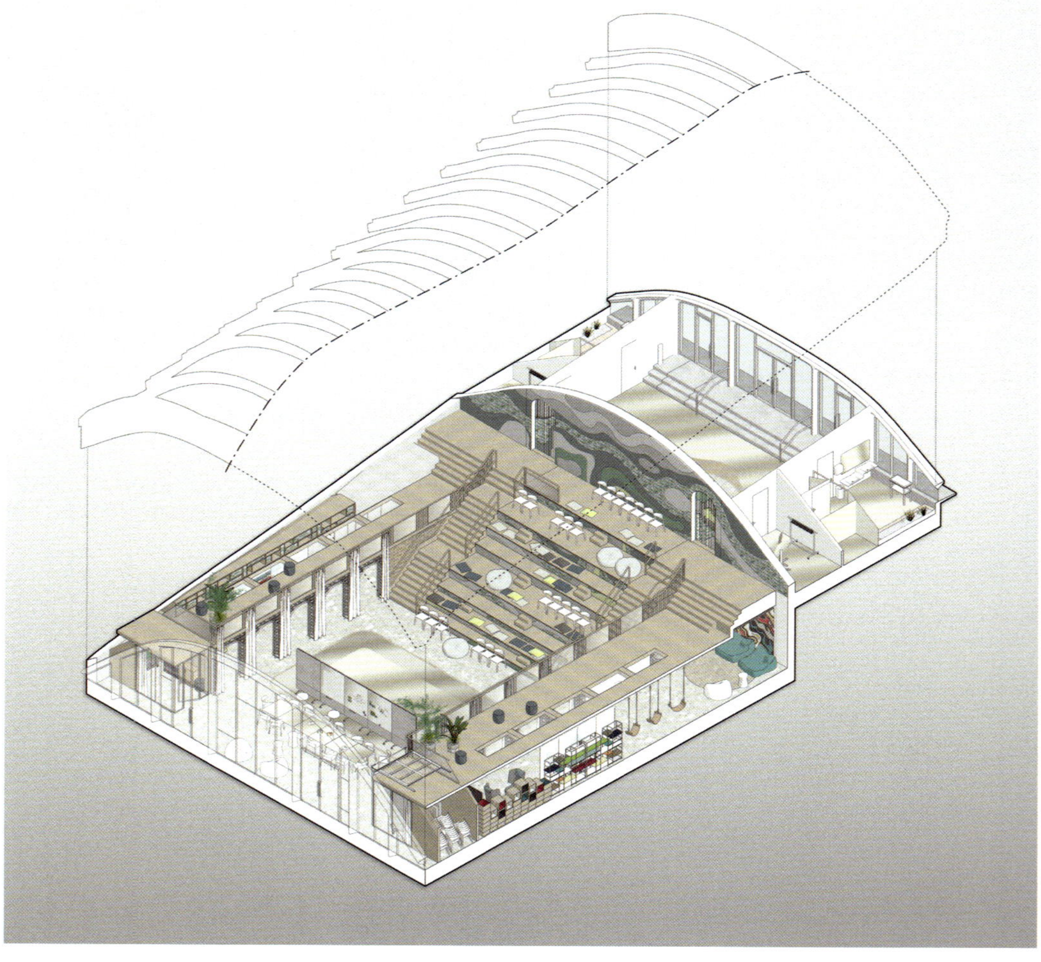

❸

❹

❺

❻

❼

RE-ASSEMBLING SEMARANG CITY

Het afstudeerplan presenteert een reeks van strategieën die ingezet kunnen worden om de gevolgen van de niet te stoppen bodemdaling en zeespiegelstijging te bestrijden in de laaggelegen kustgebieden van Semarang City. Daarbij wordt ingezet op lokale aanpassingsmechanismen met participatie van de bewoners.

De actuele onrechtvaardige stedelijke ontwikkelingen en dubieuze investeringen in de gebouwde infrastructuur kunnen de problemen niet verhelpen, integendeel de situatie en het welzijn van kwetsbare groepen wordt steeds benarder. Bij veel recente stedenbouwkundig plannen worden de bekende fouten gemaakt, een plan richt zich alleen op het eindproduct en de esthetiek van de steden. De focus ligt eenzijdig op gebouwde infrastructurele strategieën, de harde aanpak. De publieke participaties, de zachte aanpak, wordt niet geagendeerd. In de belangrijkste casestudy van dit project wordt het kustgebied van Semarang onder de loep genomen. De ecologische bedreigingen zijn door gebouwde infrastructuren zoals zeedijken, polders en het realiseren van een watervoorziening niet succesvol opgelost. De situatie van bewoners van arme informele nederzettingen is nog steeds slecht. Ze zijn onderhevig aan huisuitzettingen, moeten het doen met een gebrekkige basisinfrastructuur en ze lijden onder de verslechtering van het milieu.

De stad heeft behoefte aan een nieuwe benadering, een stedelijke strategie die voor de langere termijn op meerdere schaalniveaus de milieuproblemen oplost opdat de bewoners zonder sociale conflicten de klimaatveranderingen kunnen overleven. Ondanks de complexiteit van de voorgestelde planning op de verschillende schaalniveaus, kunnen de gemeenschappen goed omgaan met deze strategie. De beproefde lokale aanpassingsmechanismen bieden mogelijkheden om de problemen van de stad aan te pakken met behulp van eenvoudige adaptieve maatregelen, het opzetten van sociaaleconomische activiteiten en het faciliteren van gemeenschapsinitiatieven. Deze lokale aanpassingsmechanismen worden geïmplementeerd in het strategisch kader van stedelijke verduurzaming. Er wordt een algemene consensus ontwikkeld in het balanceren van zachte en harde benaderingen. De nadruk ligt daarbij op de sociaal-ecologische principes van stedelijke veerkracht met aandacht voor het sociaaleconomische- en het huisvestingsaspect. Begonnen wordt met het betrekken van de bewoners bij het ontwikkelingsproces, waarbij de informatie vertaald wordt in tastbare strategieën. Om de milieuproblemen aan te pakken op de verschillende schaalniveaus wordt geïnvesteerd in adequate infrastructuur. De strategieën bevorderen daarnaast een zelfvoorzienende levensstijl waarbij de sociaaleconomische kansen van kwetsbare gemeenschappen versterkt worden. Tegelijkertijd wordt daarmee de ecologie van de stad hersteld waarmee het welzijn van de mensen verbetert. Een uitgekiende combinatie van de zachte en de harde aanpak van Semarang City levert een nieuwe manier op voor de planning van stedelijke verduurzaming. De catalogus van strategieën biedt een scala aan acties voor alle belanghebbenden en stimuleert actieve betrokkenheid cq samenwerking op alle niveaus tussen private en publieke sectoren. Tegelijkertijd verbetert daarbij de gebouwde omgeving. De strategieën bieden flexibele implementaties in de praktijk, waarbij de nadruk ligt op het ontwikkelingsproces in plaats van op het eindresultaat. Dat vergoot de veerkracht in het omgaan met toekomstige uitdagingen.

Opleiding Place of education
TU-Delft

Studierichting Specialization
stedenbouw urban design

Mentoren Tutors
Machiel van Dorst, Claudiu Forgaci

This graduation project presents a series of strategies that can be employed to combat the consequences of the unstoppable land subsidence and sea level rise in the low-lying coastal areas of Semarang City in Indonesia. To this end, it introduces local adaptive mechanisms that involve public participation.

The current unjustified urban development and dubious investment in the built infrastructure cannot address these issues – indeed, they only make the situation and well-being of vulnerable groups all the more distressing. Many recent urban design projects repeat the familiar mistake of only focusing on the end product and on the aesthetic aspect of cities. They are disproportionately concerned with built infrastructural strategies, the hard approach. The soft approach, public participation, is left off the agenda. This project takes as its main case study the coastal area of Semarang. Sea dykes, polders, water facilities and other built infrastructures have failed to address the ecological threats. The situation of those living in poor informal settlements is as bad as ever. They are prone to eviction, have insufficient basic infrastructure and suffer from the deterioration of the environment.

The city needs a new approach, a long-term multi-scalar urban strategy to solve the environmental issues so that inhabitants can survive the consequences of climate change with a minimum of social conflict. Despite the complexity of the proposed cross-scale planning, the communities can relate well to this strategy. The demonstrated local adaptive mechanisms provide opportunities for addressing the city's problems by introducing simple adaptive measures, establishing socioeconomic activity and facilitating community initiatives. These local adaptive mechanisms are implemented in the strategic framework of urban mitigation. The idea is to develop a general consensus in creating an equilibrium between soft and hard approaches. This places emphasis on the socio-ecological principles of urban resilience with a finer focus on the socioeconomic and housing aspects. It is initiated by involving the inhabitants in the development process and translating the acquired information into tangible strategies. This requires investing in adequate infrastructure to tackle the environmental issues at the various scales. In addition, the strategies promote a self-sustaining way of life that empowers the socioeconomic opportunities among vulnerable communities, while recovering the city's ecology with the aim of improving the well-being of the population. A sophisticated combination of soft and hard approaches to Semarang City provides a new way forward to urban mitigation planning. The catalogue of strategies offers a range of initiatives to all stakeholders and stimulates active engagement and/or collaboration at all levels between private and public sectors while enhancing the built environment. The strategies provide flexible implementation in practice, focusing on the development process instead of the end-result, thereby increasing the resilience in dealing with future challenges.

WIDASARI YUNIDA PUTRI

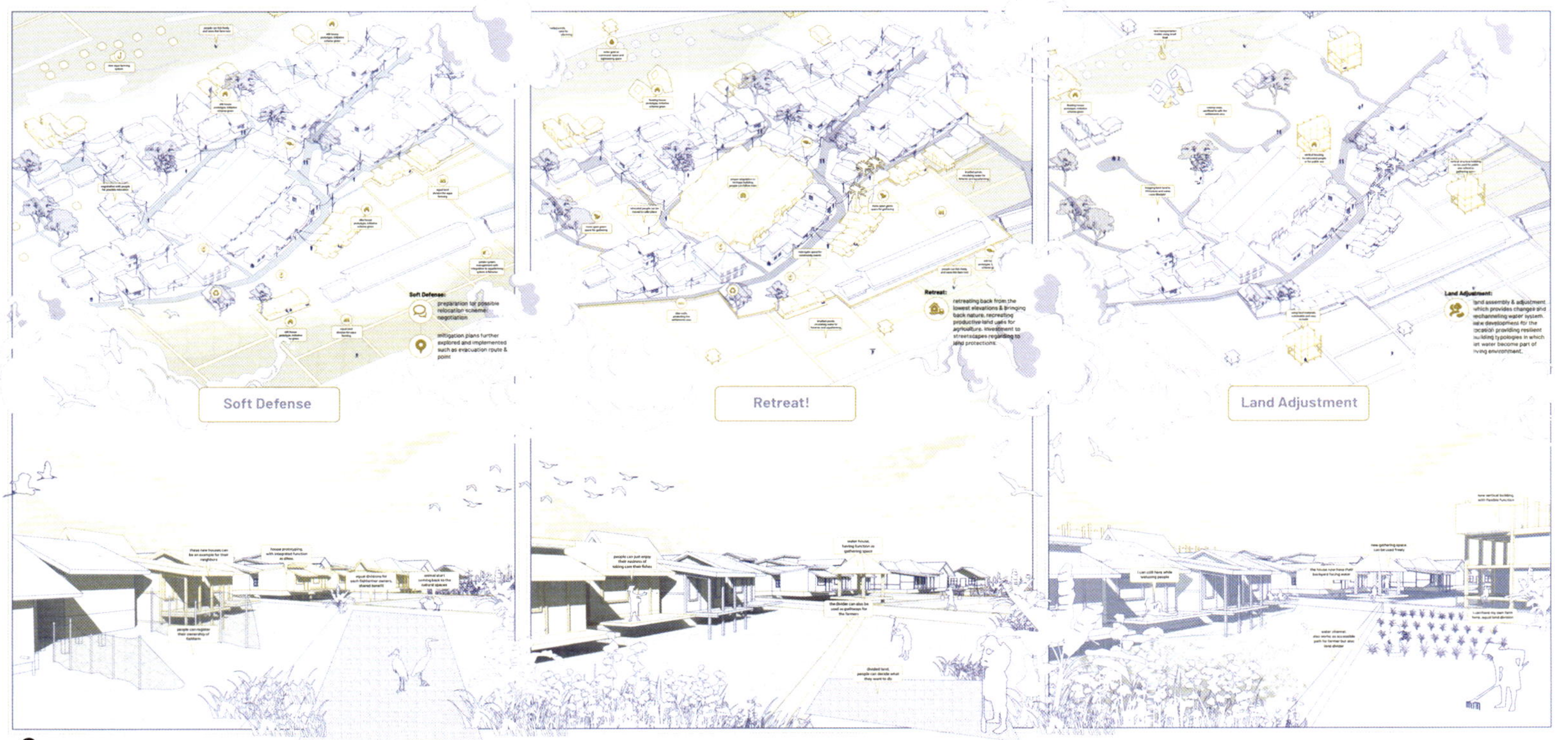

❶

① De zachte verdediging is gericht op maatregelen die verband houden met de verdediging tegen het water en vormt de inleiding tot de zachte aanpak, zoals empowerment van mensen door middel van sociaaleconomische regelingen
② Terugtrekken! Deze fase is gericht op het geleidelijk verwijderen van nederzettingen uit kwetsbare en getroffen gebieden en het stellen van kaders aan de herhuisvesting.
③ Landaanpassing is een voorbeeld van de harde benadering, een herstructureringsstrategie waarbij allerlei nieuwe leefwijzen worden geïntroduceerd en de mensen worden aangemoedigd om zich meer te verbinden met de natuur.

① The soft defence is geared to measures relating to defence against the water and paves the way to the soft approach, such as people empowerment through socioeconomic regulations.
② Retreat! This phase is all about the gradual removal of settlements in vulnerable and affected areas and setting up frameworks for rehousing their residents.
③ Land adjustment is an example of the hard approach, a restructuring strategy that introduces all kinds of new ways of living and encourages the local population to engage more with nature.

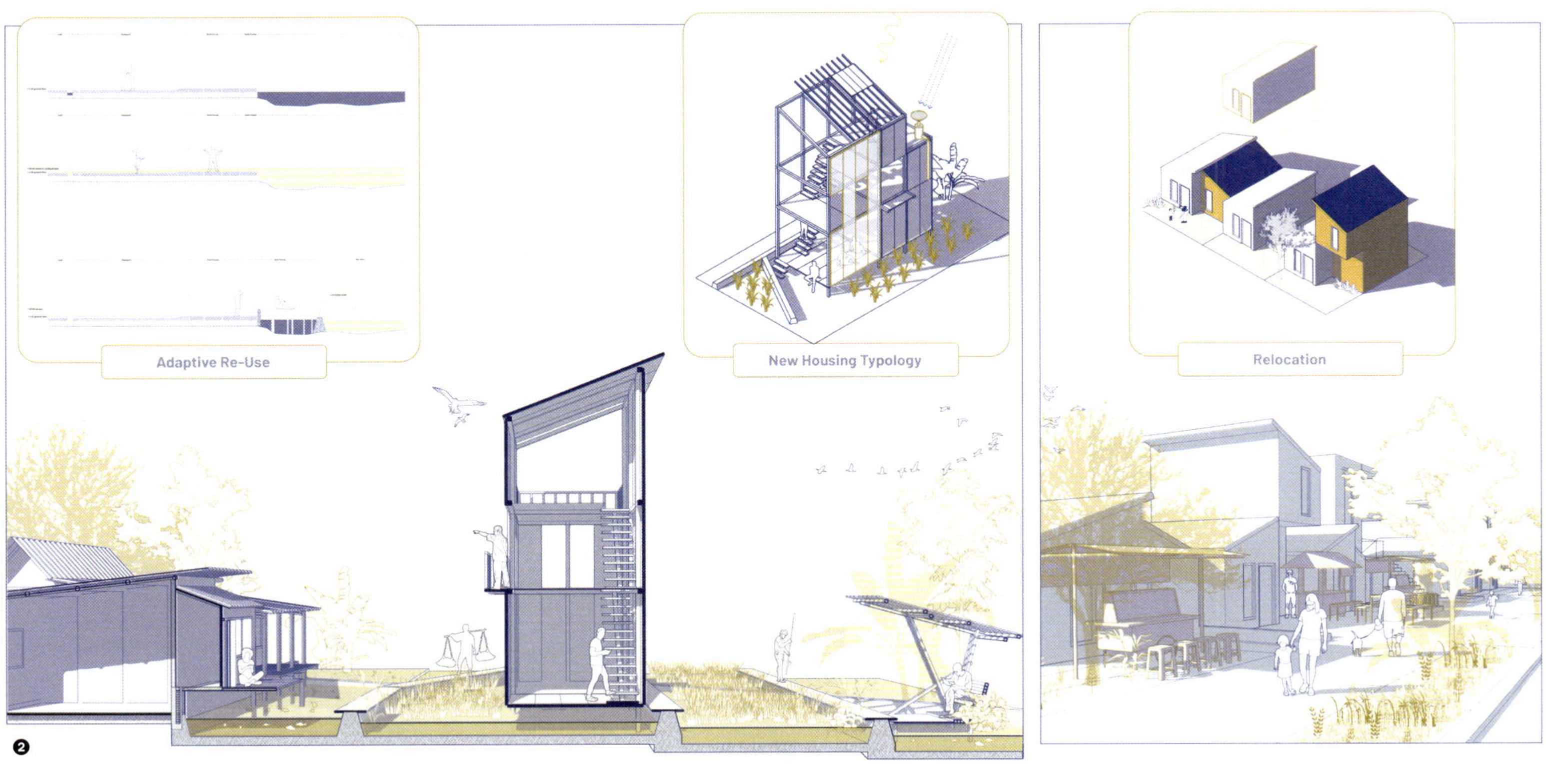

❷

Catalogus van strategieën. In de implementatiefase voorziet de catalogus in voorbeelden van betaalbare, eenvoudig te bouwen woningen voor de bevolking.
① Hergebruik. Dijkhuis. Bewoners kunnen hun achtertuin aan de visvijver of boerderij upgraden en tegelijkertijd een bijdrage leveren aan de kampong door een dijk te bouwen die de hele kampong beschermt.
② Nieuwe woningtypologieën. Verticaal huis, een nieuwe typologie geconstrueerd met bamboe en gebouwd door de lokale gemeenschap.
③ Herhuisvesting. Modulaire woning, de bewoners die hierheen willen verhuizen krijgen een stimuleringsbijdrage van 50% van de bouwkosten.

Catalogue of strategies. In the implementation phase, the catalogue provides examples of affordable, easily built houses for the community.
① Reuse. Dyke house. Occupants can upgrade their backyard facing onto the fish pond or fish farm and contribute to the community by building a dyke to protect the entire kampong.
② New dwelling typologies. Vertical house, a new typology constructed of bamboo and built by the local community.
③ Rehousing. Modular dwelling; inhabitants wanting to move here receive a financial incentive of 50% of the construction costs.

❹

❸

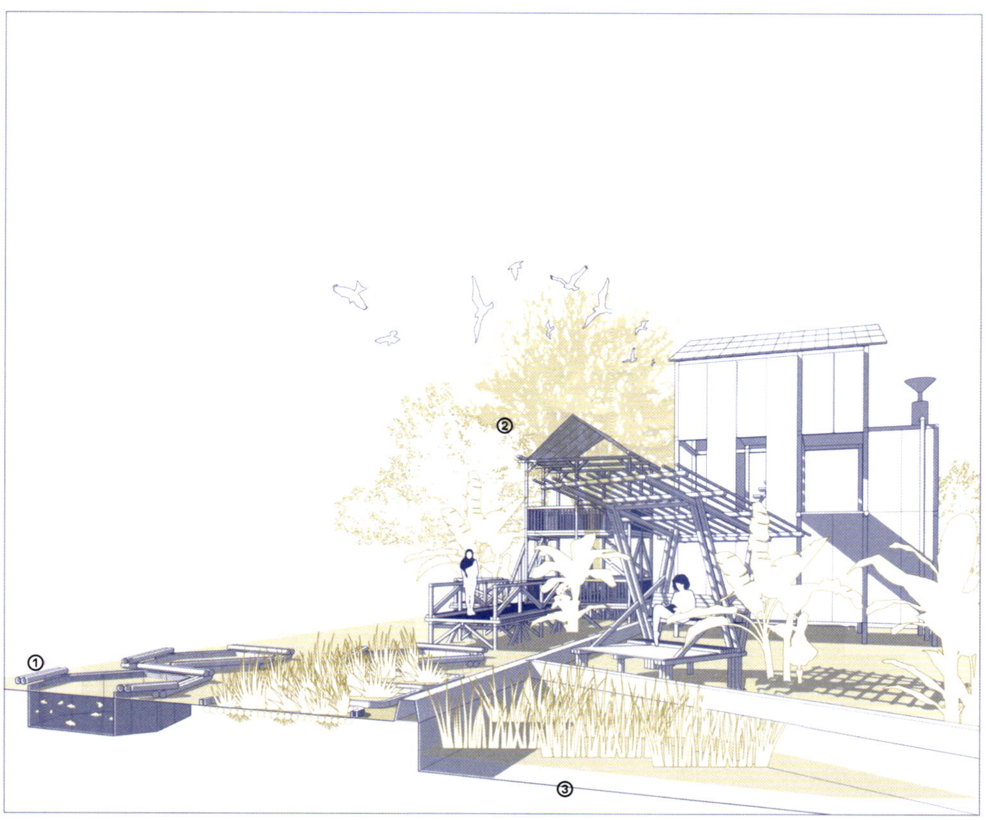

❺

❸ Uiteindelijk is het doel van dit voorstel om een stedelijk transformatieproces in gang te zetten dat probeert de zachte benadering, zoals empowerment van mensen en publieke participatie, en de harde aanpak, zoals de fysieke infrastructuur, met elkaar in evenwicht te brengen binnen de fysieke en niet-fysieke lagen. Daarbij gaat het om de sociaaleconomische structuur, Governance, het watersysteem, het landgebruik en de infrastructuur. Het opnieuw samenstellen van de zachte en harde aanpak van Semarang City betekent een nieuwe benadering voor de planning van stedelijke mitigatie.
① Herbestemming van de oude infrastructuur van erfgoed tot een nieuwe, duurzame woningtypologie.
② Drijvende structuur van huizen en voorzieningen. Gebouwd en beheerd door de lokale bevolking stimuleert ze een nieuwe leefwijze door de aanwezigheid van het water te omarmen.
③ Drijvende kwekerij voor vis en gewassen.
Ultimately, the aim of this proposal is to implement an urban transformation process that seeks to balance the two approaches, soft (e.g. people empowerment and public participation) and hard (e.g. physical infrastructure), within the physical and non-physical layers (the socioeconomic structure, governance, the water system, land uses and infrastructure). Re-assembling Semarang City's soft and hard approaches means a new course in urban mitigation planning.
① Redesignating the old inherited infrastructure as a new, sustainable dwelling type.
② Floating structure of houses and services. Built and managed by the local community, it encourages new ways of life by embracing the water on site.
③ Floating nursery for fish and crops.

❹ Lokale adaptieve mechanismen. De ervaringskennis van de bewoners in het omgaan met de lokale problemen wordt betrokken bij de ontwikkeling van de stedelijke strategie.
① locatie inventarisatie en interviews
② enquetes en interviews
③ feedback
Local adaptive mechanisms. The practical knowledge of inhabitants in dealing with local problems is enlisted to develop the urban strategy.
① site appraisal and interviews
② questionnaires and interviews
③ feedback

❺ Uitwerkingsvoorbeeld
① Drijvende viskwekerij.
② Nieuwe gebouwtypologie met een constructie van bamboe.
③ Nieuw aangelegde rijstvelden.
Example of the strategy in practice
① Floating fish farm.
② New building typology with a bamboo structure.
③ Newly created rice fields.

RESTORING THE FLOW

In de ruimte tussen de dijken van Dordrecht stelt dit plan een nieuw stedelijk landschap voor, een stroomlandschap. Dit wordt gezien als een stedelijke infrastructuur om de actieve recreatie van de inwoners te stimuleren en tegelijkertijd hun perceptie van water te veranderen.

Dordrecht is een stad geboren uit water. Vroeger was de verbinding met de waterstromen direct, water werd gezien als een kans. Burgers waren zich bewust van de voordelen en lasten van samenleven met water. Tegenwoordig zorgt het verlies van de verbinding met het water echter voor een gevoel van blind vertrouwen. De meeste burgers zijn zich niet bewust van de risico's op overstromingen waarmee Dordrecht wordt geconfronteerd. De natuurlijke stroom van het water staat onder druk. Gelegen in een delta met stijgende zeespiegels en zwaardere regenbuien die vanuit de Alpen via de rivieren elk jaar naar beneden stromen, loopt Dordrecht het acute gevaar van een scenario als de Watersnoodramp. Bovendien houden de dijken niet alleen het water buiten, maar ze belemmeren ook de dynamiek van de stad. Dordrecht is een gebroken stad geworden. Elke individuele wijk is beperkt tot de polder en daarmee geïsoleerd van de rest van de stad. Dit plan beantwoordt de vraag hoe je profiteert van de restruimte die ontstaat door het dijklandschap van Dordrecht.

❶

❷

This project proposes a new urban landscape, a flowscape, in the space between the dykes of Dordrecht. The flowscape is an urban infrastructure to encourage active recreation among the city's inhabitants, while at the same time reshaping their perception of water.

Dordrecht is a city born from water. In earlier days, there was a direct connection with the water flows, water being regarded as an opportunity. Its citizens were aware of the benefits and burdens of living with water. Today, however, the loss of connection with the water has created a sense of blind trust. Most inhabitants of Dordrecht are unaware of the risks of flooding that their city faces. The natural flow of water is under pressure. Located in a delta with rising sea levels and increasingly heavy rainfalls annually sweeping down from the Alps, Dordrecht is in serious danger of reliving a scenario like the great flood disaster of 1953. Furthermore, the dykes not only keep out the water but also impede the urban dynamics. Dordrecht has become a broken city, with each of its neighbourhoods confined to its polder and thus isolated from the rest of the city. This project addresses the issue of how to profit from the residual space created by the dyke landscape of Dordrecht.

Opleiding Place of education
TU-Eindhoven

Studierichting Specialization
architectuur architecture

Mentoren Tutors
Irene Curulli, Jacob Voorthuis, Tom Veeger

DAVID ALBERTO VILLEGAS RODRÍGUEZ

❸

❹

❶ ❷ **Omarm de rivier. De interventie doorsnijdt de dijk, het ziet de dijk niet als een barrière maar als een drempel. De ruimte boven de snelweg wordt vormgegeven als een openbaar plein voor de omwonenden. Aan het begin van het pad strekt een pier zich uit in de rivier en maakt zo een directe verbinding tussen het land en het water. De rivier zorgt voor een buffer tegen het geluid en de vervuiling van de snelweg.**
Embracing the river. The intervention cuts through the dyke, treating it not as a barrier but as a threshold. The space above the motorway becomes a public square for those living nearby. At the start of the path, a pier reaches out into the river, creating a direct link between land and water. The river acts as a buffer against the noise and pollution of the motorway.

❸ **Ligging van Dordrecht in het stroomlandschap. Er worden drie pauzemomenten ontworpen. Elk heeft een andere relatie met de dynamiek van het water.**
Dordrecht's position in the river landscape. Three 'pauses' in the flow have been designed, each with a different relationship with the dynamics of the water.

❹ ❼ **Een pauze in de regen. Sporen in het materiaal brengen de ontbrekende stukjes uit het geheugen van de getraumatiseerde stad terug. Het project gebruikt gestampte aarde dat langzaam erodeert door het stromende water en de atmosfeer in de ruimten verandert naar gelang van de seizoenen, het getij en de regen. Beton en staal zijn de constante factoren in het ontwerp. Het contrast tussen de verschillende materialen maakt de veroudering door de jaren heen manifest.**
A pause in the rain. Traces in the material are to return the pieces missing from the collective memory of the traumatized city. The project uses rammed earth that is slowly eroded by the water flows, while the seasons, the tides and the rain influence the changing ambience in the spaces. Concrete and steel are the constant factors in the design. The contrast between materials will reveal how the project ages over time.

❺ ❻ De ervaring van het getij. Er is in dit gebied maar één baken van gemeenschapszin. Het is het oude veerhuis dat op werkdagen rond lunchtijd dienst doet als restaurant. Het zit dan vol met werklieden. De zeedijk komt tussenbe de, er ontstaat een nieuwe verbinding met het water waardoor men kan inspelen op de getijdendynamiek.

Experience the tide. There is just one beacon of community in this area: the old ferry house, which does duty as a restaurant on weekdays at lunchtime. That's when the place is full of workers. Then Zeedijk, the old sea wall, intervenes, creating a new connection with the water so that people can interact with the tidal dynamics.

❺

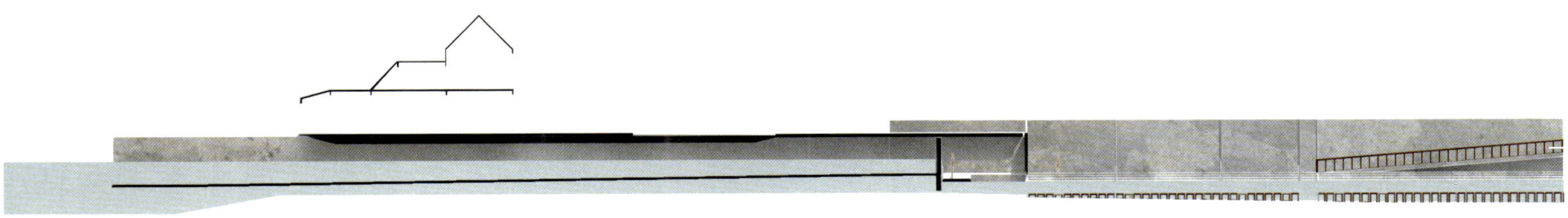

❻

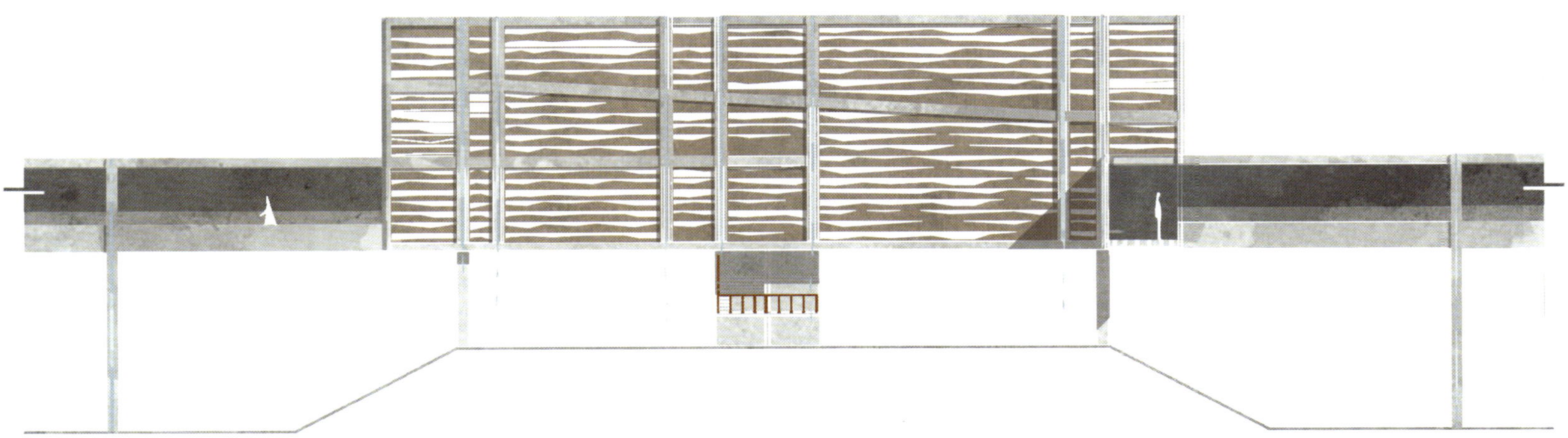

❼

SOLARCHIPELAGO

In het zuidwestelijk deel van het Markermeer, het IJmeer tussen Amsterdam en Almere introduceert dit landschapsarchitectonisch plan een ecologische benadering van zowel de energietransitie, de verbetering van het ecosysteem en de stedelijke ontwikkeling. De aanpak begint met de aanleg van zonneparken in het water die zo zijn ingericht dat ze de revitalisatie van het ecosysteem in het IJmeer bewerkstelligen. Als het natuurlijke regeneratieproces voldoende op gang is gekomen verhuizen PV modules van het zonnepark naar een nieuwe locatie in het IJmeer. De modules worden gecombineerd en vormen zo eilanden en voorkusten. De samenstelling van de modules en hun variabelen in combinatie met de ruimtelijke eigenschappen van het IJmeer resulteren in meerdere series van eilanden in een archipel. Deze eilanden en voorkusten zorgen niet alleen voor de opwekking van duurzame energie en habitats voor flora en fauna, ze zorgen ook voor een fundament voor stedelijke uitbreiding, een metro- en fietsverbinding en recreatie.

De geschiedenis én de toekomst van het plangebied wordt gekenmerkt door grootschalig menselijk ingrijpen, zoals polders en verstedelijking en hun invloed op het hele ecosysteem. De huidige problemen van het IJmeer zijn de monotone aanwezigheid van troebel, ondiep water en zwevend slib en slib op de bodem. Deze situatie heeft gevolgen voor variatie en populatie van vissoorten, alsook vogelsoorten hoger in de voedselketen.

Het ontwerp is gebaseerd op een modulaire aanpak van de ecologische problemen, alsook het ondersteunen van duurzame energieopwekking. De modules kunnen aangepast worden aan ecologische processen of de toenemende vraag naar duurzame energie. Er zijn twee modules ontworpen. De eerste maakt gebruik van een opstelling van zonnepanelen op een gevlochten grid van wilgentenen dat in de waterbodem staat. Deze gevlochten wilgendammen vangen het zwevende slib en zorgen op den duur voor verlanding, wat de variatie in habitats ten goede komt. De tweede module is een strekdam die zorgt voor luwtezones waar het slib niet kan opwervelen. In deze oever staan zonlichtvolgers op fundamenten van eco-beton, die als een kunstmatig rif dienen. Deze modules hebben allebei meerdere variabelen in hun constructie en opstelling van zonnepanelen die in combinatie met hun locatie de werking beïnvloeden en verschillend reageren op ecologische processen. De combinatie van modules zorgt voor een nieuw natuurgebied in het IJmeer, levert 100 MW-piek aan zonne-energie en verbindt zo Amsterdam en Almere als basis voor nieuwe infrastructuur.

De ecologische benadering op basis van opvolging sluit aan op de manier waarop ecosystemen veranderen. Tegelijkertijd biedt dit plan aanknopingspunten om de transitie van ecosystemen af te stemmen op de energietransitie. Ecologische principes bepalen het ontwerp van 'frameworks' die reageren op de processen in ecosystemen en daarbij rekening houden met de onvoorspelbaarheid en de rol van verstoringen. Het compacte systeem en het dynamische karakter ervan sluit aan bij de schaarse beschikbare ruimte voor een energietransitie. Daarnaast speelt het in op de verstedelijkingsdruk op de ecosystemen van grote plassen en meren in de buurt van grote steden.

This landscape architectural project is sited in the southwestern part of Markermeer where this lake joins the waters of IJmeer between Amsterdam and Almere. It introduces an ecological approach that addresses the energy transition, improvement of the ecosystem and urban development. It begins by constructing solar parks in the water that are equipped to kick-start revitalization of the IJmeer ecosystem. Once the natural regeneration process is sufficiently advanced, the PV modules of the solar park are moved to a new location in IJmeer. Combined to form islands and foreshores, the modules and their variables join with the characteristics of IJmeer in strings of islands, creating an archipelago. These islands and foreshores not only serve to generate renewable energy and habitats for flora and fauna but can also accommodate urban expansion, a metro and bicycle link and recreation.

The history as well as the future of the planning area is marked by major human interventions, such as polders and urbanization and their influence on the entire ecosystem. Issues currently afflicting IJmeer are the monotonous presence of turbidity, shallow water and sediment in suspension and on the lake floor. This situation has consequences for the variety and population of fish species, as well as of bird species higher up the food chain.

The design takes a modular approach to the ecological problems and also supports the production of renewable energy. Its modules can be adapted to accommodate ecological processes or meet the increasing demand for renewable energy. Of the two modules designed, one makes use of an array of solar panels on a woven grid of willow rods fixed in the waterbed. These wicker grids catch the shifting sediment and in time become land, benefiting the variety in local habitats. The second module is a breakwater that provides shallow zones where the sediment cannot rise and cloud the water. On this gradient, solar trackers, each mounted on an eco-concrete base, act as an artificial reef. Both module types have multiple variables in their construction and in their disposition of solar panels. These variables combined with the on-site qualities influence the impact of ecological processes and respond to them accordingly. The combination of modules gives IJmeer a new nature reserve and generates 100 MW peak of solar energy, thus drawing Amsterdam and Almere together as a foundation for new infrastructure.

The ecological approach based on succession aligns with the way ecosystems change. At the same time, the project provides points of leverage to attune the transition of ecosystems to the transition of energy. Ecological principles inform the design of frameworks that respond to the processes in ecosystems, thereby allowing for the unpredictability of disturbances and the role these play. The compact, dynamic system takes into account the limited space available for an energy transition. It also responds to the pressures of urbanization on the ecosystems of large artificial and natural lakes near large cities.

Opleiding Place of education
Wageningen University

Studierichting Specialization
landschapsarchitectuur landscape architecture

Mentoren Tutors
Sven Stremke, Paolo Picchi

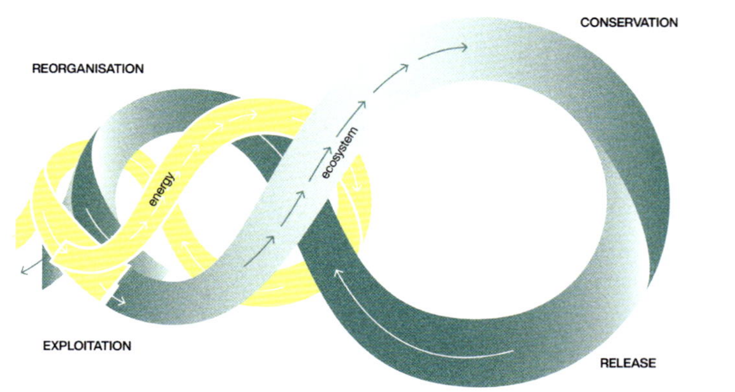

❶

DAVID DE BOER

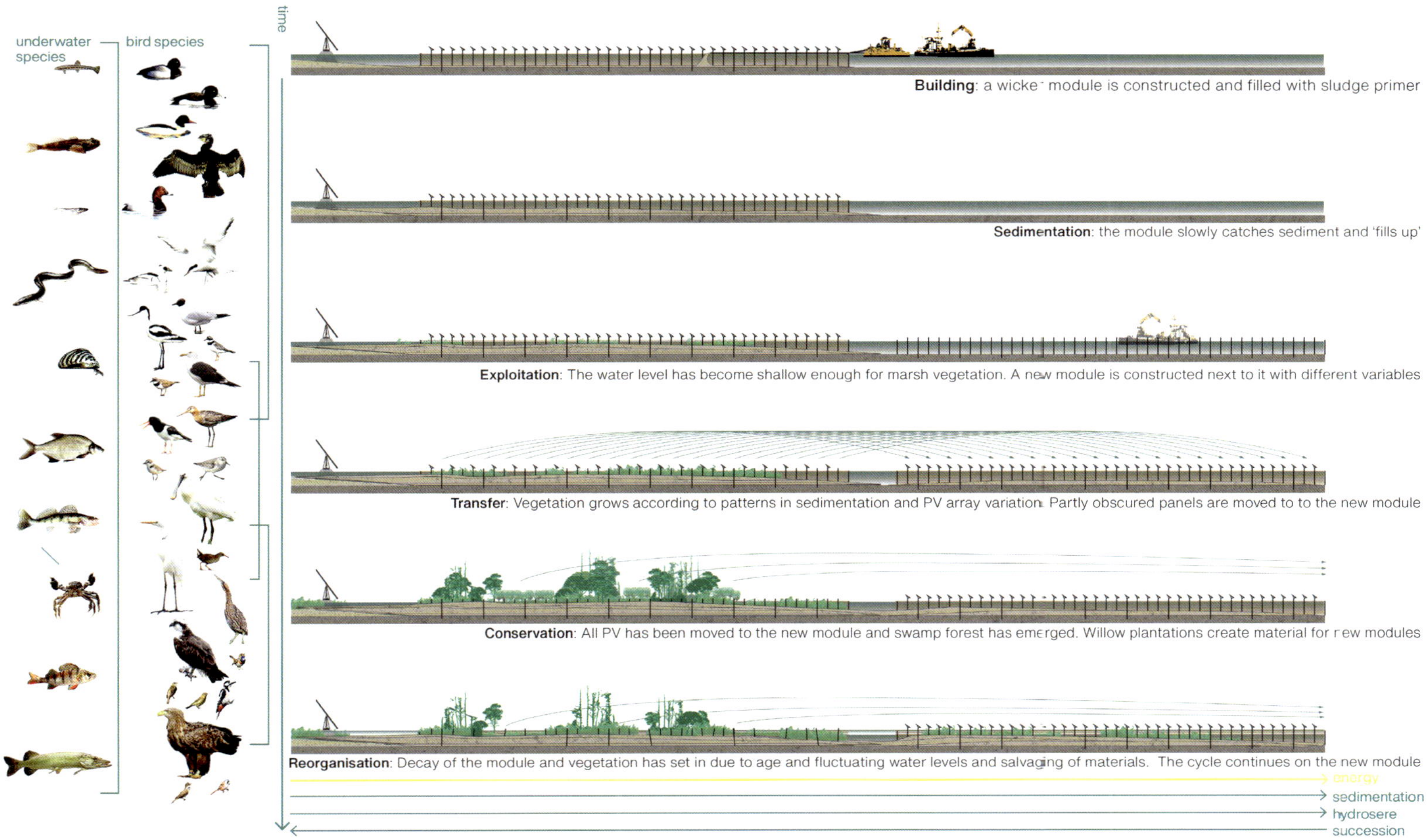

❷

❶ **Door duurzame energie de voorwaarden te laten creëren voor successie in ecosystemen kunnen de processen in het systeem voor meer variatie zorgen en een robuuster systeem door wisselwerking met parallel lopende duurzame energieopwekking.**
With renewable energy creating the conditions for succession in ecosystems, the processes in the system can provide more variety and a more robust system by interacting with the renewable energy production developing parallel to it.

❷ **Het grid zorgt voor sedimentatie van het zwevend slib en creëert luwtezones. De modules verlanden door sedimentatie en plantengroei afhankelijk van de variabelen van de modules. Wanneer vegetatie de module over neemt verhuizen de PV-panelen naar een nieuwe module.**
The grid causes the suspended sediment to settle, creating shallow zones. The modules turn into land through sedimentation and plant growth at a rate depending on the variables informing the modules. Whenever vegetation takes over the module, the PV panels move to a new one.

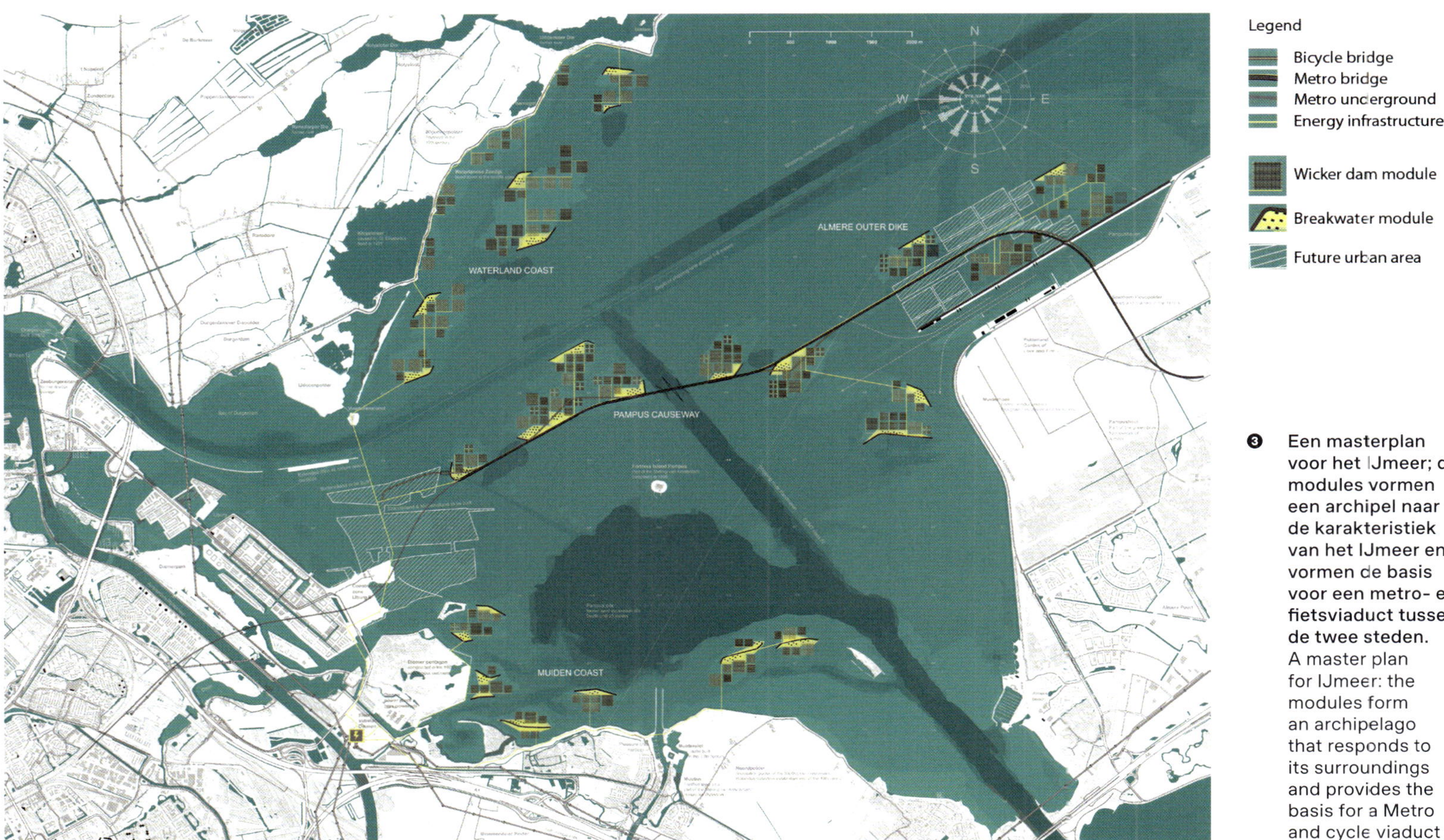

❸

❸ **Een masterplan voor het IJmeer; de modules vormen een archipel naar de karakteristiek van het IJmeer en vormen de basis voor een metro- en fietsviaduct tussen de twee steden.**
A master plan for IJmeer: the modules form an archipelago that responds to its surroundings and provides the basis for a Metro and cycle viaduct between the two cities.

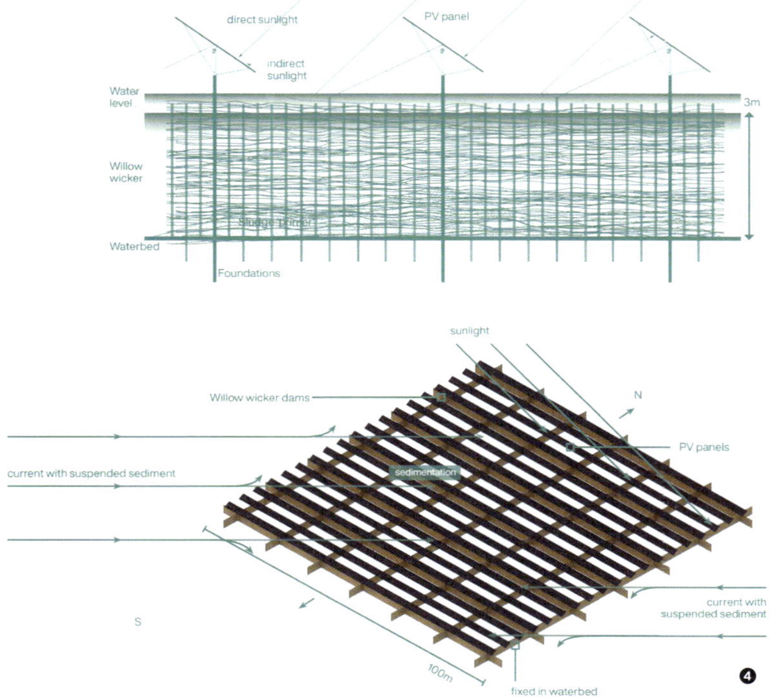

❹

❺

❻

❼

❹ **Een modulair grid van rijsdammen bestaande uit gevlochten wilgentenen vormt de fundering voor zonnepanelen en condities voor verandering van het ecosysteem.**
A modular grid of willow wicker dams provides the foundations for solar panels and the conditions for change in the ecosystem.

❺ **Nieuwe modules worden naast de oude geplaatst, zo vormt zich een gradiënt van modules in verschillende fases en zijn er ook verschillende habitats. Door een netwerk van paden zijn de modules deels te betreden en vormen een nieuw landschapspark voor Amsterdam en Almere.**
New modules are constructed alongside the existing ones, presenting a gradient of modules at different stages and in different habitats. A network of pathways allows visitors to explore the modules as a new landscape park for Amsterdam and Almere.

❻ **Modules verlanden op den duur maar kunnen ook gevuld worden met baggerslib uit vaargeulen. Deze jonge slibeilanden zijn belangrijke habitats voor verschillende soorten steltlopers.**
Modules turn into land over time but can also be filled with sludge from the shipping lanes. These new islands provide important habitats for various species of waders.

❼ **De eilanden vormen ook voorkusten naar de karakteristieken in de omgeving. De modules voor de kust van Waterland zijn groter en verlanden zeer traag. Bakens langs de eilanden tonen de variabelen van de modules.**
The islands also form foreshores based on the characteristics of the region. The modules off the coast of Waterland are larger and turn into land at a much slower rate. Beacons placed amongst the islands are imprinted with the variables in the original modules.

SYNCHRONIZING HABITAT

RISICOAANPASSING DOOR CO-EVOLUTIE
VAN OMGEVING & SAMENLEVING.

In het Weser estuarium van de Waddenzee worden zes ecotoonversterkende projecten voorgesteld, dit zijn maatregelen die zich richten op de overgangsgebieden tussen verschillende biotopen. Ze kunnen de basis vormen voor aanpassingsprocessen die extreme milieus bewoonbaar houden.

De intensiteit van de menselijke activiteiten en de harde infrastructuur in combinatie met de voortdurende variatie van het klimaat heeft geleid tot een ongekend snel veranderingstempo van het milieu. Bovendien neemt met de antropogene klimaatverandering de druk op de ecosystemen toe. Met name interfaces zoals kustgebieden lopen een aanzienlijk risico. Aangezien het Waddenzeegebied een van de rijkste en grootste intergetijdenwetlands is moeten we rekening houden met de gevoeligheid voor drie gevaren, te weten overstromingen, zeetemperatuurstijging en toenemende havenactiviteiten. Hoewel er verschil van inzicht zal bestaan over de magnitude en de frequentie van de transformatie, er zal zeker sprake van zijn dat door inundatie habitats zullen verdrinken en dat grote hoeveelheden sediment zullen verplaatsen. De zeetemperatuurstijging zal invasieve soorten aantrekken en de waterkwaliteit zal verminderen als gevolg van de habitatuitputting. Daarnaast vragen de havens om uitbreiding wat zal leiden tot meer vervuiling door scheepvaartverkeer, grootschalige industriële activiteiten, afvaldumping en onderhoudswerkzaamheden. De met dit plan voorgestelde recalibratie van delta's zoals het Weser-estuarium is gericht op de versterking van de uitgeputte Waddenzee-ecologie. Daarbij worden de klimaatrisico's betrokken, evenals de bovengenoemde externe effecten. Het beoogt een voorbeeld te stellen voor het beheer van andere natuurgebieden die risico's lopen.

De gangbare ruimtelijke maatregelen hebben zich ontwikkeld van de exploitatie van de ecologie tot het behoud ervan. Op dit moment behoeden we onze natuur door haar te integreren in onze gebouwde systemen. Dit perspectief gaat echter voorbij aan de voordelen die voortvloeien uit de synergie die de integratie van menselijk leven, niet-menselijk leven en het milieu kan opleveren. Mijn afstudeerproject beveelt aan om te kijken naar een partnerschap met de natuur om het evenwicht van de kust te regenereren door middel van een ecosysteemopvolgingsaanpak.

Het geleidelijk creëren van zachte en harde infrastructuren die milieuprocessen integreren, kan verschillende levenssoorten een habitat bieden. In het voorstel worden drie hoofdstrategieën uitgevoerd om de intensiteit van een bepaalde bedreiging te verminderen: een reeks barrière-eilanden, een absorberende rand en sociaal-ecologische corridors. Het is belangrijk om situaties te creëren waar verschillende sociaal-ecologische activiteiten op elkaar kunnen inwerken om de verschillende actoren in staat te stellen een constante verandering te omarmen (ecotoonverbetering). Door de dynamiek van de ecosystemen te bestuderen in termen van tijdscycli, levensduur en interdependenties, was het mogelijk om het ontwerp te koppelen aan het tempo van de milieuprocessen. De zes ecotoonversterkende projecten in het Weser-estuarium zijn bedoeld om zowel biotische als abiotische elementen te ondersteunen die verschillende relaties in de tijd tot stand brengen. Ecotoonvergroting zou vervolgens de sleutel kunnen zijn om aanpassingsprocessen op gang te brengen die ons in staat stellen deze extreme milieus te blijven bewonen.

Opleiding Place of education
TU-Delft

Studierichting Specialization
stedenbouw urban design

Mentor Tutor
Tanja Herdt

RISK ADAPTATION THROUGH THE CO-EVOLUTION
OF ENVIRONMENT & SOCIETY.

Synchronizing Habitat proposes siting six ecotone enhancement projects in the Weser Estuary in the Wadden Sea. These measures address the transitional zones between biotopes and could be the basis for adaptation processes that enable us to continue inhabiting these extreme environments.

The intensity of human activities and hard infrastructure combined with the continuous variation in the climate has triggered an unprecedentedly fast rate of alterations in the environment. Moreover, anthropogenic climate change is increasing the pressure on ecosystems. Interfaces such as coastal areas are particularly at risk. Considering that the Wadden Sea Region is one of the richest and largest intertidal wetlands, we must take account of its sensitivity to three hazards: inundation, sea temperature rise and an increase in port activity. Although there will be differences in insight concerning the magnitude and frequency of transformation, it is certain that inundation will drown habitats and displace huge quantities of sediment. The sea temperature rise will attract invasive species and reduce water quality due to habitat depletion. In addition, ports are seeking to expand, generating more pollution from shipping traffic, large-scale industrial activity, dumping of waste and maintenance work. This project proposes recalibrating deltas like the Weser Estuary so as to strengthen the exhausted Wadden Sea ecology. Tackling climatic risk as well as the above-named external impacts, it seeks to set an example for the management of other conservation areas at risk.

Current spatial measures are moving away from exploiting ecology towards conserving it. Currently, we are protecting nature by integrating it into our built systems. However, this perspective overlooks the benefits resulting from the synergy that can be achieved by integrating human life, non-human life and the environment. My graduation project recommends looking into a partnership with nature to regenerate the equilibrium of the coast using an ecosystem succession approach.

The gradual creation of soft and hard infrastructures that integrate environmental processes can provide different animal and plant species with a habitat. In the proposal, three main strategies are implemented to reduce the intensity of a given hazard: a set of barrier islands, an absorptive edge and socio-ecological corridors. It is important to create situations in which dissimilar socio-ecological activities can interact to allow the different players to embrace constant change (ecotone enhancement). By studying the dynamics of ecosystems in terms of time cycles, longevity and interdependencies, it was possible to couple the design to the pace of environmental processes. The six ecotone enhancement projects in the Weser Estuary are intended to support both biotic and abiotic elements that bring about different relations over time. Ecotone augmentation could then be the key to trigger adaptation processes that allow us to continue inhabiting these extreme environments.

NICOLE GARCIA VOGT

1
2100: Ecopragmatische visie van de monding van de Weser, Duitsland (Gemaakt door auteur, 2020 ; Basisbeeld van Earthstar Geographics, SIO, 2020).
2100: Ecopragmatic vision of Weser Estuary, Germany (Made by author, 2020; Base image from Earthstar Geographics, SIO, 2020).

❷

❹

❸

❺

❷ **2100: Ecopragmatische visie op het Waddengebied (Gemaakt door auteur, 2020; Basisafbeelding van Earthstar Geographics, SIO, 2020).**
2100: Ecopragmatic vision of the Wadden Sea Region (Made by author, 2020; Base image from Earthstar Geographics, SIO, 2020).

❸ **Waterecotone pilot 1: Subtidal breakwaters (Gemaakt door auteur, 2020; collage van beelden uit Goad, 2019; SCAPE, 2014; Skalgubbar, 2020)**
Water ecotone pilot 1: Subtidal breakwaters (Made by author, 2020; collage of images from Goad, 2019; SCAPE, 2014; Skalgubbar, 2020)

❹ **Waterecotone pilot 2: Product ef mudflat (Goad, 2019; SCAPE, 2014; Skalgubbar, 2020)**
Water ecotone pilot 2: Productive mudflat (Goad, 2019; SCAPE, 2014; Skalgubbar, 2020)

❺ **Waterecotone pilot 3: Barrière-eiland (Goad, 2019; Skalgubbar, 2020)**
Water ecotone pilot 3: Barrier island (Goad, 2019; Skalgubbar, 2020)

TERMINUS

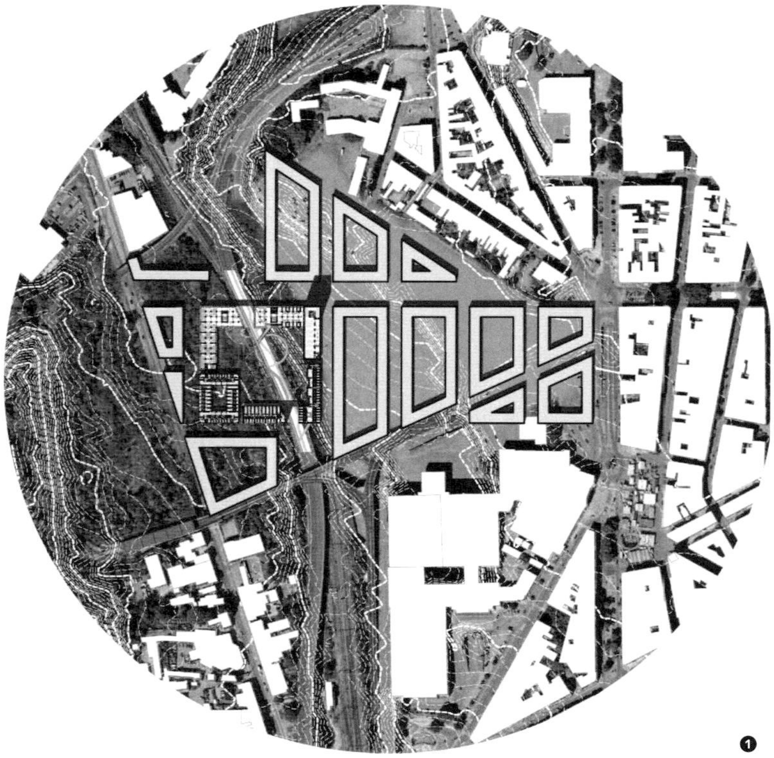

❶

A STRATEGIC FUTURE VISION
FOR THE RING ROAD AT CHARLEROI

The project springs from my fascination with the Belgian city of Charleroi. It is a city of contrasts, confrontation and decay, where Utopia rubs shoulders with the disarray of daily life. All these contrasts have one element in common, the R9 inner ring road, an urban motorway that literally slices through the city fabric, dividing Charleroi into an inside and an outside. At a strategic place along the ring road I have projected a city block that doubles as a transfer hub between Metro, ring road, city and Charleroi Airport. The block accommodates a number of functions including a university, a municipal archive, a residential programme and an underground concert hall. It symbolizes the end of the ring road and the beginning of a new era.

Congestion on the ring road has led to the construction of similar roads that are to reduce the volume of traffic. This 'feedback loop from hell' has brought about an endless proliferation of new roads, widenings and attendant services including indoor and outdoor car parks, in and around the city centre. Rather than solving anything, this development has had the effect of attracting even more traffic. The turning point will come when companies and industries, the cause of all the congestion in the first place, have had enough of this and relocate to an out-of-town site. All that remains in this scenario is a wilderness of infrastructure.

Following a cartographic study done as part of the project, I dissected the recalcitrant fabric layer by layer in terms of activity, history, infrastructures and movements. In 2070, Charleroi will be a city without cars. A number of incentives are to trigger the onset of a new future for Charleroi and an opportunity for the inhabitants to reclaim the city for themselves. This will be a Utopian future, with nothing left of the ring road's original purpose. Instead, it will be a crucial link between new developments in a city whose heritage has been made habitable again.

The first investment to be made will be below ground, where it will create above-ground potential. A densification model informed the design of the block, whose presence in Charleroi is to give the city a new start.

EEN STRATEGISCHE TOEKOMSTVISIE
VOOR DE RING VAN CHARLEROI

Het project komt voort uit mijn fascinatie voor de stad Charleroi. Een stad vol contrasten, confrontatie en verval, waarin utopie en alledaagse weerbarstigheid naast elkaar liggen. Eén element vormt de rode draad in al deze contrasten, Ring R9, de stadssnelweg die letterlijk door het stedelijk weefsel van de stad snijdt en Charleroi verdeelt in een binnen en een buiten. Op een strategische plek op de plaats van de ring projecteer ik een bouwblok dat een infrastructureel knooppunt vormt tussen metro, ring, stad en Charleroi Airport. Het bouwblok herbergt een aantal functies waaronder een universiteit, een stadsarchief, een residentieel programma en ondergrondse concertruimte. Het blok symboliseert het einde van de ring en de start van een nieuw tijdperk.

De congestie op de ring heeft geleid tot de bouw van nieuwe soortgelijke wegen die de verkeersdruk moeten doen afnemen. Deze 'Feedback loop from Hell' heeft als resultaat een eindeloze uitbreiding van wegen, verbredingen en faciliterende functies zoals parkeerterreinen en parkeergarages, in en rondom het centrum. Dit mechanisme leidt niet tot oplossingen, maar heeft enkel een magnetische werking op meer verkeer. Tot het keerpunt wordt bereikt waarop de bedrijven en industrieën, die oorspronkelijk de reden vormden voor de congestie, deze nu ontvluchten en zich vestigen buiten de stad. Wat overblijft is een wildernis aan infrastructuur.

Door middel van een cartografisch onderzoek ontstaat, laag na laag de dissectie van het recalcitrante weefsel op vlak van werking, historie, infrastructuren en bewegingen. Charleroi is in 2070 een stad zonder autoverkeer. Met een aantal impulsen wordt een nieuwe toekomst voor Charleroi in gang gezet en een mogelijkheid voor de bewoner, de Carolo, om zijn stad voor zich te herwinnen. Er wordt een utopische toekomst voorgesteld waarin de initiële functie van de ring is verdwenen. Nu vormt ze een beslissende schakel tussen nieuwe ontwikkelingen van de stad. Het stedelijk patrimonium wordt weer bewoonbaar.

De eerste investering wordt letterlijk onder de grond gedaan en creëert bovengronds potentie. Een verdichtingsmodel vormt de basis voor het ontwerp van het bouwblok dat de stad een nieuwe start geeft.

Opleiding Place of education
AvB Maastricht

Studierichting Specialization
architectuur architecture

Mentoren Tutors
Christian Kieckens, Saar Meganck,
Maikel Willems, Paul Gorissen, Jeroen Brosky

MICK DUBOIS

❷

❶ **De inpassing in de situatie in de restruimte die ontstaat door het vrijspelen van de braakliggende parkeerterreinen. Een verdichtingsmodel vult deze lege plek in de stad en vormt het kader voor het plan 'Terminus'.**
Embedding the project. The space left by redundant informal car parks is filled with a densification model providing the framework for 'Terminus'.

❷ **Onder de brug. Dit beeld werd als eerste ontworpen en toont de kwaliteiten van de ruimte onder ring R9 na het vrijspelen van de restruimte die werd gedomineerd door auto's.**
Under the bridge. This image was the first to be designed and shows the qualities of the area below the R9 inner ring road after freeing the residual space once dominated by cars.

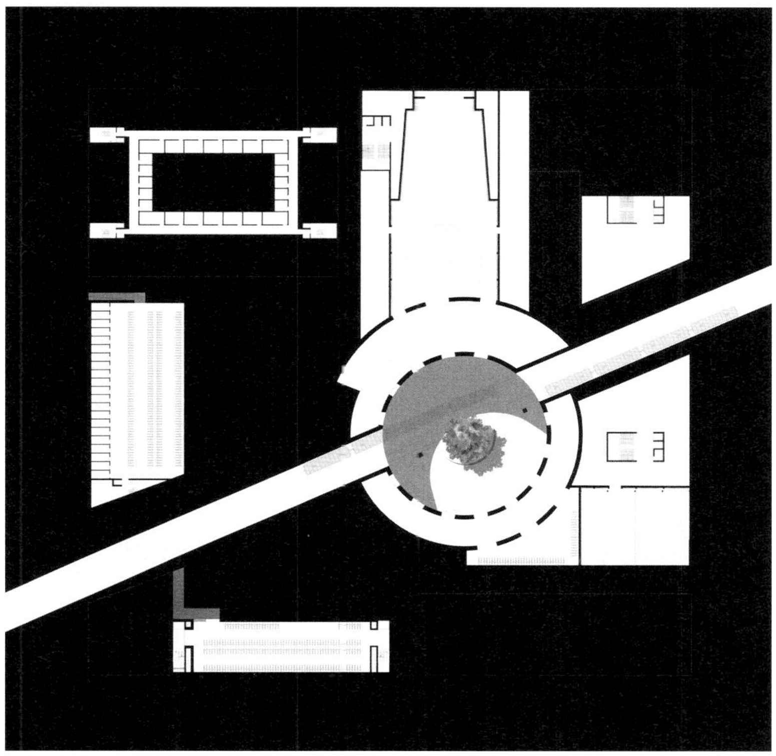

❸

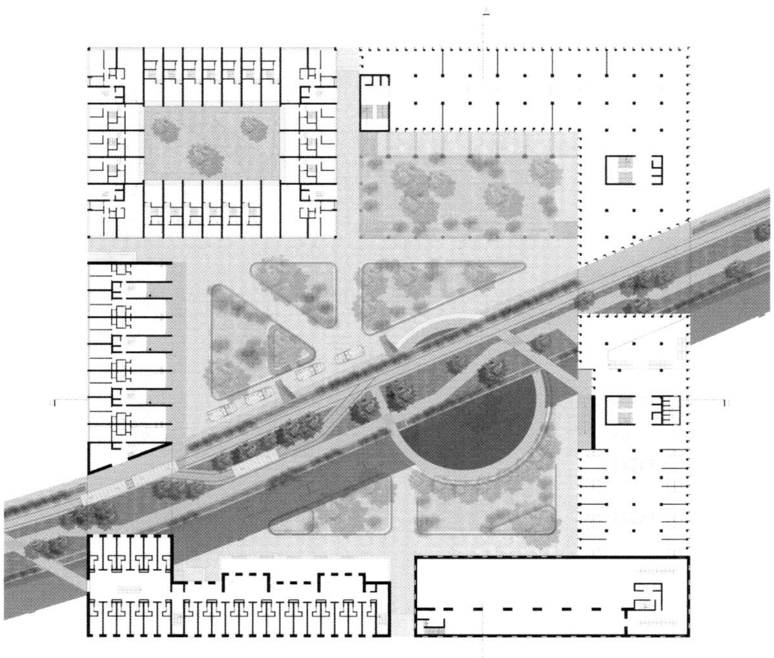

❹

❸ **Plattegrond -01. Het OV-knooppunt is het ankerpunt van het plan, waarbij de 'promenade architecturale' start vanuit de ondergrondse wereld. Het OV-knooppunt komt samen met het auditorium, een concertzaal en een verbinding met het bovengrondse.**
Plan of level -01. The public transport hub is the mainstay of the project, with the 'promenade architecturale' beginning in the world below ground. There the hub connects with the auditorium, a concert hall and a link to the world above.

❹ **Plattegrond +02. Kenmerkend voor het beeld boven het maaiveld is een ingrijpende functieverandering van stadsring R9 na het verdwijnen van de auto uit de stad. De verticale stapeling van functies wordt verbonden door passages, bruggen en gebouwontsluitingen waarbij een versmelting plaatsvindt van privaat, collectief en publiek domein.**
Plan of level +02. The look of the building above ground level is informed by the drastic redefinition of the R9 inner ring road with all cars banished from the city. The vertical stacking of functions is interconnected by passages, bridges and building entrances so that private, common and public zones intertwine.

❺

❻

❺ **Toekomstig verval. Uitgaande van het feit dat een gebouw slechts een tijdelijk gegeven is binnen de structuur van de stad, volgt een blik in de toekomst. Verval is een thema dat altijd aanwezig is binnen de architectuur. Het gebouw is opgezet met een structuur die een monumentale esthetiek heeft en zich tevens leent om te vervallen tot een moderne ruïne.**
Future decay. As a building is by definition a temporary component of the city structure, we need to take account of the future. Decay is an ever-present theme in architecture. This building has been given a structure with a monumental aesthetic and the capacity to decay into a modern ruin.

❻ **De doorsnede geeft een inzicht in alle werelden die samenkomen, op ruimtelijk en programmatisch vlak. Het OV-knooppunt vormt het hart van het plan, waarbij onder- en bovengrondse functies een sequentie vormen van sferen, waarbij de grenzen tussen architectuur, infrastructuur, binnen, buiten, privaat en publiek met elkaar versmelten.**
The section gives insight into the different worlds that converge here spatially and programmatically. At the core of the project is the public transport terminus, whose duties below and above ground present a sequence of ambiences that dissolve the boundaries between architecture and infrastructure, inside and outside, private and public.

TEST#1; THE ISLAND

DE VERTALING VAN EEN STEDELIJK IDEAAL
IN EEN STEDENBOUWKUNDIG ONTWERP.

Het project is een poging tot een uitwerking van een werkmethodologie waarbij verbeeldingskracht wordt beschouwd als de belangrijkste ontwerptool. Het plangebied is de randstad, het ontwerp presenteert de metropool als een eiland. Binnen het concept gaan natuur en cultuur hand in hand en wordt de klimaatverandering geïncorporeerd.

Deze methodologie, image-based-design, is vergelijkbaar met het werk van Yona Friedman, Piero della Francesca en Constant Nieuwenhuijs. De kracht van verbeelding kan het maken en de ontwikkeling van projecten inspireren en beïnvloeden. In de loop van ongeveer 15 jaar, gedurende mijn opleiding, heb ik een persoonlijke intuïtie voor een stad ontwikkeld en geïmplementeerd.

Deze persoonlijke intuïtie wordt in dit project gevisualiseerd door tekeningen die het verbeeldingsproces samenvatten. Vervolgens is het proces van verbeelding gerelateerd aan de urgenties van de tijdelijkheid die kenmerkend zijn voor het stadsleven. Zoals de groei van de stadsbevolking, de stedelijke verdichting, overproductie en verspilling. Dit proces heeft uiteindelijk geresulteerd in een dramatische afwezigheid van natuur en een onaangename groei die gebaseerd is op de economie van onze samenleving. Natuur en cultuur zijn binnen een theoretisch kader onderzocht. De studies en literatuur van Kevin Lynch, Cedric Price en Richard Weller zijn gebruikt als motivatie om af te wijken van het huidige stedelijke paradigma. Het samenkomen van natuur en cultuur is een ruimtelijk en ethisch akkoord. Deze analytische fase leverde nieuw materiaal op voor het fantasierijke deel van het project dat me dichter bij de realiteit bracht. Het resultaat is een stad gevormd door geografie en cultuur die vertrouwt op haar natuurlijke hulpbronnen en deze versterkt als de belangrijkste reden van bestaan. De Randstad is gekozen als geografische locatie die moet worden hervormd om het stedelijke model te testen. Vanuit het perspectief van bevolkingsdichtheid, dimensie, geografie en klimaatverandering heeft de Randstad alle kwaliteiten om een metropool te zijn waar natuur en cultuur naast elkaar kunnen bestaan. Het voorstel is om de metropool vorm te geven als een eiland dat in staat is om het hoofd te bieden aan de klimatologische problemen van stijgend water en het natuur-cultuurakkoord te handhaven dankzij de aanwezigheid van het Groene Hart. Naast de vormgeving van de regionale strategie heeft het eiland ook cruciale ingrepen nodig. Zoals een hyperloopsysteem om de bestaande centra, Amsterdam, Rotterdam, Utrecht en Den Haag met elkaar te verbinden. Daarnaast is een verdedigingssysteem bestaande uit een multifunctionele superdijk ontworpen met de natuur. Het ontwerpvoorstel omvat ook de ultieme stedelijke grens, tussen bestaande kernen en het Groene Hart en een stedelijk system waardoor plattelandsdorpen op water kunnen leven. De conclusie wordt gepresenteerd in een panoramisch beeld van de vernieuwde metropool waarin de natuur in balans is met onze levenscultuur. Tot slot representeert de werkmethodiek van het project de manier waarop ik zou willen werken als stedenbouwer.

TRANSLATING AN URBAN IDEAL INTO AN URBAN DESIGN.

This project is an attempt at a work methodology that advances imagination as the principal design tool. The planning area is the Randstad metropolis, which the design presents as an island. In this concept, nature and culture work together as a team and there is also a place for climate change.

This methodology of image-based design can be compared to the work of Yona Friedman, Piero della Francesca and Constant Nieuwenhuijs. The power of images is able to inspire and influence the culture of making things and developing projects. Over the course of about 15 years, throughout my education, I have developed and implemented a personal intuition for a city.

This intuition was visualized in the project by drawings that summarize the imaginative process. Next, the process was confronted with the urgencies of contemporaneity that characterize life in the city, such as growth of the urban population, urban densification, overproduction and waste. This has resulted in a dramatic absence of nature and a disagreeable growth based on the economy of our society. I explored the domains of nature and culture within a theoretical framework. The studies and writings of Kevin Lynch, Cedric Price and Richard Weller served as motivation to deviate from the current urban paradigm. The convergence of nature and culture is a spatial and ethical agreement. This analytical phase produced new material for the imaginative part of the project that brought me closer to reality. The outcome is a city shaped by geography and culture that relies on its natural resources and enhances them as the principal reason for existence.

I chose the Randstad as the geographic location to be given new shape to test the urban model. Looked at from the perspective of population density, dimensions, geography and climate change, the Randstad metropolis possesses all the credentials to be a metropolis where nature and culture can coexist. My proposal is to shape it as an island that is able to address the problems of rising water levels brought by climate change and uphold the nature-culture agreement thanks to the presence of Groene Hart, the Randstad's green core. The island requires a number of crucial interventions besides the designing of a regional strategy. One is a hyperloop system to interconnect the existing centres (Amsterdam, Rotterdam, Utrecht and The Hague). There is also a defence system comprised of a multifunctional super dyke designed with nature. The design proposal also includes the ultimate urban boundary, between the existing centres and Groene Hart, and an urban system that enables rural villages to live on the water. The conclusion is presented in a panoramic image of the revitalized metropolis in which nature is in balance with the way we live. Lastly, the working methods used in the project are representative of those I would like to use in practice as an urban designer.

Opleiding Place of education
AvB Amsterdam

Studierichting Specialization
stedenbouw urban design

Mentoren Tutors
Ton Schaap, Iruma Rodriguez-Hernandez, Billy Nolan

JACOPO GRILLI

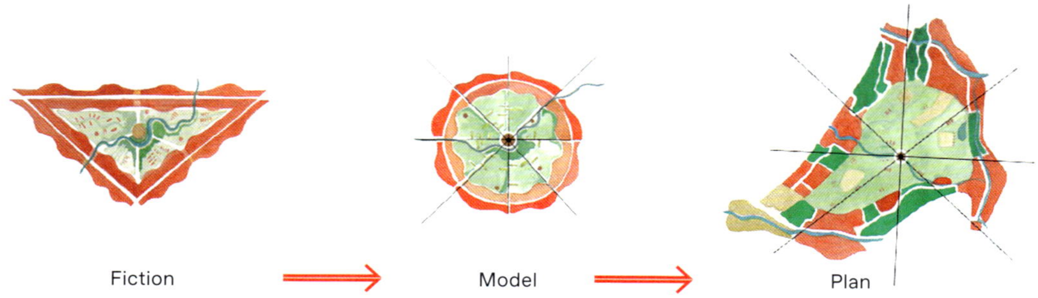

1

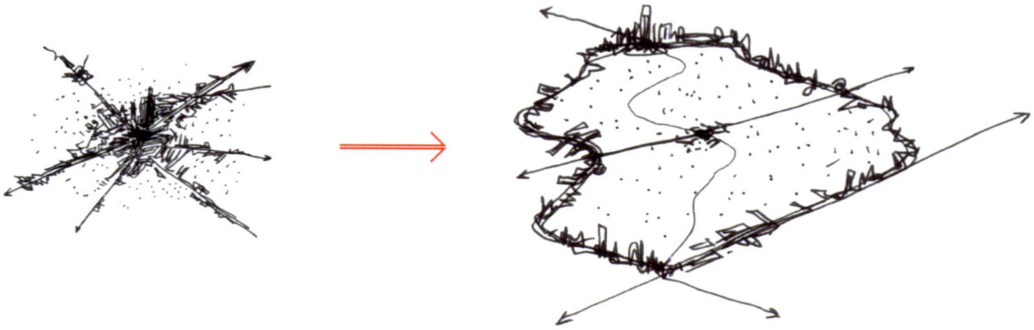

2

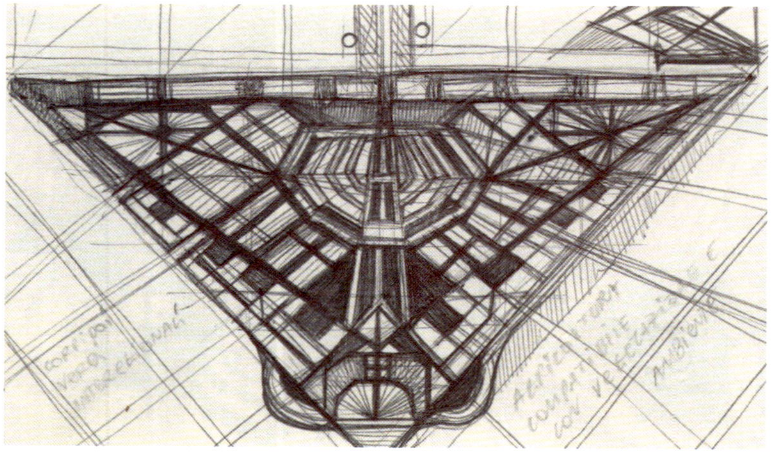

3

1 Het ontwerpproces.
The design process.

2 De omkering van het stedelijk paradigma.
The shift of the urban paradigm.

3 De denkbeeldige stad.
The imaginary city.

4 De stedelijke cel.
The urban cell.

5 De test van het eiland.
The island test.

6 De Randstad metropool.
Randstad metropolis.

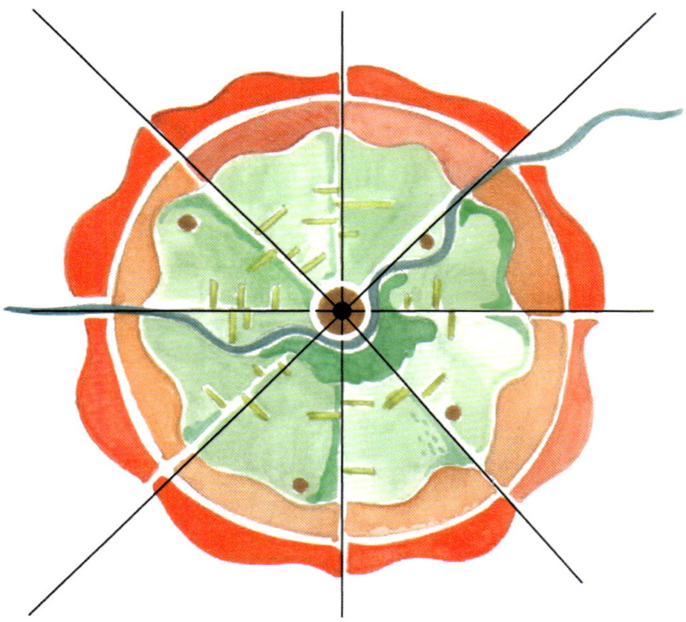

4

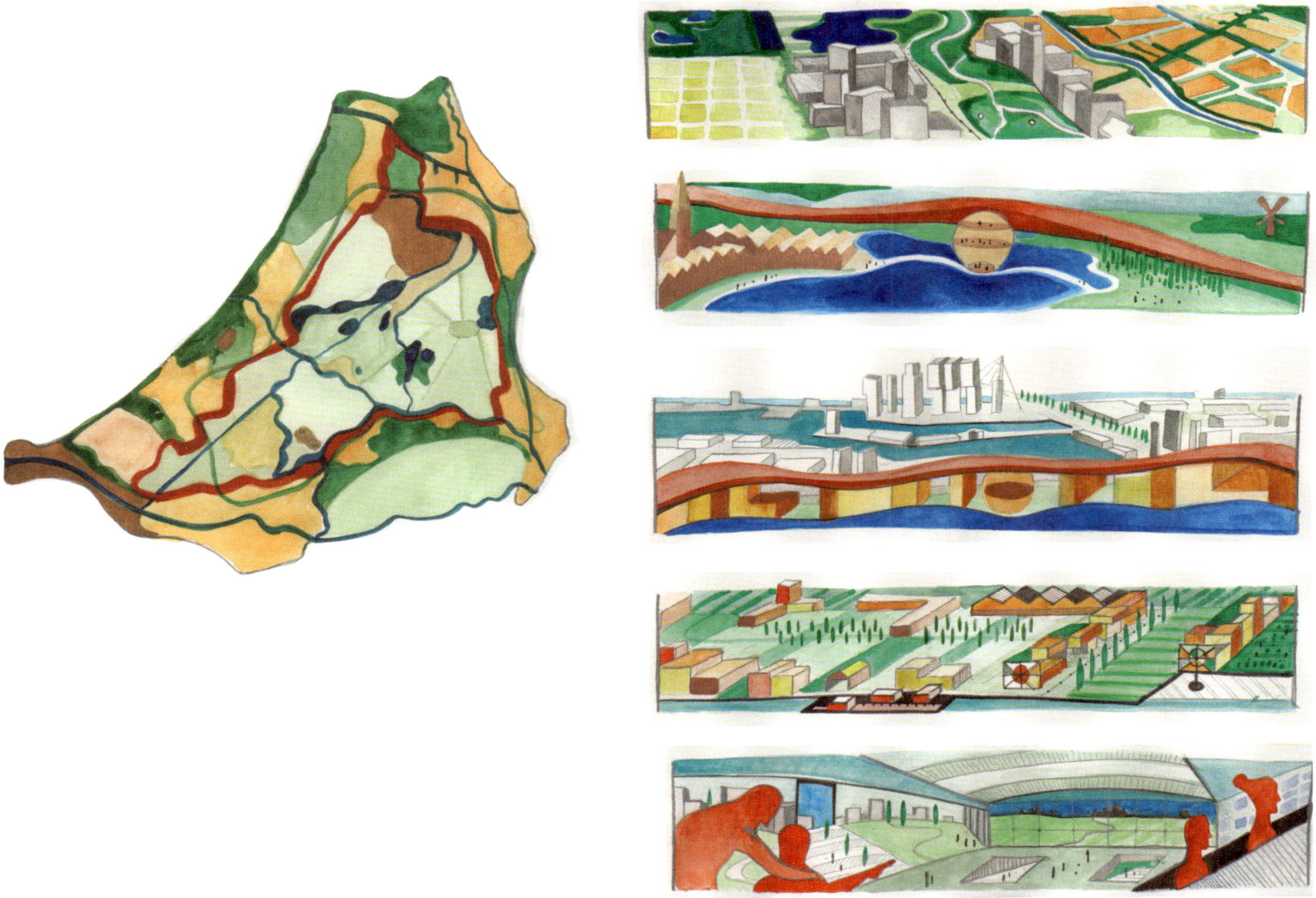

❺

❻

THE OPERATING VENETIAN LAGOON: THE AGENCY OF BARENE

EEN VEERKRACHTIGE LANDSCHAPSINFRASTRUCTUUR VOOR ECOLOGISCH, CULTUREEL EN PRODUCTIEF ERFGOEDBEHOUD.

Op basis van de werking van de barene, brakwatergetijdenmoerassen die typerend zijn voor de Lagune van Venetië, presenteert dit afstudeerplan een combinatie van structuren die het ecologische voortbestaan van de bedreigde Lagune moeten garanderen.

Lagunes zijn kwetsbare overgangsgebieden ze worden als eerste getroffen door de gecombineerde effecten van klimaatverandering en menselijk handelen. Deze masterproef in landschapsarchitectuur onderzoekt de lagune van Venetië in het noorden van Italië. Het is een van de meest bedreigde en kritieke voorbeelden, zoals de laatste extreme overstroming van november 2019 laat zien. Het proefschrift behandelt als cruciale kwesties het hydromorfologische lijden van de Lagune van Venetië, de staat van verwaarlozing van de secundaire eilanden en het eenzijdig technologisch ingestoken ontwerp van de gerealiseerde waterkering. Mijn onderzoek toont duidelijk aan dat de rol van de hele lagune van Venetië in de nabije toekomst opnieuw moet worden gedefinieerd. Van een passief, geëxploiteerd en beschadigd gebied moet het transformeren naar een actief en veerkrachtig systeem om de rest van de omgeving in stand te houden. De belangrijkste strategie bestaat eruit het kale landschap, de brakke moerassen, te versterken. Ze zijn de fundamenteel voor het hydromorfologische en ecologische voortbestaan van de lagune. Deze brakke moerassen beperken de impact van getijden en wind, bevorderen de wateruitwisseling en fungeren als expansievat. Vanaf de 20e eeuw is 70% van hun oppervlakte verloren gegaan. Daarom is het doel van het plan om de werking van deze barene in te zetten om de impact van antropische en natuurlijke bedreigingen te verzachten. Het heeft de functie van een natuurlijke waterkering, de stroming herstelt de hydromorfologische degradatie. Ook wordt het culturele, ecologische en productieve erfgoed versterkt waardoor de lagune van Venetië weer kan functioneren als een duurzame landschapsinfrastructuur. De barene zijn cruciaal in de alomvattende visie voor de lagune van Venetië. De verschillende functies, de stromen en vormen worden en ontworpen en geïmplementeerd als onderdeel van een uniek samenwerkend systeem. Het centrale deel van de lagune van Venetië is gekozen als projectlocatie, omdat het hydromorfologisch het meest beschadigd is. Na onderzoek te hebben gedaan naar hoe de natuurlijke krachten zoals het getij en de wind dit deel van de lagune beïnvloeden, worden verschillende combinaties van onder- en bovenwaterstructuren ontworpen in harmonie met deze krachten. Met als doel om zwevende sedimenten op te vangen en aangroei te bevorderen. De secundaire eilanden rond het centrale deel worden waarnemingspunten van waaruit men de transformatie en de groei van het landschap kan ervaren. Eenmaal voldoende gegroeid zal dit samenhangende systeem van barene en eilanden een gunstig effect hebben op de hydromorfologische, ecologische, biodiverse en culturele omgeving. Door middel van landschapsonderzoek probeert het project de dreigingen van klimaatverandering en relatieve zeespiegelstijging in kaart te brengen en vervolgens te verminderen door te zorgen voor een op de natuur gebaseerde waterkering. De creatie van een habitat van brakke moerassen zorgt voor het herstel van ecosystemen. De investering in alternatieve vormen van slow-toerisme stimuleert het lokale levensonderhoud en de economische levendigheid. Bovendien versterkt het project het culturele imago van de lagune van Venetië. Het diffuse wateroppervlak roept een gevoel op van horizontaliteit, reflectie en zichtbaarheid.

A RESILIENT LANDSCAPE INFRASTRUCTURE FOR ECOLOGICAL, CULTURAL AND PRODUCTIVE HERITAGE PRESERVATION.

This graduation project presents a combination of structures that are to safeguard the ecological survival of the threatened Venetian Lagoon, based on the functioning of its landscape of brackish marshlands (what Venetians call 'barene').

Lagoons are delicate transitional territories and as such the first to be impacted by the combined effects of climate change and human action. This master thesis in landscape architecture is devoted to the Venetian Lagoon in the north of Italy. It is one of the most threatened and critical examples, as confirmed by the most recent extreme flooding of November 2019. The thesis addresses three crucial issues: the hydromorphological degradation of the Venetian Lagoon, the neglect of its secondary islands and the one-sidedly technological design of the flood defence structure on site. My research made clear the need to redefine for the future the role of the entire lagoon, transforming it from a passive, exploited and damaged area into an active and resilient system, able to sustain the territory round about. The principal strategy is to reinforce the 'barene' landscape of brackish marshlands essential for the hydromorphological and ecological continuity of the lagoon. These limit the impact of wind and tides, promote water exchange and act as an expansion vessel. However, 70 per cent of their surface area has been lost since the beginning of the 20th century. The goal of this thesis, therefore, is to enlist the help of the barene to mitigate the impact of anthropic and natural threats. These marshlands act as a nature-based flood defence, with the flow actively redressing the hydromorphological degradation. They also strengthen the cultural, ecological and productive heritage so that the Venetian Lagoon can once again function as a sustaining landscape infrastructure. The barene are crucial to the comprehensive vision for the Venetian Lagoon, where functions, flows and forms are designed and implemented as part of a unique collaborative system. The lagoon's central part has been chosen as the project site, being the most damaged hydromorphologically. Following my research into how natural forces like tides and wind influence this part of the lagoon, I designed different combinations of underwater and above-water structures in harmony with these forces. The aim was to capture suspended sediments and promote accretion. The secondary islands around the central part are now the points of perception from which to experience the transformation and growth of the landscape. Once sufficiently matured, this cohesive system of barene and islands will have a beneficial effect on the surroundings in terms of their hydromorphology, ecology, biodiversity and culture. Through a process of research by landscape design, the project seeks to chart the threats of climate change and relative sea level rise and mitigate those threats by providing a nature-based flood defence. It also creates a habitat of brackish marshlands so as to restore the ecosystems on site. Investments in alternative forms of slow tourism will serve to stimulate local community livelihood and economic vibrancy. Moreover, the project seeks to enhance the Venetian Lagoon's cultural image. The diffuse water surface conveys a sense of horizontality, reflection and visibility.

Opleiding Place of education
TU-Delft

Studierichting Specialization
landschapsarchitectuur landscape architecture

Mentoren Tutors
Denise Piccinini, Taneha Kuzniecow Bacchin

AMINA CHOUAIRI

❶

❷

❶ **Het Agentschap van Barene. Masterplan van het ontworpen systeem van vierenveertig barene, inclusief het transportnetwerk van veerboten. De doorgetrokken lijnen hebben betrekking op de veerdienst jaarrond, de stippellijn betreft de dienst in het seizoen. Het masterplan betreft het deelstroomgebied van Malamocco rond 2050.**
The Agency of Barene. Master plan of the designed system of forty-four barene, including the transport network of ferry boats. The unbroken lines indicate the ferry service all year round and the dotted line the service in season. The master plan addresses the central sub-basin of Malamocco circa 2050.

❷ **De vierenveertig barene.**
The forty-four barene.

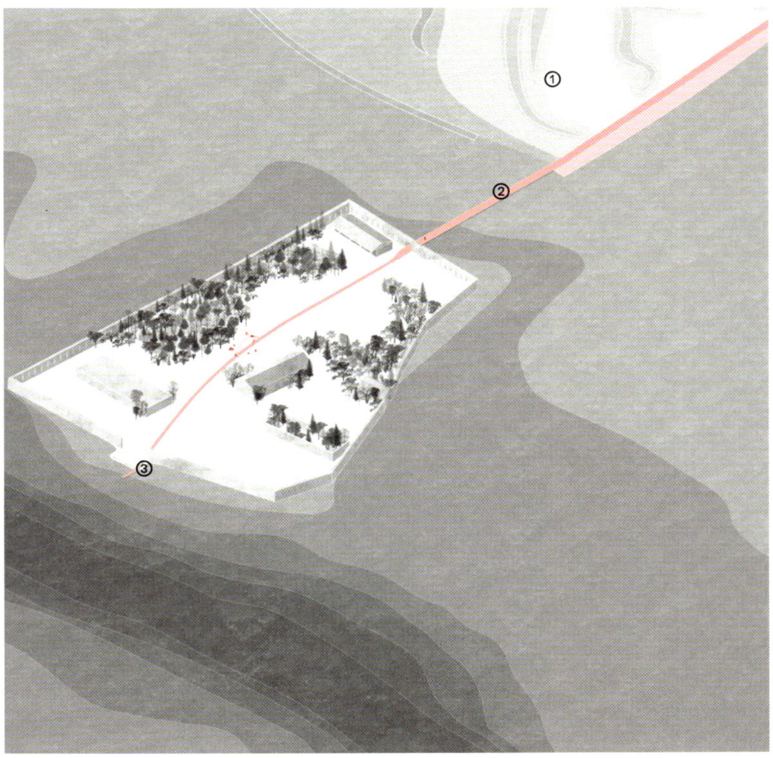

❸
Het eiland Santo Spirito dient als toegangspoort tot La Baréna.
① eerste barena.
② wandelpad +1.0 m.
③ aanlegplaats veerboot.
The island of Santo Spirito serves as a gateway to La Barena.
① first barena.
② walking path +1.0 m.
③ ferry boat dock.

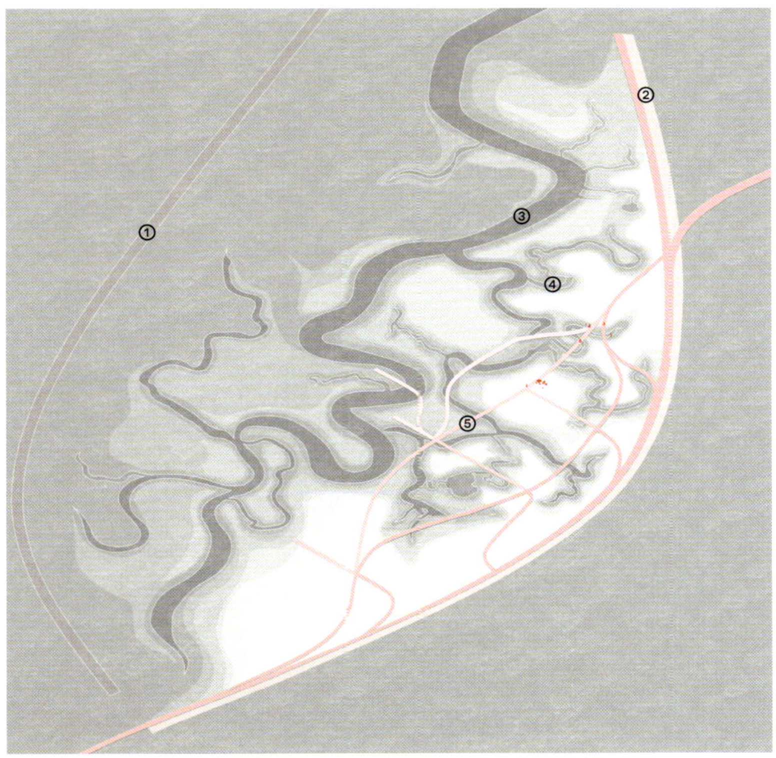

❹
La Barena met verhoogde looppaden net boven het landschap.
① onderwaterstructuur.
② boven water gelegen structuur.
③ uitgegraven kanaal.
④ natuurlijke kreek.
⑤ wandelpaden variërend in hoogte van dertig centimeter tussen de kreken tot een meter boven het gemiddelde waterpeil op de boven water gelegen structuur.
La Barena with footpaths elevated just above the landscape.
① underwater structure.
② above-water structure.
③ excavated channel.
④ natural creek.
⑤ walking paths varying in height from thirty centimetres between the creeks to one metre above average water level on the above-water structure.

4 **Erosie (rood) en aanwas (zwart) patronen in de lagune van Venetië tussen 1970 en 2000. Het centrale deelstroomgebied van Malamocco kent de meest eroderende tendensen.**
Patterns of erosion (red) and accretion (black) in the Venetian Lagoon between 1970 and 2000. The central sub-basin of Malamocco has the greatest tendency to erode.

5 **La Barena. De grens tussen wat land en droog is en wat nat en water is, vervaagt en wordt onscherp.**
La Barena. The boundary between what is land and dry and what is wet and water becomes vague and out of focus.

6 **In het zuiden. Traditionele visserijpraktijken zien hun operatiegebieden uitbreiden, terwijl brakwater minnende fauna de moerassen opnieuw bevolkt.**
To the south. The territory of traditional fishing activities is to be expanded, while the marsh-lands will once again become populated with brackish-water fauna.

7 **Middenin. De reconstructie van natuur en ecologie floreert, al naar gelang de benodigde ruimte en tijd, dankzij beperkte antropische verstoringen.**
In the middle. In time, nature and ecology will reclaim the necessary space, being untouched by human activity.

4

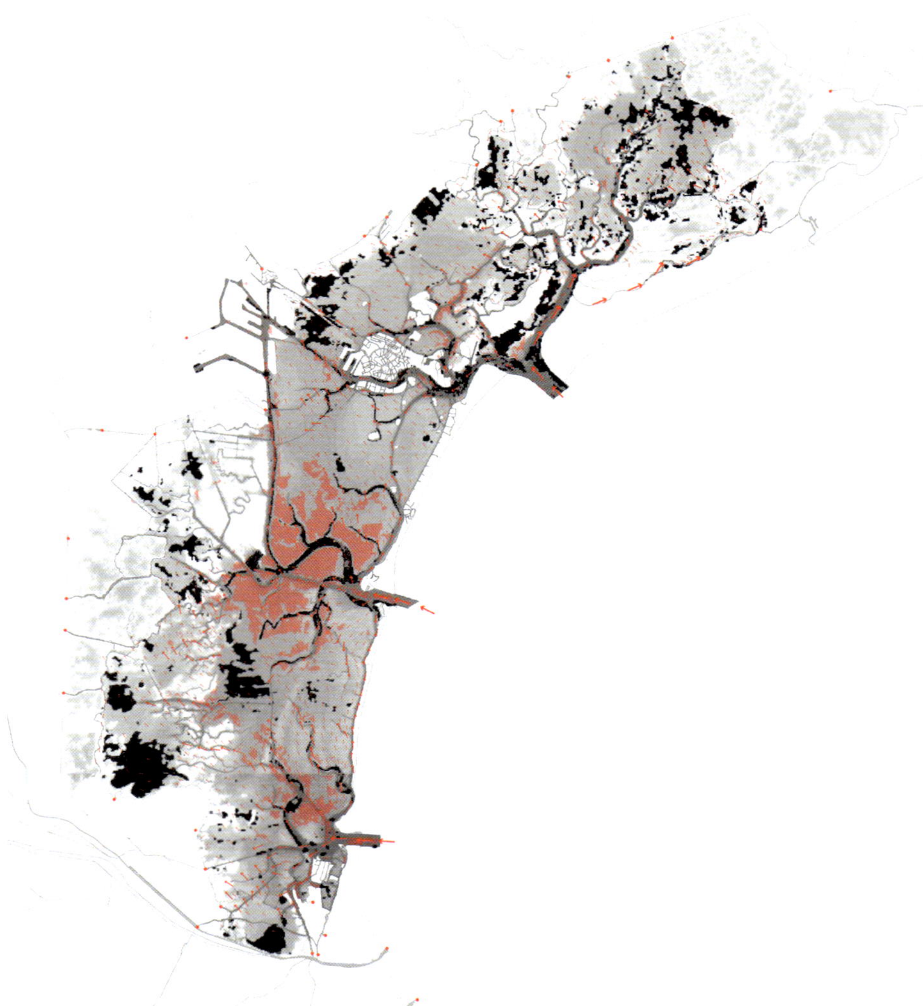

5

6

7

THIS SHOPHOUSE IS NOT FOR SALE

1 Doorsnede.
Section.

Herontwerp van het commerciële en traditionele winkelpand teneinde de noodzakelijke omslag te kunnen maken in tijden van crisis. De post-pandemische situatie en de toenemende sociaaleconomische spanningen tussen de Indonesische Chinese bourgeoisie en de lokale bevolking vragen een radicale vernieuwing.

Mijn plan gaat over een revitalisering van het winkelpand van mijn Chinese grootouders in het kleine stadje Sukabumi, West-Java, Indonesië. Het pand dat mijn familie en de gemeenschap al 50 jaar heeft gediend, is in de loop der tijd op informele wijze geëvolueerd. Niet alleen als woon-werkvoorziening, maar ook als trigger voor een intense en sociaal verbonden gemeenschap. Het was vooral van belang omdat het de kloof overbrugde tussen de Chinese Indonesische bevolking en de inheemse bevolking van het gebied. Deze kloof culmineerde in de rellen van 1998 toen de eigendommen van het Chinese volk werden aangevallen, een onvergetelijke tragedie die zich in de toekomst niet meer zou mogen herhalen. Welke lessen kunnen worden getrokken uit de geschiedenis van een winkelpand; hoe kan kritische reflectie bijdragen aan een duurzame en inclusieve toekomst?

Als gevolg van de vergrijzende bevolking van de stad en de enorme stedelijke ontwikkeling die plaatsvindt in Indonesië, staat het winkelpand van mijn familie samen met honderden andere in de stad op de nominatie te worden verkocht of vervangen door een veelheid van enorme winkelpanden. De initiatiefnemers van deze transformatie richten zich op mensen met een hoger inkomen, waardoor de kloof met de armen die in de steegjes wonen groter wordt en de waarden van de lokale gemeenschappen worden opgeofferd.

Op basis van de lessen die zijn geleerd uit de geschiedenis van dit specifieke winkelpand, stelt het project voor om het gebouw opnieuw uit te vinden door bestaande fragmenten van het pand te hergebruiken.

De strategie bestrijkt verschillende schalen, variërend van het herwaarderen van het lokale vakmanschap, het heroverwegen van de relatie tussen de woon- en de werktypologie en het regenereren van het leven van het winkelpand en zijn gemeenschap in een stedelijke context. Op deze manier wil het project een prototype worden van hoe het model van een oud winkelpand getransformeerd zou kunnen worden teneinde een harmonische sociaaleconomische, culturele en ecologische duurzaamheid te bereiken.

Opleiding Place of education
KABK Den Haag

Studierichting Specialization
interieurarchitectuur interior architecture

Mentoren Tutors
Fokke Moerel, Anne Hoogewoning, Gerjan Streng, Junyuan Chen

Redesigning the commercial traditional shophouse so as to enable the necessary transformation in times of crisis. The post-pandemic situation and rising socioeconomic tensions between the Indonesian Chinese bourgeoisie and the local inhabitants call for radical change.

My project is dedicated to revitalizing the shophouse built by my Chinese grandparents in the small city of Sukabumi in West Java, Indonesia. The building, which has served my family and the community for 50 years, has evolved informally over time, not just as a live-work facility but also as the trigger for an intense and socially connected community. This last-named was especially important, as it bridged the gap between the Chinese Indonesian population and the indigenous peoples living in the area. This gap culminated in the riots of 1998 when property belonging to the Chinese people was attacked, an unforgettable tragedy that must never be repeated. What lessons can be learnt from the history of a shophouse? How can critical reflection contribute to a sustainable and inclusive future?

In the light of the city's ageing population and the wholesale urban development across Indonesia, my family's shophouse is one of hundreds in Sukabumi designated to be sold or replaced by massive shopping complexes. The instigators of this transformation target people with a higher income, widening the gap between them and the poor living in the back alleys and sacrificing the values of the local communities.

Armed with the lessons learned from the history of this particular shophouse, the project proposes reinventing the building by reusing existing fragments of the property.

The strategy is enacted at various scales ranging between reevaluating local craftsmanship, rethinking the relationship in the live-work typology and regenerating the life of the shophouse and its community in an urban context. In this way, the project seeks to be a prototype of how an old shophouse model could be transformed to achieve a harmonious sustainability – socioeconomically, culturally and ecologically.

DEVINA AMELIA

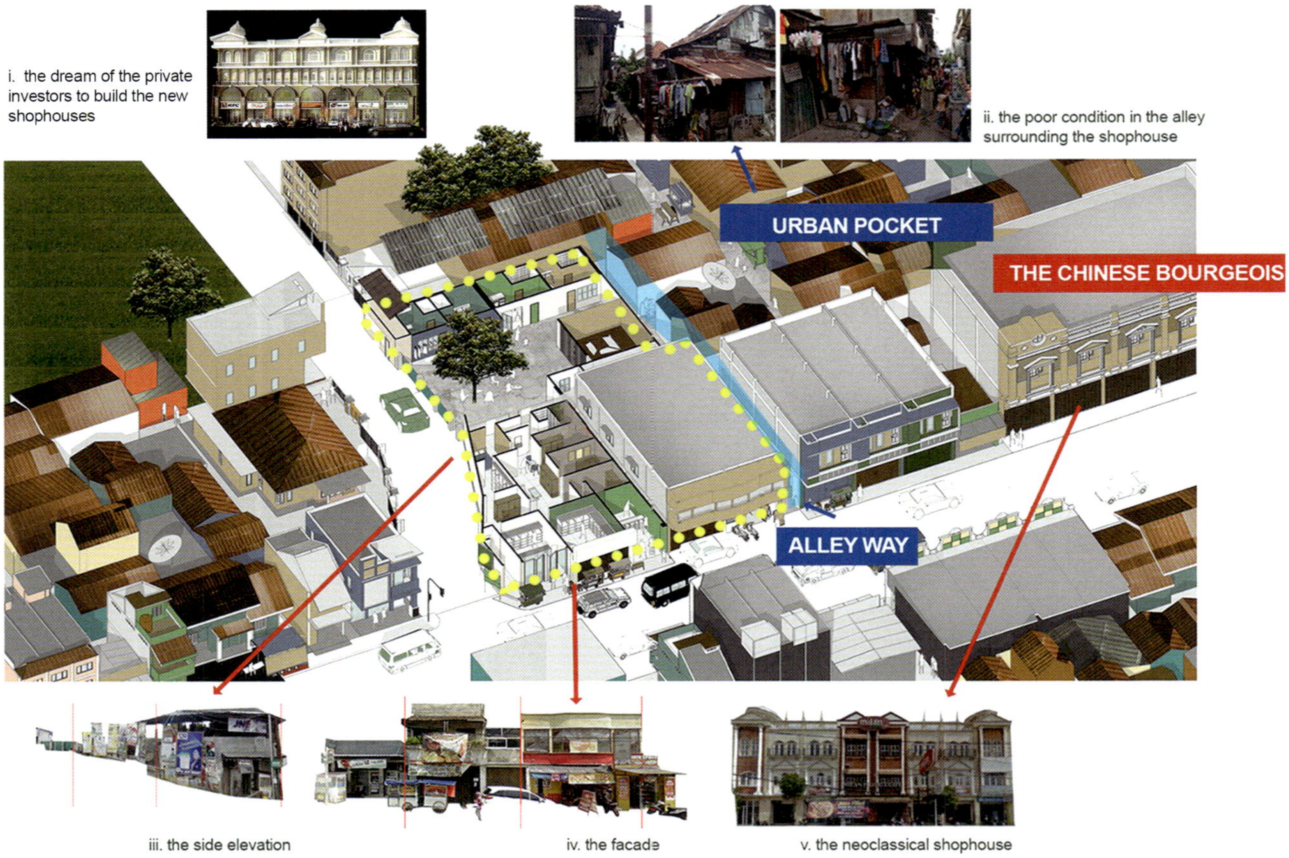

❷

❷ De locatie.
The site.

❸ Strategisch plan voor het nieuwe winkelpand.
→ Hoofdstraat.
Strategic plan for the new shophouse.
→ Main Road.

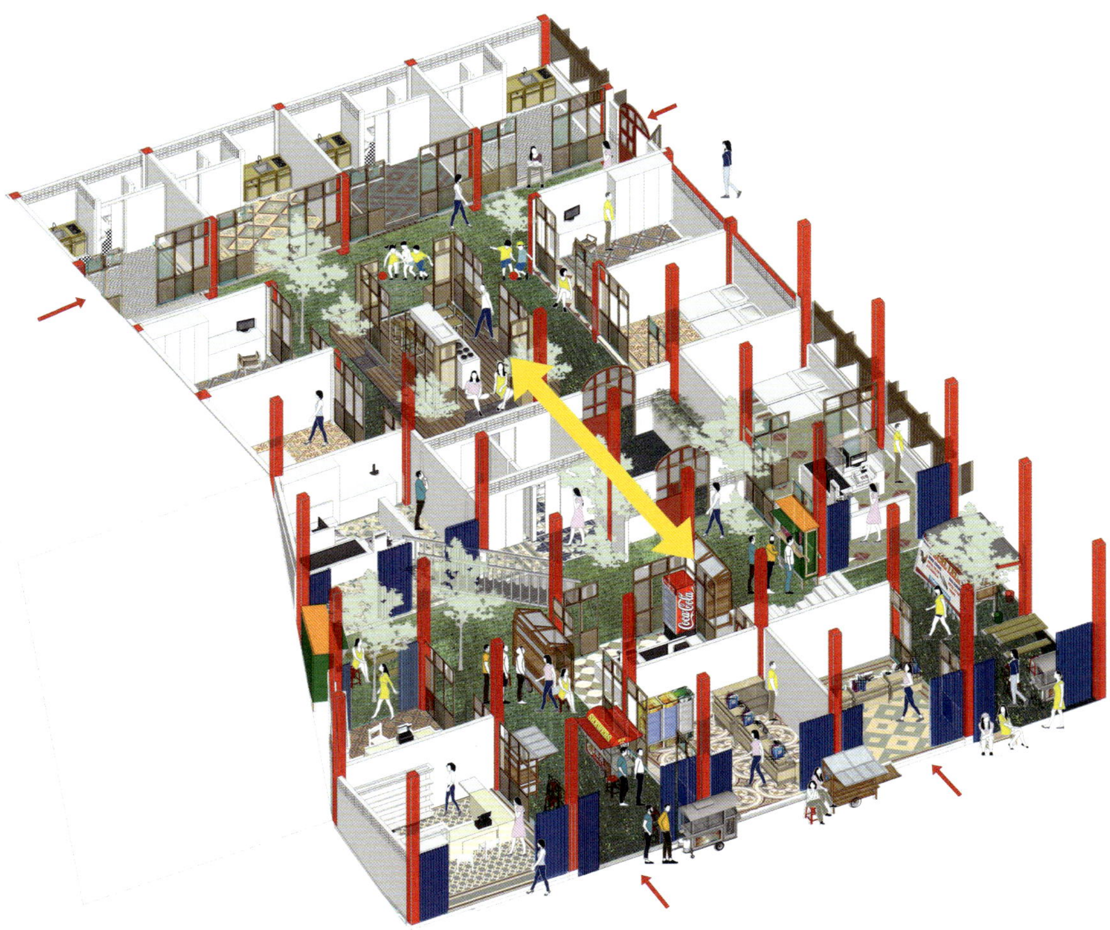

❸

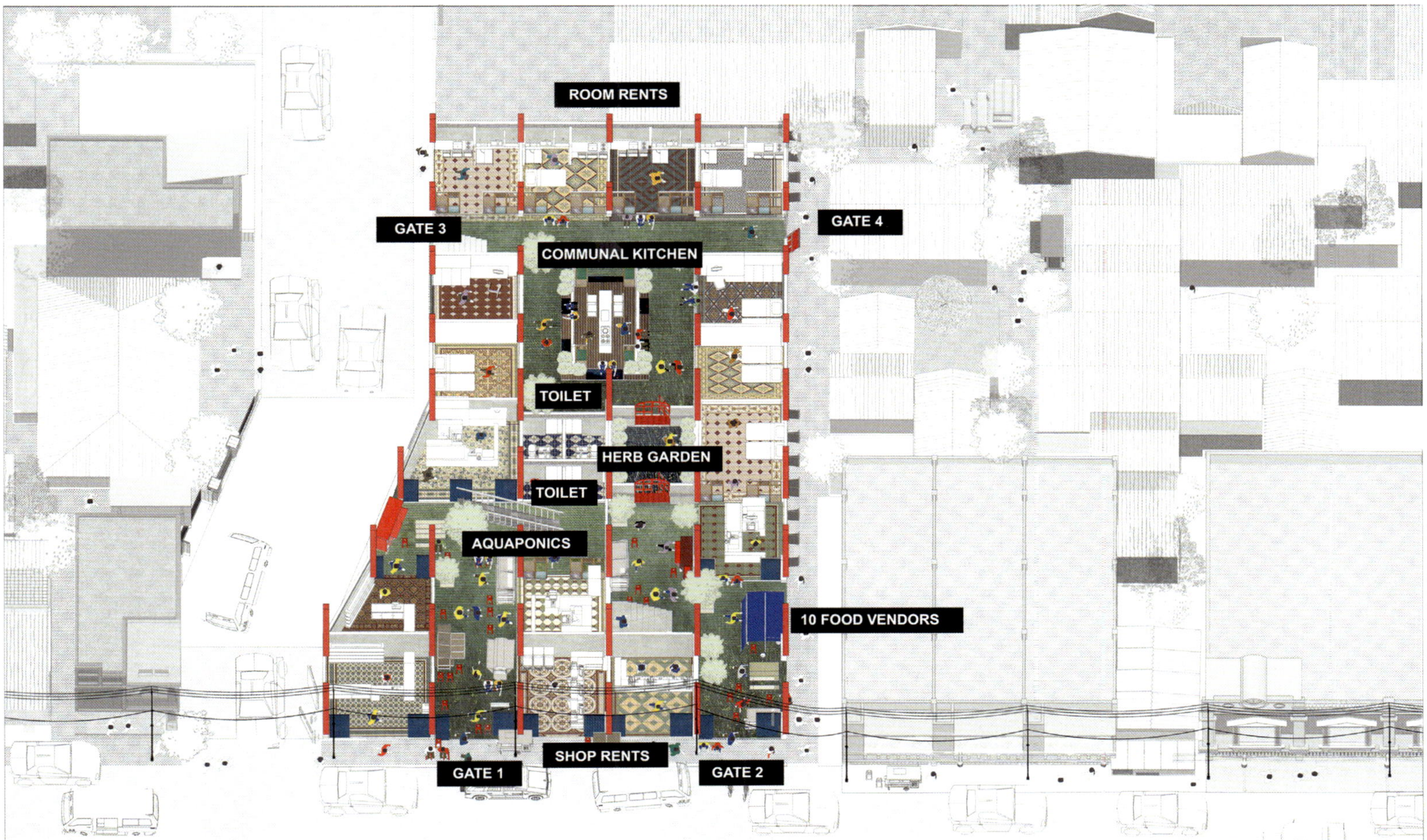

❹ Ontwikkelde plattegrond.
Developed plan.

❺ Het incrementele plan voor de winkelpandvernieuwing.
① Lokale micromarkten. Mogelijkheden voor gedeelde winkelpanden in tijden van crisis. Kleine percelen worden verhuurd aan lokale inwoners die het nodig hebben.
② Duurzame bouw. Het herontwikkelingsproject biedt een kans om kennis te delen met de lokale gebruikers en zo het vertrouwen te winnen in het gebruik van lokale materialen en bouwmethoden.
③ Overbruggen van de kloof tussen de verschillende rassen en klassen. Dit door het creëren van een sterk gemeenschapsgevoel in Indonesië en het stigma weg te nemen van een winkelpand dat zijn identiteit ontleent aan de aanwezigheid van de Chinese bourgeoisie.
④ Circulair ontwerp. De functies van het winkelpand verzekeren een circulaire stroom van voedsel, water, energie en mensen. Dat komt ook ten goede aan de cash-flow.
⑤ Incrementele ontwikkeling. Het ontwerp opent de mogelijkheid voor de evolutie en de expansie van de gebouwen zonder dat het gepaard gaat met een complexe renovatie en verspilling van bouwmaterialen.
⑥ Toekomstige woon-werk typologie. Werken vanuit huis, flexibele werktijden en de evolutie van de techniek veranderen de notie van een multifunctioneel woon- winkelpand.
⑦ Dit winkelpand is niet te koop. Dit is een statement om geen grotere klasse en raciale tegenstellingen te creëren. Dit winkelpand project wordt geponeerd als een familie en gemeenschapsproject in mijn stad, als voorbeeld voor een beter sociaal-economisch landschap, een betere omgeving en culturele houding.
Incremental plan for reinventing the shophouse.
① Local micro markets. Opportunities for shared shophouses in times of crisis. Rooms are rented to local inhabitants in need of them.
② Sustainable construction. The redevelopment project makes it possible to share knowledge with the local population and thus instil confidence in the use of local materials and methods of construction.
③ Bridging the gap between races and classes. This is done by creating a strong sense of community in Indonesia and erasing the stigma of a shophouse that derives its identity from the presence of the Chinese bourgeoisie.
④ Circular design. The shophouse's performance ensures a circular flow of food, water, energy and people, which in turn benefits the cash flow.
⑤ Incremental development. The design opens up the potential for the buildings' evolution and expansion without this involving complex renovation work and material waste.
⑥ Future live-work typology. Working from home, flexible working hours and the evolution of technology are changing the notion of a multi-purpose live-work shophouse.
⑦ This Shophouse Is Not for Sale makes a statement against creating greater distinctions between classes and races. It proposes a family and community project in my home city as an example of how to improve the socioeconomic landscape, the local environment and cultural attitudes.

TOWARDS THE INCLUSIVE VILLAGE

❶

Het is werkelijk waar ongelofelijk!... Ondanks het feit dat de wereld ons allerlei signalen geeft dat onze huidige manier van leven niet vol te houden is, blijven we krampachtig vasthouden aan onze economisch gedreven systemen. Wanneer gaan we ons nu eens realiseren dat dit systeem niet meer past? Wat als we een keer niet streven naar zoveel mogelijk financiële winst, maar streven naar een wereld van geluk? Leven in een zorgeloze wereld, dat is het grote idee.

Geen zorgen meer over geld of een dak boven je hoofd, maar zin in de dag om te kijken welke unieke karaktereigenschap je vandaag weer gaat ontplooien. Een systeem waarbij we ons niet meer druk hoeven te maken over de aardkloot, een systeem waarbij we in plaats van te leven VAN de natuur, leven MET de natuur.

Een ding is zeker, als dat het uitgangspunt is, blijkt de potentie niet bij de steden te liggen waar het geluksgevoel het laagste is. Het is voor mij dan ook onbegrijpelijk dat de trek naar de stad zo groot is..., met alle gevolgen van dien. Want tegelijkertijd bevinden dorpen zich in een neerwaartse spiraal, een spiraal waardoor functies en de bekende sociale cohesie steeds verder dreigt te verdwijnen. De teloorgang van het dorp lijkt anno 2020 een feit! Of toch niet?

Want wat als deze teloorgang tevens kansen biedt om het allemaal anders te doen? Wat als dorpen niet verleden tijd, maar juist de toekomst zijn? De toekomst om een zorgeloos bestaan op te kunnen bouwen. De oplossing ligt in de re-activatie van het onbenut potentieel. Het herstel van onze relatie met het landschap, het bouwen van open, maar toch, hechte communities en tegelijkertijd de kleine entiteiten onderdeel uit te laten maken van het grotere geheel. Alles binnen een maat en schaal die voor iedereen behapbaar is. Ofwel het ontwikkelen van een integraal en duurzaam systeem dat voor de stad te ingewikkeld zou worden.

In het dorp van de toekomst gaan we terug naar de basis en leren we het landschap weer te waarderen. Dit betekent niet zozeer het opgeven van luxe, maar wel dat het dorp voorziet in de essentiële levensbehoefte. Als je in het dorp woont, heb je simpelweg recht op de basisbehoeften die het landschap kan bieden, zoals: water, voedsel, grondstoffen, energie en sociale contacten. Zie het als een soort basisinkomen, maar dan met middelen in plaats van geld. Niet geprivatiseerd, maar juist in de vorm van een coöperatie, waardoor geld niet het leidend motief vormt. En het bijzondere is dat we hiervoor enkel hoeven te luisteren. Luisteren naar de ondergrond, de mens en de gemeenschappelijke behoefte. Verbindt deze met elkaar en er ontstaan allerlei nieuwe kansen. Kansen die het gevoel van saamhorigheid, integraliteit en inclusiviteit vergroten.

Alhoewel ik voor deze gedachtegang vrijwel ieder dorp als casus had kunnen nemen, heb ik gekozen voor mijn eigen dorp. Want, afgezaagd of niet; verandering begint bij jezelf.

It's just unbelievable. The world is bombarding us with signals that we can't keep living this way, and yet we cling to our economically driven system. When are we going to realize that this system no longer works? What if we were to stop pushing for maximum profit and aim for a world of happiness? Living in a carefree world – that's the big idea.

No more worrying about money or a roof over your head, just a great time thinking about which of your unique character traits is going to shine today. A new system, then – one where we need no longer concern ourselves with the planet, a system where we live WITH nature instead of FROM it.

One thing is certain: the potential for this system is not to be found in cities, where feelings of happiness are at their lowest. So I fail to understand just why everyone wants to move to the city, with all its consequences for the villages. These are caught in a downward spiral in which their traditions and the familiar sense of community are increasingly under threat. As we enter the 2020s, the demise of the village would seem unavoidable. But just how unavoidable is it?

What if this demise were to enable us to completely change the way we do things? What if villages belonged not to the past but to the future, a time to develop a carefree existence? The answer lies in reactivating untapped potentials, such as restoring our relations with the landscape and creating open yet close-knit communities, all the while making the smaller entities part of the bigger picture. Everything would be kept to a scale and size we can all handle. In other words, it would mean developing a comprehensive and sustainable system that would be just too complicated for the city.

In the village of the future, we go back to the basics and learn to appreciate the landscape again. This is less about giving up luxuries as about making sure the village has everything it needs. Living in the village, you are entitled to all the essentials the landscape can offer, such as water, food, resources, energy and social contact. Look at it as a kind of basic income, one of means instead of money; not privatized but in the form of a cooperative, where money is not the be-all and end-all. And the great thing is that to get there all we have to do is listen, to the ground beneath us, to the people around us and to the needs of the community. Draw all these together and all kinds of new opportunities will arise, opportunities that increase the sense of belonging, of being part of something, of being included.

I could have taken just about any village to serve as a case study for these ideas but decided on the village where I live. It may be a cliché, but I believe change starts with yourself.

Opleiding Place of education
AAS Tilburg

Studierichting Specialization
stedenbouw urban design

Mentoren Tutors
Foke de Jong, Jan Willem van Kuilenburg, Pieter Feenstra

RON VAN DEN HEUVEL

❷

❶ Bestaande situatie.
Existing situation.

❷ Het nieuwe masterplan voor Megen richt zich op de activatie van de bestaande situatie. Geen rigoreuze ingrepen, maar gerichte interventies. Niet een plan dat 'in beton gegoten' is, maar een plan dat de kansen van een strategie inzichtelijk maakt. Het idee achter het inclusieve dorp is dat niet alleen de ruimtelijke structuur wordt aangepast en het landschap geactiveerd. Het inclusieve dorp zet zich namelijk ook in op het verbinden van mensen en het versterken van de sociale structuur. In Megen betekendt dit dat er verschillende hotspots zijn gepland die bijdragen aan de sociale cohesie.
① multifunctioneel sportpark ② opslag van lokale materialen
③ afzetting van sediment ④ culturele hotspot (kasteeltuin)
⑤ het huis van Megen ⑥ evenementenlocatie
⑦ opnieuw ontworpen straten ⑧ hotel Megen ⑨ dorpsboerderij
⑩ natuurlijk waterfilter ⑪ boomgaard ⑫ boerenerf woningen
⑬ kleinschalige landbouw ⑭ recreatiewater
⑮ waterturbine (powerdocks) ⑯ wateropslag
⑰ voetgangersroute ⑱ afgesloten dijk, nieuwe voetgangersroute
The new master plan for Megen in the province of Noord-Brabant seeks primarily to activate what is already on site with interventions that are targeted without being drastic. This is not a plan 'cast in concrete' but one that visualizes the potentials of a strategy. The idea behind the inclusive village entails more than just adapting the spatial structure and activating the landscape. The inclusive village also seeks to unite people and strengthen the social structure. In Megen this means planning a number of hot spots that can help build social cohesion.
① multi-purpose sports park ② local materials depot ③ sediment deposit
④ cultural hot spot (castle garden) ⑤ House of Megen
⑥ events venue ⑦ redesigned streets ⑧ village hotel ⑨ village farm
⑩ natural water filter ⑪ orchard ⑫ farmyard housing
⑬ small-scale agriculture ⑭ recreational water
⑮ water turbine (power docks) ⑯ natural water reserve
⑰ pedestrian route ⑱ closed off dyke, new pedestrian route

❸

❸
Van een monotoon en overzichtelijk agrarisch landschap, naar een divers waterlandschap dat vraagt om ontdekt te worden. Met functies als wateropslag, -reiniging en -infiltratie.
① natuurlijk waterfilter.
② mogelijkheid voor een short-stay accommodatie aan de route.
③ behoud van de bestaande groenstructuur.
④ nieuwe culturele route over de bestaande dijk (half verhard).
⑤ informele olifantenpaadjes naar andere thematische gebieden.

From a monotonous, easy-to-read agricultural landscape to a variegated water landscape that asks to be explored. Includes facilities for water storage, purification and infiltration.
① natural water filter.
② opportunity for a short stay along the route.
③ retain existing green structures.
④ new cultural route over existing dyke (loose-fill).
⑤ informal 'elephant paths' to other themed areas.

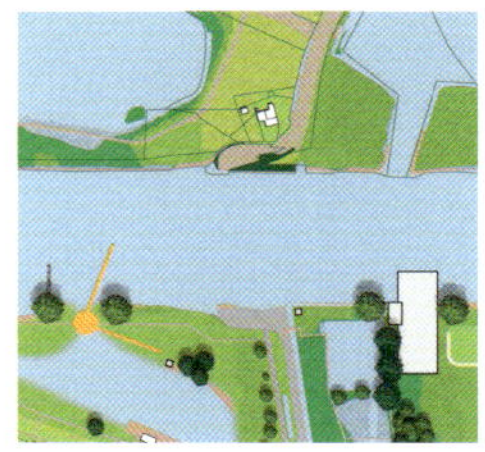

❹

Van een gekanaliseerde Maas, naar een rivier met uitzichtpunten, energieturbines, paaiplaatsen en sediment afzettingen. Een multifunctionele voorziening die op alle vlakken bij kan dragen aan het geluk van het dorp.
① sedimenten / zandbed.
② accenten op het uiteinde van de kribben.
③ industriële zone met opslag en verwerking van lokale materialen. De gevel is gemaakt van lokale materialen en vormt zo een directe link met het landschap.
④ pad voor recreatief gebruik en werkvoertuigen, ongeplaveid in de vorm van een karrespoor.

From a channelled river Maas to a river with observation points, energy turbines, spawning grounds and sediment deposits. A multi-purpose facility that can contribute on all fronts to the villagers' happiness.
① sediments / sand bed.
② objects highlighting the far end of the groynes.
③ industrial zone for the storage and processing of local materials. The facade is made of local materials and thus has a direct link with the landscape.
④ path for recreational use and industrial vehicles, unpaved in the form of a cart track.

❺

Van een vreemde eend in de bijt, naar het facilitair centrum voor het dorp. Door diensten, producten en services gezamenlijk te organiseren, besparen we op de kosten, vergroten we de interactie tussen de bewoners en geven we een nieuwe invulling aan (volgens de bewoners) de minst fraaie plek van het dorp.
① De bestaande karakteristieke gebouwen worden zoveel mogelijk behouden.
② Er worden smalle passages gecreëerd tussen de gebouwen.
③ In sommige gevallen krijgen de bestaande gebouwen een nieuwe look and feel door de gevel te vergroenen.
④ Het vergroenen van de binnenruimten verhoogt de verblijfskwaliteit.

From a local eyesore to a facilities centre for the village. By organizing products and services jointly, we save on costs, increase interaction between residents and redefine what the locals regard as the least attractive part of the village.
① The existing characteristic village buildings are retained wherever possible.
② Narrow passages are created between the buildings.
③ In some cases, the existing buildings get a new look and feel by greening the frontage.
④ Greening the courtyards makes them more attractive places to spend time.

WEGROWCO: AN OPEN BUILDING STRATEGY

Gebaseerd op de open-building filosofie stelt WeGrowCo een stedelijke strategie voor, waarmee het nieuwe Strandeiland te IJburg ontwikkeld wordt tot een volledig circulaire, bio-based en zelfvoorzienende wijk.

Amsterdam heeft de komende jaren 115.000 nieuwe woningen nodig om aan de vraag van de woningmarkt te kunnen voldoen. Van deze nieuwe woningen zijn er 8000 gepland op Strandeiland. Tijdens deze woningcrisis, en de daarbij horende stadsontwikkeling, spelen op dit moment twee grote maatschappelijke problemen: momenteel is de bouwindustrie in Nederland grotendeels afhankelijk van grondstoffen uit bronnen die uitgeput raken. De voorraad materialen is eindig en er zullen circulaire en/of hernieuwbare alternatieven gevonden moeten worden. Ten tweede is er een grote behoefte aan meer collectiviteit in wijken: een derde van de inwoners van Nederlandse wijken geeft aan regelmatig eenzaam te zijn. Dit sociale probleem is zeer versterkt door COVID19, waardoor het gevoel van collectiviteit in het nauw is gedrongen en in veel gevallen plaats heeft gemaakt voor eenzaamheid. Dit plan presenteert een ontwikkelingsstrategie voor Strandeiland die een oplossing kan bieden voor deze sociale en ecologische problematiek.

WeGrowCo onderzoekt hoe de nieuwe wijk vanuit ecologisch en sociaal perspectief, organisch kan groeien. Het is een manifest om zo lokaal mogelijk bouwmaterialen, voedsel, energie en water te telen en oogsten. De belangrijkste focus van de ecologische benadering kan worden samengevat in drie stappen. Als eerste wordt er samen met bewoners en andere stakeholders een bio-based productielijn opgestart, waarin industriële hennep gekweekt wordt met als bijproduct een zeer vruchtbare bodemlaag. Ten tweede wordt de hennep geoogst om bio-based bouwmaterialen en componenten te maken die volledig circulair zijn. Ten slotte wordt er met de hennepcomponenten en de vruchtbare bodemlaag een volledig circulaire, bio-based en zelfvoorzienende wijk gebouwd.

Het sociale doel van WeGrowCo is om bewoners mee te nemen in het ontwerpproces en samen een wijk te ontwerpen waarbij op organische wijze om wordt gegaan met de invulling van bewoners. De wijk moet aanpasbaar zijn voor co-creatie en de bewoners kansen geven om hun eigen invulling van gedeelde ruimten, indeling van woningen en gevels te kiezen. Om dit aanpassingsvermogen te creëren, wordt in het ontwerpproces onderscheid gemaakt tussen Weefsel, Drager en Inbouw, op basis van de open-building filosofie van o.a. John Habraken en Frans van der Werf. Open-building maakt het mogelijk om samen Strandeiland te laten groeien, maken en bouwen. Door WeGrowCo wordt er een sociale gemeenschap gevormd, nog voordat de wijk is gebouwd.

Based on the open building philosophy, WeGrowCo proposes an urban strategy for developing Strandeiland, a new island development at IJburg (Amsterdam), into a fully circular, bio-based and self-sufficient neighbourhood.

Amsterdam needs 115,000 new housing units in the coming years if it is to meet the demands of the housing market. Eight thousand of these are planned on Strandeiland. During this housing crisis, and the urban development attendant on it, we are at present faced with two major social problems. One is that the construction industry in the Netherlands is largely dependant on natural resources that will soon be depleted. The supply of materials is finite and so circular and/or renewable alternatives need to be found. The second problem is that there is a great need for more collectivity in neighbourhoods, with a third of their residents across the Netherlands claiming they often feel lonely. This social issue is seriously exacerbated by COVID-19, which has put the sense of collectivity under intense pressure, in many cases giving way to loneliness. This project presents a development strategy for Strandeiland that can offer a way out of these social and ecological problems.

WeGrowCo explores how the new neighbourhood can grow organically from an ecological and social perspective. It is a manifesto for growing and harvesting building materials, food, energy and water as locally as possible. The main focus of the ecological approach can be summarized in three steps. The first is to set up with future residents and other stakeholders a bio-based production line for growing industrial hemp with an extremely fertile layer of topsoil as a by-product. Next, the hemp will be harvested to make bio-based building materials and components that are fully circular. Lastly, the hemp components and fertile soil will be used to build a fully circular, bio-based and self-sufficient neighbourhood.

The social goal of WeGrowCo is to involve future residents in the design process and together design a neighbourhood where the infill the residents have chosen is organically incorporated. The neighbourhood is to be adaptable for co-creation and give residents the opportunity to choose their own infill of shared spaces, dwelling layouts and facades. To facilitate this adaptability, a distinction is made in the design process between Tissue, Support and Infill, based on the open building philosophy of John Habraken, Frans van der Werf and others. Open building makes it possible to grow, make and build Strandeiland together. WeGrowCo creates a social community even before the neighbourhood has been built.

Opleiding Place of education
TU-Delft

Studierichting Specialization
architectuur architecture

Mentoren Tutors
Mauro Parravicini, Gilbert Koskamp, Mo Smit

JOB VAN DEN HEUVEL

❶

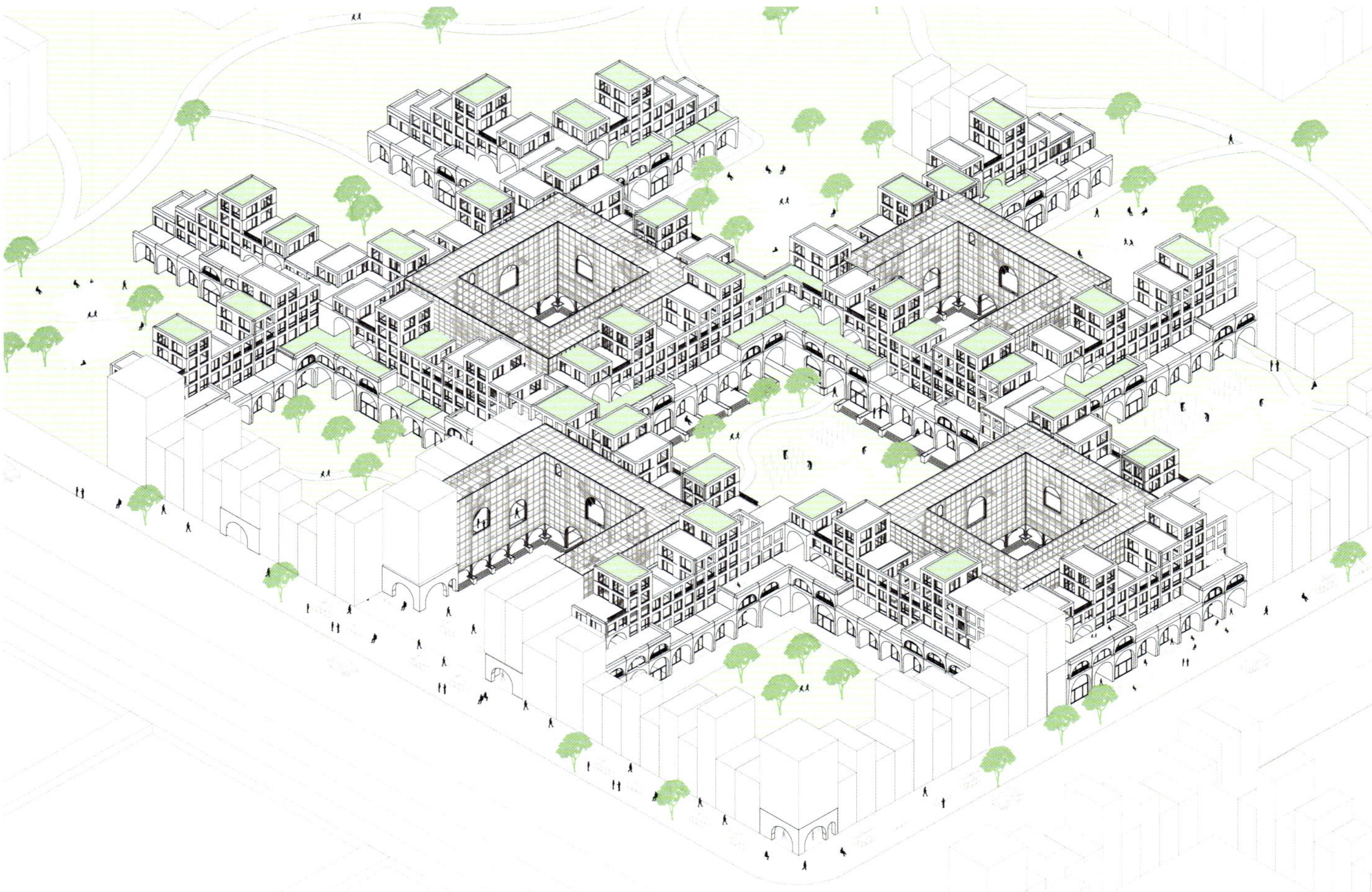

❶ **Isometrie van de WeGrowCo wijk.**
Isometric view of the WeGrowCo neighbourhood.

❷ **De zelfvoorzienende potentie van de tussenruimte. Binnen de gradiënt van openbare tot privéruimten heeft elke tussenruimte zijn eigen potentieel om bij te dragen aan een zelfvoorzienende buurt. WeGrowCo onderzoekt hoe verschillende ontwerpinterventies van sociale tussenruimten ① kunnen bijdragen aan het oogsten van water ②, voedsel ③ en energie ④.**
The self-sufficient potential of in-between space. Within the gradient from public to private spaces, each in-between space has its own potential to contribute to a self-sufficient neighbourhood. WeGrowCo explores how different design interventions in social in-between spaces ① can contribute to the harvesting of water ②, food ③ and energy ④.

❸ **Van biobased productielijn tot wijk. De ecologische benadering is gebaseerd op de hennepteelt. Daartoe worden flexibele houten productiefaciliteiten gebouwd. Wanneer de productie van kalkhennep hoog genoeg is om alle huizen in de buurt te bouwen, transformeren de flexibele productiefaciliteiten in open galerijconstructies die samen toegangshoven creëren voor de toekomstige woningen.**
① Hennepteelt en houten productiefaciliteit.
② Hennep oogst.
③ Faciliteit evolueert tot woonbuurt.
④ De hennepvelden worden getransformeerd tot groenzones
From bio-based production line to neighbourhood. The ecological approach is based on the cultivation of hemp, using flexible wooden production facilities built for this purpose. Once the production of hempcrete is high enough to build all the houses in the neighbourhood, the flexible production facilities will be transformed into open gallery structures that together create entrance courts for the future dwellings.
① Hemp cultivation and wooden production facility.
② Hemp harvest.
③ Facility evolves into residential neighbourhood.
④ Hemp fields are transformed into green zones.

❷

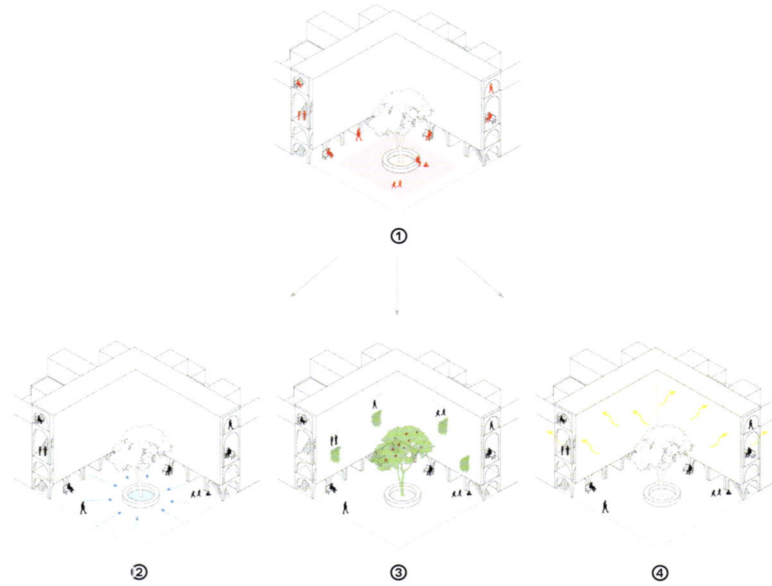

❸

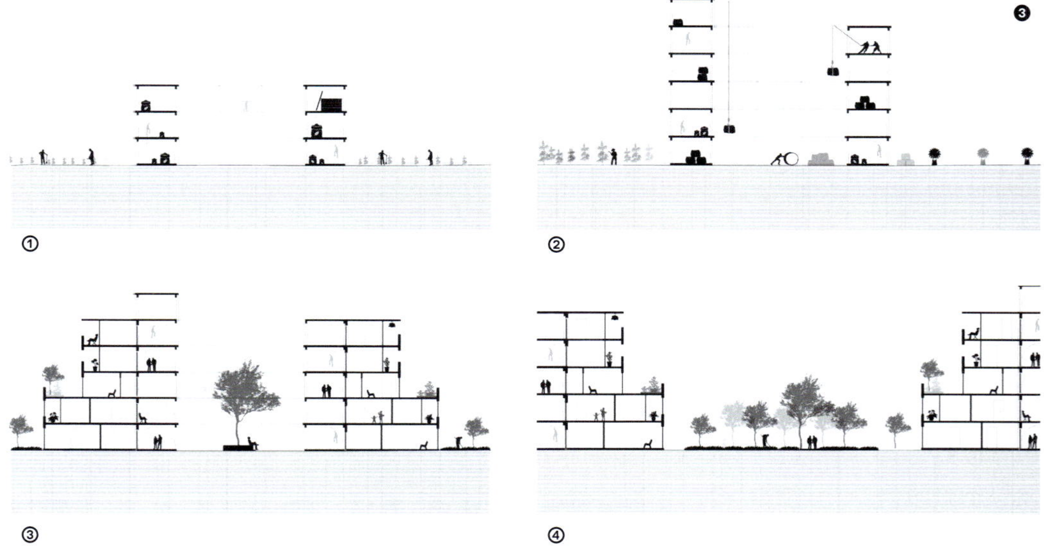

❹ Achterhof.
Rear court.

❺ Isometrisch overzicht ontwerpfasen.
fase ⓪ zones en marges.
fase ① productiefaciliteiten voor industriële hennep
fase ② aanpassing van productiefaciliteiten naar toegangshoven en achterhoven.
fase ③ groepen bewoners en architecten ontwerpen samen de invulling.
fase ④ ontwerp houten drager door de architect.
fase ⑤ ontwerp van de invulling door de bewoners.
Isometric overview of design phases.
phase ⓪ zones and margins.
phase ① production facilities for industrial hemp.
phase ② production facilities adapted into entrance courts and rear courts.
phase ③ groups of residents and architects design the infill together.
phase ④ wooden support designed by the architect.
phase ⑤ infill designed by the residents.

❻ Toegangshof.
Entrance court.

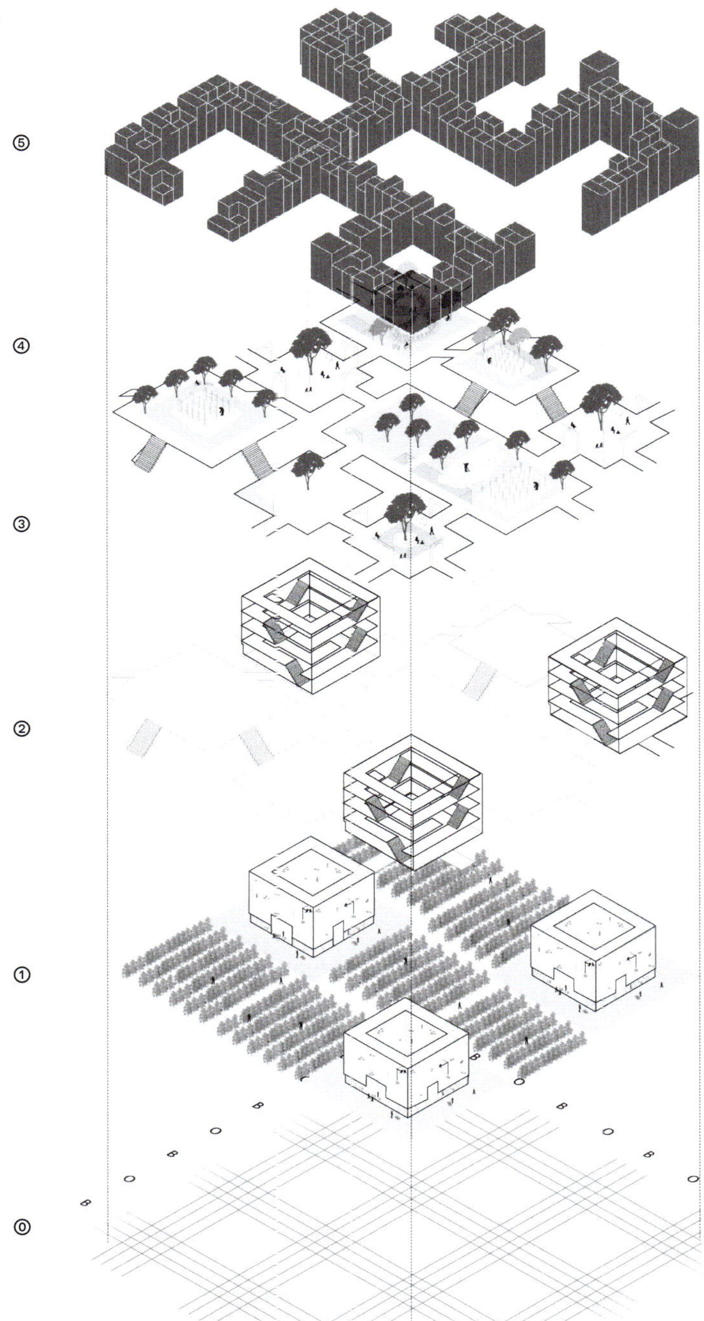

JURYRAPPORT

INZENDVOORWAARDEN

De Nederlandse masteropleidingen met de afstudeerrichtingen architectuur, stedenbouw en landschapsarchitectuur selecteren jaarlijks hun beste afstudeerplannen en sturen die naar Archiprix. Bij wijze van experiment kunnen voor deze editie ook plannen worden ingestuurd door de masteropleidingen interieurarchitectuur, dat was ook voor de editie 2019 en 2020 al het geval. De opleidingen kiezen de plannen conform de inzendvoorwaarden en de selectiecriteria van Archiprix. De inzendvoorwaarden stellen een maximum aan het aantal in te zenden plannen, afhankelijk van de grootte van de betreffende opleiding. Voor Delft is het maximum 9, voor Amsterdam 4, Eindhoven 4, Rotterdam 3, Tilburg 2, Wageningen 2, Arnhem 1, Groningen 1 en Maastricht 1. De zes masteropleidingen interieurarchitectuur kunnen samen drie plannen insturen. Dit betekent een maximaal aantal van dertig plannen. Voor de Archiprix 2021 stuurden de opleidingen het maximale aantal plannen in. Naast formele bepalingen bevatten de inzendvoorwaarden de inhoudelijke criteria die de basis vormen voor zowel de selectie van de plannen door de opleidingen als voor de jurybeoordeling. Verlangd wordt dat het ingezonden plan in ieder geval: een ontwerp of ruimtelijk plan als resultaat heeft; een expliciet geformuleerde probleemstelling als uitgangspunt heeft en een inhoudelijke verantwoording bevat van de wijze waarop het plan, uitgaande van de probleemstelling, tot stand is gekomen. Bij de beoordeling wordt gelet op de volgende elementen: de analyse van de opgave; de conceptuele kracht van het plan; de ruimtelijke kwaliteit van het ontwerp in combinatie met een zorgvuldige inzet van middelen; de verantwoording in beeld en geschrift en de samenhang tussen al deze elementen. Deze samenhang is van belang omdat de inzender daarmee aantoont het totale proces te beheersen waarbij het in de opgave gestelde probleem wordt vertaald naar een passende ruimtelijke oplossing.

JURYSAMENSTELLING

Jaarlijks stelt het bestuur van Archiprix een andere, onafhankelijke jury van deskundigen samen. Omwille van de objectiviteit worden geen personen in de jury opgenomen die direct betrokken zijn geweest bij de totstandkoming van een inzending of die een directe relatie hebben met de ontwerper van een ingezonden plan. De jury heeft als taak om alle deelnemende plannen op hun eigen merites te beoordelen en elk afstudeerplan van een kort inhoudelijk commentaar te voorzien. Daarnaast moet de jury uit de inzendingen de beste plannen selecteren. De jury bestaat uit vijf personen. Vier deskundigen uit de deelnemende vakgebieden en een theoreticus. De samenstelling van de jury die de afstudeerplannen van de Archiprix 2021 beoordeelde is als volgt: **Florian Boer** (stedenbouw), **Jana Crepon** (landschapsarchitectuur), **Joep Esseling** (interieurarchitectuur), **Kirsten Hannema** (theorie) en **Gert Kwekkeboom** (architectuur). De secretaris van de jury is Henk van der Veen i.s.m. Max Rink van Archiprix.

WERKWIJZE

De jury beoordeelde de plannen op 24 februari en 18 maart 2021. Vanwege de coronamaatregelen kon de tentoonstelling van de plannen niet zoals gebruikelijk in Delft opgesteld worden. Dit keer werden de plannen beoordeeld op basis van de online presentatie op de website van Archiprix en pdf's van de afstudeerrapporten. Voorafgaand aan de jurybeoordeling ontving de jury van elk plan een door de ontwerper opgestelde tekst met de essentie van zijn of haar plan. In de periode tussen de beide jurybijeenkomsten zijn de overige toelichtingen en documenten bij de plannen nader bestudeerd. De jury beoordeelde elk plan afzonderlijk op zijn kwaliteiten, uitgaande van de door Archiprix opgestelde criteria zoals die in de inzendvoorwaarden zijn weergegeven.

STATISTIEK

Van de dertig ingediende afstudeerplannen zijn er vijftien met als afstudeerrichting architectuur, een afstudeerder studeerde af op architectuur én stedenbouw, van zes plannen is de afstudeerrichting stedenbouw, van vijf landschapsarchitectuur en drie projecten zijn

CONDITIONS OF ENTRY

Each year the Dutch institutions offering Master's programmes in architecture, urban design and landscape architecture select their best graduation projects and submit them to Archiprix. As an experiment, this year's edition includes projects from institutions offering a Master's in interior architecture, as was also the case in 2019 and 2020. The institutions make their selection in accordance with the conditions of entry and the selection criteria set down by Archiprix. The conditions of entry set a maximum to the number of submitted projects, proportionate to the size of each institution. So for Delft the maximum is 9, for Amsterdam 4, Eindhoven 4, Rotterdam 3, Tilburg 2, Wageningen 2, Arnhem 1, Groningen 1 and Maastricht 1. The six institutions offering Master's programmes in interior architecture can submit three projects between them. This gives a maximum of thirty, and this was the number submitted by the institutions to Archiprix 2021. Besides these formal regulations, the conditions of entry contain the criteria underlying both the selection of projects by the institutions and the adjudication. The quintessential requirements are: that the outcome of the entry is an architectural, urban, landscape or (on this occasion) interior design; that this has an explicitly stated issue or issues as its basic premise and that there is a detailed account of how, working from the above issues, the project was arrived at. When judging the projects the following elements are successively taken into account: the analysis of the brief; the project's conceptual strength; the spatial quality of the design together with a sensitive deployment of resources; an account of the project in words and images and the cohesion enjoyed by all of these elements. This cohesion is of major importance as it serves to demonstrate the entrant's mastery of the entire process insofar as this translates the issue raised by the brief into an appropriate three-dimensional solution.

THE JURY

Each year Archiprix's executive board assembles a new independent jury of experts. In the interests of fairness, no persons directly connected with preparing a submitted project or directly related to a designer of such, may sit on the jury. The jury's task is to assess the projects on their own merits and briefly comment on the substance of each. In addition it has to select the best entries. There are five members of the jury, four experts in the disciplines concerned and a theorist. The line-up of the jury that judged the graduation projects of Archiprix 2021 is as follows: **Florian Boer** (urban design), **Jana Crepon** (landscape architecture), **Joep Esseling** (interior architecture), **Kirsten Hannema** (theory) and **Gert Kwekkeboom** (architecture). Secretary to the jury is Henk van der Veen in association with Max Rink of Archiprix.

ADJUDICATION

The entries were judged on 24 February and 18 March 2021. The COVID-19 restrictions meant that the projects could not be exhibited in Delft as in previous years. This time they were judged on the strength of their online presentation at the Archiprix website and from PDFs of the graduation reports. Before passing judgement the jury received for each project a text composed by the designer giving the essence of his or her entry. The jury studied these explanatory notes and other documents in the period between the two adjudicating sessions. It assessed each project individually in terms of its qualities, proceeding from the criteria established by Archiprix and stated in the conditions of entry.

STATISTICS

Of the thirty submitted projects fifteen are by students graduating in architecture. One entrant graduated in both architecture and urban design. Six entries have urban design as the main subject, five have landscape architecture and three are by students graduating in interior architecture. Twenty-two projects are located abroad (a new record) and eight in the Netherlands. Urban design and landscape architecture have never been so well represented as in this edition.

JURY REPORT

ontworpen door deelnemers die afstudeerden in de interieurarchitectuur. Tweeëntwintig projecten hebben een buitenlandse locatie, er zijn 8 plannen voor een Nederlandse locatie. Ten opzichte van voorgaande edities is het aantal plannen voor buitenlandse locaties gegroeid tot een recordhoogte. Ook het aandeel van de stedenbouw en landschapsarchitectuurplannen was nog nooit zo groot.

ALGEMENE OPMERKINGEN

De jury signaleerde een aantal meer algemene trends waarvan hieronder kort verslag wordt gedaan. Ze is gevraagd om vanuit haar positie in de beroepspraktijk te reflecteren op de selectie van de beste afstudeerplannen van het afgelopen onderwijsjaar. Deze notities zijn dan ook vooral bedoeld voor de opleidingen. Ze zijn te lezen als kritische opmerkingen met betrekking tot de staat van het onderwijs en de focus van de opleidingen. Maar er zitten ook gewoon trends tussen die opvallen zonder daar meteen een waardeoordeel aan te verbinden.

MAATSCHAPPELIJKE BETROKKENHEID

Het merendeel van de plannen betreft relevante maatschappelijke opgaven. Verschillende plannen dragen inspirerende benaderingen aan voor het bij elkaar brengen van verschillende bevolkingsgroepen en het versterken van de gemeenschap van bewoners. De uitwerking is veelal fijngevoelig, de mens staat centraal. Begrijpelijkerwijs vinden we deze benadering vooral bij de architectuur- en interieurarchitectuurplannen, maar ook bijna de helft van de stedenbouwplannen heeft een sterke sociaalmaatschappelijke agenda.

KLIMAAT

Bijna de helft van de plannen gaat in op de klimaatopgave waarbij de zeespiegelstijging en de energietransitie de hoofdrol spelen. Dat geldt voor alle vijf landschapsarchitectuurplannen, vier van de zeven stedenbouwplannen en enkele architectuurplannen.

VERBEELDINGSKRACHT

De presentatie van de plannen is bij alle disciplines indrukwekkend. Het beeldmateriaal waaronder veel handtekenwerk geeft blijk van de doorleefdheid van het werk. Er is geen sprake van letterlijke artist impressions, het zijn beelden die proberen de kijker te verleiden en mee te nemen in de beleving en de sfeer van een plek.

VERNIEUWING

Over de hele linie ziet de jury veel optimisme en sprankelende, nieuwe wegen. De meeste plannen hebben betrekking op urgente opgaven die binnen langere of kortere termijn om ruimtelijke oplossingen vragen. De afstudeerders van deze lichting dragen daarvoor veel relevante vernieuwende ideeën aan. Sommige plannen openen binnen hun vakgebied totaal nieuwe perspectieven, andere leveren een concrete bijdrage aan een lokaal spelende opgave. Waar de plannen een substantiële bijdrage kunnen leveren aan de ideevorming of de concrete uitwerking van de opgave, hebben de ontwerpers zich tijdens het afstuderen grondig verdiept in de achtergronden, de problematiek en de mogelijke oplossingsrichtingen van hun afstudeerplan. Zij zijn bij uitstek de ontwerpers die hun kennis kunnen inzetten voor de vernieuwing van de beroepspraktijk.

BUITENLANDSE LOCATIES EN DEELNEMERS

Driekwart van de afstudeerplannen heeft een buitenlandse locatie. Dat betekent dat de agendering van de Archiprix Nederland zich vooral afspeelt buiten de landsgrenzen. Er zit een aantal zeer interessante aspecten aan dit fenomeen. Zo is het waardevol dat Nederlandse kennis kan bijdragen aan de kwaliteit van ontwerpvoorstellen in het buitenland. Dat leidt tot een aantal zeer inspirerende plannen. Zo leidt de strategie waarmee Nederland omgaat met de waterproblematiek, door te ontwerpen met water in plaats van tegen het water, tot een geheel nieuwe benadering van de problematiek van bosbranden in het plan A Fire-Scape, datzelfde zien we ook terug in plannen als Re-assembling Semarang City voor het omgaan met de stijgende zeespiegel in Indonesië en het plan Architectures in Motion waarbij een langjarige samenwerking van de TU-Delft met Ethiopië leidt tot een bijzonder inspirerend woningbouwplan waar de Delftse expertise op het gebied van sociale woningbouw wordt gecombineerd met specifieke lokale kennis. Een tweede aspect is gelegen in het feit dat er niet alleen veel buitenlandse locaties zijn, er zijn ook veel buitenlandse afstudeerders. Enkele buitenlandse deelnemers kozen hun afstudeeronderwerp in het land waar ze vandaan komen, wonen, of (willen gaan) werken. Ook in

GENERAL REMARKS

The jury identified a number of more general trends outlined below. Its members were requested to reflect, from their position in professional practice, on the selection of the best student design projects of the past academic year. So these remarks are mainly for the benefit of the institutions concerned. There are to be read as critical comments on the state of education and the focus of the institutions. The jury also identified mainstream trends among the projects that stand out without necessarily eliciting a value judgement.

SOCIAL ENGAGEMENT

The majority of the projects address relevant social briefs. A number take inspirational approaches to bringing together different segments of the population and strengthening the sense of community. Many are worked up with great sensitivity, placing humankind at the centre. Understandably, this approach is most evident among the entries in architecture and interior architecture, yet almost half the urban design projects have a strong social component.

CLIMATE

Almost half the projects address climate change, with sea level rise and the energy transition to the fore. This holds for all five projects in landscape architecture, four of the seven in urban design and certain architecture projects.

IMAGINATION

The presentation of projects in all disciplines is impressive. The visual material, which includes much freehand drawing, is indicative of the graduates' depth of involvement in their work. These are no literal artist's impressions but images that seek to draw the spectator into the perception and ambience of a place.

INNOVATION

Taking the entries as a whole, the jury discerns an abundance of optimism and exhilarating new avenues. Most projects relate to urgent briefs calling for spatial solutions in the long or short term. This year's Archiprix graduates propose many relevant innovative ideas on the subject. Some projects open up entirely new perspectives, others make a workable contribution to a locally important brief. In cases where projects can substantially benefit the conception or actualization of the brief, the designers have thoroughly familiarized themselves with the underlying factors, the issues involved and the possible ways forward. The knowledge possessed by these designers is just what is needed to breathe new life into the practice of their profession.

FOREIGN SITES AND ENTRANTS

Three-quarters of this year's projects are located abroad. This means that the agenda of this Dutch edition of Archiprix is largely played out beyond the national borders. There are several extremely interesting aspects to this phenomenon. It is of great value that Dutch knowledge can make a difference to the quality of design proposals abroad, the result being a number of highly inspirational projects. For example, the Dutch strategy of dealing with water issues by designing with water instead of fighting it opens up a new approach to the problem of forest fires in the project A Fire-Scape. We see this strategy return in projects like Re-assembling Semarang City, on living with the rising sea level in Indonesia, and Architectures in Motion, where a long-term collaboration between TU-Delft and Ethiopia has produced an exceptionally inspirational housing project that combines Delft expertise in social housing with specific local knowledge. A second aspect resides in the fact that not only are there many foreign sites but also many foreign graduates. A few of these chose to site their graduation design in their country of origin or residence or where they work, or plan to work. In these cases too, the jury identifies a drive to stimulate innovation and a most inspirational exchange of knowledge and experience.

DESIGN AND RESEARCH

The jury was made aware of a profoundly academic approach, particularly among the university projects. This is often expressed in voluminous reports full of excellent research that is to underpin the design. In academic education, it must be proved in logical steps that the designed solutions actually work. Education at the architecture academies seems more focused on the personal development of the designer. Whenever theoretical underpinning is called for, this leads in some cases to a desire to make the design objective in the extreme. This is a dangerous trend as it can mean a lack of explicit choices on

deze gevallen is sprake van het stimuleren van vernieuwing en van een uitermate inspirerende uitwisseling van kennis en ervaring.

ONTWERP EN ONDERZOEK

De jury ziet, vooral bij de afstudeerplannen van de universiteiten, een sterk wetenschappelijke benadering. Die komt onder meer tot uitdrukking in de vuistdikke rapporten met uitstekend onderzoek dat het ontwerp moet onderbouwen. In het academisch onderwijs moet logischerwijs bewezen worden dat de ontworpen oplossingen werken. Het onderwijs bij de academies van bouwkunst lijkt meer gericht te zijn op de persoonlijke ontwikkeling van de ontwerper. Waar de eis tot onderbouwing belangrijk is, leidt deze in een aantal gevallen tot het volstrekt objectiveerbaar willen maken van het ontwerp. Dat is een gevaarlijke trend omdat die er toe kan leiden dat een ontwerper geen expliciete keuzes maakt, terwijl dat uiterst belangrijk is. De ontwerper onderscheidt zich van de onderzoeker omdat dat hij/zij uiteindelijk keuzes maakt op basis van de conclusies van onderzoek. Veel opgaven zijn erg complex. De ontwerpers van sommige plannen zien die complexiteit wel onder ogen maar trekken geen conclusies. Het is belangrijk voor de kwaliteit van een plan en voor de presentatie ervan dat de ontwerper het onderzoek helder samenvat en van daaruit de keuzes motiveert die bepalend zijn voor het concept en de uitwerking van het ontwerp.

LANDSCHAPSARCHITECTUUR

Bij de landschapsarchitectuur zitten de echt vernieuwende plannen van deze editie: Het Doggersland en A Fire-Scape. Deze plannen presenteren elk een heel nieuwe benadering en ze boren binnen het vakgebied een heel nieuw terrein aan. A Fire-Scape ontwerpt met vuur en draagt strategieën aan waarmee bosbranden gecontroleerd plaatsvinden en bijdragen aan de kwaliteit van het landschap. Bij Het Doggersland wordt een onderwaterlandschap ontworpen voor de zeebewoners, niet de mens staat centraal maar de vissen en schelpdieren. Beide plannen introduceren een compleet nieuwe dimensie waarmee een heel nieuw en enthousiasmerend perspectief voor het vakgebied wordt geopend. Daarnaast wordt binnen deze discipline een problematische trend, de plaatsing van windmolens en zonneparken, gebruikt om de ecologische kwaliteit te verbeteren. Bij Het Doggersland gaat het om windmolens op zee en bij Solarchipelago om de kwaliteit van het IJmeer.

INTERIEURARCHITECTUUR.

De masteropleidingen interieurarchitectuur zijn nog betrekkelijk kort als zodanig actief. In de beroepspraktijk spelen interieurarchitecten onder andere een verbindende rol tussen de gebruiker, uitvoerende partij en/of de architect. Binnen de context van Archiprix zouden de afstudeerplannen een eigen plek kunnen innemen en zich onderscheiden op ruimtelijke beleving, oog voor detail, tactiliteit en materiaalgebruik. Dat is nu nog niet heel zichtbaar. In de keuze van de opgave zijn er wel enkele beloftevolle aanzetten van een eigen positionering, maar bij het ruimtelijk ontwerp vallen de plannen door de mand bij het integraal verbinden van de randvoorwaarden naar een ruimtelijk ontwerp.

STEDENBOUW

Het afstudeerwerk vanuit deze discipline is zonder uitzondering van hoge kwaliteit. Opmerkelijk is dat in het merendeel van de stedenbouwplannen de landschappelijke component een belangrijke rol speelt. Dat geldt bij uitstek voor het stedenbouwplan Synchronizing Habitat, inhoudelijk een zeer goed plan. Het is jammer dat de presentatie de kwaliteiten niet goed weet over te brengen. In dat opzicht zou de stedenbouw wat kunnen leren van de landschapsarchitectuurplannen die een vergelijkbare complexiteit helderder presenteren. Een uitzondering is het plan Test#1: The Island, dat juist de verleidelijkheid van de presentatie inzet om het ontwerp over het voetlicht te brengen. Waar de landschapsarchitectuur in deze editie in staat is om nieuwe territoria te verkennen, blijft de stedenbouw een beetje dichter bij huis, in vergelijking zijn die plannen wat minder oorspronkelijk. Het feit dat de stedenbouwplannen iets meer in de engineering-traditie landen is overigens een grote pre, want deze supergoede engineering is in de praktijk broodnodig!

Interessant is dat de stedenbouw plannen zich nauwelijks meer beperken tot de vormgeving van volumes en ruimtelijke verhoudingen, maar juist heel sterk tegen de engineering aan kruipen. In die zin zou je kunnen constateren dat de polytechnische traditie van de stedenbouw die zijn oorsprong vindt bij de (militair) ingenieurs momenteel de overhand heeft ten opzichte van de beaux-art traditie van de stad

the part of the designer, when making such choices is extremely important. This separates designers from researchers, in that the former ultimately make decisions based on the findings of their research. Many briefs are extremely complex. The designers of some projects acknowledge this complexity but refrain from drawing conclusions. It is important for the quality of a project and for its presentation that the designer clearly summarizes the research, and from that position makes the choices that are defining for the design's concept and elaboration.

LANDSCAPE ARCHITECTURE

It is in landscape architecture that the truly cutting-edge projects of this edition can be found. Doggerland and A Fire-Scape each present a wholly new approach and open up an entirely new perspective within the discipline. A Fire-Scape designs with fire, furnishing strategies that enable controlled burns that contribute to the quality of the landscape. In Doggerland, the entrant has designed an underwater landscape where fish and invertebrates come first. Both projects introduce a completely new dimension, opening up an entirely new and energizing perspective for the discipline. Additionally, it is landscape architecture entries that use the problematic issue of placing wind turbines and solar farms to enhance ecological quality, such as the wind turbines at sea in Doggerland and the solar farms on the waters of IJmeer in Solarchipelago.

INTERIOR ARCHITECTURE

Master's programmes in interior architecture have been active as such for only a short time. The role interior architects play in professional practice is that of uniting the user, the executive body and/or the architect. Within the context of Archiprix, the graduation projects should occupy a position that distinguishes them in terms of spatial perception, an eye for detail, tactility and the handling of materials. This is still only partially evident. If the choice of brief gives a few promising steps towards such a position, the projects fall short when it comes to tying together the preconditions necessary to produce a spatial design.

URBAN DESIGN

Each and every project in this discipline is of a high quality. Remarkably, the majority of the urban design projects have a key landscape component. This is best exemplified by Synchronizing Habitat, conceptually an excellent project. Regrettably, its presentation fails to convey its qualities to full effect. In that respect, urban design could learn from the landscape architecture projects, which present a comparable complexity with greater lucidity. One exception is Test#1: The Island, which uses the seductiveness of the presentation to focus attention on the design. Whereas the landscape architecture in this edition is capable of blazing new trails, urban design stays slightly closer to home, so that those projects are a little less original in comparison. On the other hand, the fact that the urban design projects are more embedded in the engineering tradition is a major point in their favour, as such top-quality engineering is needed more than ever these days.

It is interesting that these urban design projects are scarcely ever limited to designing volumes and spatial proportions and instead lean heavily on engineering. In that sense, you could conclude that the polytechnical tradition of urban design originating with military and civil engineers has at present gained the upper hand over the Beaux-Arts tradition of the city as a unified spatial entity. This state of affairs may also be evoked by the briefs the students set themselves; these mostly relate to the functioning (or dysfunctioning) of systems. To design in this area, these systems first need to be understood and luckily the current batch of designers takes this very seriously indeed.

ARCHITECTURE

Architecture accounts for 15 of the 30 entries, making it the biggest category. It has also yielded both recipients of a second prize. Poku Oso processes a unique perception of sound, whereas Power, Dreams, and Indifference explores the power of architecture in facilitating social integration. Architecture is also the discipline with the widest diversity, although there are a few general trends to discover. For example, there is the all-pervading sense of needing to operate within an existing context; the genius loci is important. Often the jury sees a balanced approach that appeals to the social context rather than just the spatial context. A positive aspect is that many projects are devised with the community in mind, many calling for subtle, restrained interventions in the city. This also translates into the often vernacular style of the design. The megalomaniac Utopian projects we saw much more

als ruimtelijke totaalcompositie. Dat wordt waarschijnlijk ook opgeroepen door de opgaven die de studenten zichzelf stellen; deze zijn veelal gerelateerd aan het (dis)functioneren van systemen. Om hier aan te ontwerpen moeten deze systemen eerst begrepen worden en dat neemt de huidige lichting ontwerpers (gelukkig) ook erg serieus.

ARCHITECTUUR

Met 15 van de 30 inzendingen vormt de architectuur de grootste categorie. De beide winnaars van een tweede prijs komen uit deze categorie. Poku Oso verwerkt een unieke geluidsbeleving in het plan terwijl Power, Dreams, and Indifference de kracht van architectuur ten behoeve van de sociale integratie exploreert. Binnen de discipline van de architectuur is de diversiteit het grootst, toch zijn er wel een aantal algemene trends te ontdekken. Zo overheerst het besef dat er binnen een bestaande context geopereerd moet worden, de genius loci is belangrijk. Vaak is er sprake van een evenwichtige aanpak waarbij niet alleen de ruimtelijke context wordt betrokken maar juist ook de sociale. Positief is dat bij veel plannen vanuit de gemeenschap wordt gedacht. Subtiel, terughoudend ingrijpen in de stad is bij veel plannen aan de orde. Dat vertaalt zich ook in de vaak vernaculaire stijl van het ontwerp. De megalomane, utopische plannen die we in het verleden veel meer zagen zijn nu ver in de minderheid. Het is interessant dat het menselijk perspectief sterk aanwezig is. Er is veel aandacht voor sensorische, belevingsgerichte aspecten. Het technische aspect komt wat meer op de achtergrond. Dat geeft te denken over de toekomst van de beroepspraktijk, zijn architecten straks meer handtekenaars en minder ingenieurs of schrijvers? Qua opgaven is er relatief weinig aandacht voor woningbouw, een bijzonder voorbeeld is het plan Architectures in Motion een compleet en gelaagd ontwerp voor de verdichting van Addis Abeba. Een ander interessant woningplan is WeGroCo voor een volledig circulaire woonwijk waarbij de bewoners al in een vroeg stadium betrokken worden zodat er vanaf het begin gewerkt wordt aan de gemeenschap van de bewoners.

PRIJZEN EN VERMELDINGEN

De jury kent twee eerste prijzen en twee tweede prijzen toe. De eerste prijzen worden toegekend aan twee landschapsarchitectuurplannen die elk een spectaculaire nieuwe benadering in het vakgebied introduceren. Beide tweede prijzen gaan naar architectuurinzendingen. Ze paren een grote gevoeligheid voor de lokale context aan een eigen interpretatie van de bestaande lokale architectuur in een consistent en ver uitgewerkt ontwerp.

GEDEELDE EERSTE PRIJS
(IN ALFABETISCHE VOLGORDE)

Het Doggersland, de kraamkamer van de Noordzee, ontworpen door: **Ziega van den Berk**, AvB Amsterdam (landschapsarchitectuur)

Het plan geeft een hele nieuwe dimensie aan het ontwerp van windparken op zee door de opgave te koppelen aan de natuurontwikkeling van de zeebodem. Met de ogen van het zeeleven wordt gekeken naar de ingrediënten van het windpark en wordt onderzocht hoe die ingezet kunnen worden ten behoeve van de kwaliteit van de onderwaterhabitat.

A Fire-Scape, ontworpen door: **Hanna Prinssen**, AvB Amsterdam (landschapsarchitectuur)

Baanbrekend landschapsarchitectonisch ontwerp voor het omgaan met vuur in de natuur. Naar analogie van de Nederlandse strijd tegen het water die is veranderd in een strategie van ontwerpen mét het water, wordt in dit plan voor het eerst ontworpen mét vuur.

GEDEELDE TWEEDE PRIJS
(IN ALFABETISCHE VOLGORDE)

Poku Oso | Conservatorium Suriname, ontworpen door: **Lindsey van de Wetering**, AvB Amsterdam (architectuur)

De muziekgebouwen die samen het conservatorium vormen functioneren ook zelf als muziekinstrument. Deze architectuur van het geluid leidt tot een hele nieuwe, oorspronkelijke expressie. Sociale cultuur, biodiversiteit en architectuur versmelten in één nieuw geheel.

Power, Dreams, and Indifference. Architectural Means in a Young Kosovo, ontworpen door: **Annebé Brouwer**, TU-Delft (architectuur)

Het project adresseert een urgent thema en wordt bijzonder serieus opgepakt en op overtuigende wijze uitgewerkt. Het plan is bedoeld om jongeren met elkaar in contact te brengen en ze naast een eigen plek aanknopingspunten te bieden voor participatie in de samenleving.

often in the past are now few and far between. It is interesting that the human perspective is heavily present, with a finer focus on sensory and perceptional aspects. The technical side has shifted more into the background, which causes the jury to ponder the future of the architect's practice: will architects soon be closer to artists than to engineers or writers? There are relatively few briefs that address housing, a major exception being Architectures in Motion, a fully formed and layered design to densify Addis Ababa. Another interesting housing project is WeGroCo for a fully circular neighbourhood whose future residents are involved at an early stage, so that building a community is a key consideration from day one.

PRIZES AND MENTIONS

The jury has awarded two first prizes and two second prizes. The first prizes are awarded to two landscape architecture projects, both of which introduce a spectacular new strategy to their field of study. Both second prizes go to architecture entries. These combine a great sensitivity to the local context with an original interpretation of existing local architecture in designs that are consistent and at an advanced stage of development.

SHARED FIRST PRIZE
(IN ALPHABETICAL ORDER)

Doggerland, the Breeding Ground of the North Sea, designed by **Ziega van den Berk**, AvB Amsterdam (landscape architecture)

The project adds a whole new dimension to the design of wind farms at sea by hitching the brief to nature development on the seabed. Looked at through the eyes of the marine life, the project examines the ingredients of the wind farm and explores ways of using these to further the quality of the underwater habitat.

A Fire-Scape, designed by **Hanna Prinssen**, AvB Amsterdam (landscape architecture)

This pioneering landscape architectural design is about dealing with fire in the landscape. Adopting the analogy of the Dutch struggle against the water, now changed into a strategy of designing with the water, this project is the first to design with fire rather than fighting it.

SHARED SECOND PRIZE
(IN ALPHABETICAL ORDER)

Poku Oso | Conservatorium Suriname, designed by **Lindsey van de Wetering**, AvB Amsterdam (architecture)

The music buildings together comprising the conservatory function as musical instruments themselves. This architecture of sound ushers in a wholly new and original form of expression. Social culture, biodiversity and architecture blend together into a new unified whole.

Power, Dreams, and Indifference. Architectural Means in a Young Kosovo, designed by **Annebé Brouwer**, TU-Delft (architecture)

The project addresses an urgent theme and is fleshed out very seriously and with great conviction. It seeks to bring young people together, giving them a place of their own as well as providing a framework that is to encourage them to get involved in the community.

A Core for Diversity – Giorgia Castelli
TU-Eindhoven (architectuur / architecture)

p.

Het afstudeerontwerp beoogt een 'common ground' te scheppen waar de verschillende bewonersgroepen van de multiculturele wijk Sint-Joost-ten-Noode in Brussel elkaar kunnen treffen. De ontworpen openbare ruimte moet de lokale integratie van migranten bevorderen. Daarmee snijdt het plan een urgent probleem aan. Dit afstudeerplan omvat een groot en ambitieus onderzoek naar de potentie van de openbare ruimte voor het samenbrengen van verschillende bewonersgroepen. Het is interessant dat het grootschalige probleem wordt uitgewerkt in een kleinschalig binnenterrein van een bouwblok. Door de potentie van de achterkant te ontwikkelen maakt de ontwerper een trefzekere keuze, de informele sfeer draagt bij aan het beoogde doel om individuen met een verschillende achtergrond bij elkaar te brengen. Daartoe wordt een gebalanceerde mix aan functies in het binnenterrein gehuisvest die een breed en gevarieerd publiek bedienen. De architectonische uitwerking blijft wat schematisch. Er wordt terecht niet gestreefd naar een monumentaal beeld, maar de reactie op de bestaande plek is minder sterk. De ruimtelijke kwaliteit als potentieel voor ontmoeting blijft achter. Wel is de ruimtelijke uitwerking in zijn hoofdopzet, waaronder de aard en de ordening van het programma, trefzeker.

This project seeks to create a common ground where the different population groups of the multicultural municipality of Saint-Josse-ten-Noode in Brussels can come together. The designed public space is to advance the local integration of migrants, thereby addressing an urgent problem. The project is informed by an exhaustive and ambitious study into the potential of public space to bring together different segments of the population. What is interesting is that this large-scale issue is tackled in a small courtyard of a city block. Its designer has chosen well to develop the rear of the block, as the informal ambience contributes to the intended purpose of bringing together individuals from different backgrounds. A balanced mix of functions housed in the courtyard caters to a wide and varied spectrum of residents. Architecturally, the project remains somewhat sketchy. The designer is justified in not going for a monumental image, but the response to the site in question is less felicitous. The spatial quality as a potential for encounter is also below par. That being said, the overall spatial development, including the nature and organization of the programme, is right on target.

A Fire-Scape – Hanna Prinssen
AvB Amsterdam (landschapsarchitectuur / landscape architecture)

p. ⑨

Baanbrekend landschapsarchitectonisch ontwerp voor het omgaan met vuur in de natuur. Het plan presenteert een regionale strategie voor de aanpak van het toenemende gevaar voor bosbranden in het Sierra Nevada gebergte in California. Door de klimaatverandering zullen natuurbranden wereldwijd toenemen, het onderwerp is dan ook super actueel en heeft een mondiale relevantie. In een zeer uitgebreid onderzoek komen alle relevante aspecten van het onderwerp aan bod waardoor het onderzoek op zich al zeer waardevol is voor partijen die met de problematiek bezig zijn. Het ontwerp is bijzonder inspirerend. Naar analogie van de Nederlandse strijd tegen het water die is veranderd in een strategie van ontwerpen mét het water, wordt in dit plan voor het eerst ontworpen mét vuur. In het ontwerp worden verschillende typisch Nederlandse middelen, zoals de dijk, ingezet en wordt er ruimte gegeven aan vuur waar de natuur ook weer rijker van wordt. Het plan is compleet en gedegen. Het bestrijkt alle relevante aspecten, naast de ruimtelijke, is er ook aandacht voor de economische kant. De presentatie is fraai en inzichtelijk. Het schitterende plan is een overtuigend voorbeeld van hoe je bossen beheert en hoe je niet alleen een mooi, rijk en veilig landschap maakt, maar ook hoe je de natuur verbetert.

This pioneering landscape architectural design is about dealing with fire in the landscape. It presents a regional strategy for addressing the increasing danger of forest fires in the Sierra Nevada mountain range in California. Climate change is expected to increase the risk of fire worldwide, so the subject is bang up to date and has global relevance. The designer's exhaustive study brings to light all the relevant aspects, which makes it extremely valuable for all parties faced with the issues of living with fire. The design is inspirational in the extreme. Adopting the analogy of the Dutch struggle against the water, since changed into a strategy of designing with the water, this project is the first to design with fire instead of fighting it. The design assembles a number of typically Dutch resources, such as dykes, and makes space for fire in a way that enables nature to diversify again. This complete and well-grounded project addresses all other relevant aspects besides the spatial ones, including the economic side of the equation. The presentation is very fine and accessible. This magnificent project is a convincing example of how to manage forests, how to create a beautiful, rich and safe landscape and how to improve our natural surroundings.

Architecture of Synergy – Mohammed M. Khalilinejad
AAS Tilburg (architectuur / architecture)

p. ⑬

Het onderwerp van dit afstudeerplan is de transformatie van het iconische sociaalwoningbouwproject de Robin Hood Gardens in London dat in de jaren 60 werd ontworpen door Alison en Peter Smithson. Momenteel is de helft van het complex gesloopt om plaats te maken

This project addresses the transformation of the iconic Robin Hood Gardens social housing project in London, designed in the 1960s by Alison and Peter Smithson. By now, half the complex has been demolished to make way for new build in greater densities and for the more

voor nieuwbouw in hogere dichtheden en voor meer welgestelde bewoners. Dit afstudeerplan presenteert een andere optie voor het resterende deel van het complex. Het is de bedoeling om op basis van de bestaande kwaliteiten en voor de huidige bewoners een diverse, vriendelijke, betaalbare woon- werkomgeving te realiseren. De sympathieke insteek is gebaseerd op een uitgebreid onderzoek naar de oorspronkelijke idealen van het project en de oorzaken van de teloorgang. Het plan moet de bestaande community intact houden door middel van een gelaagde, gefaseerde aanpak. Het resterende deel van het oorspronkelijke complex wordt opgenomen in het nieuwe plan. Een omvangrijk bouwdeel wordt tegen de oostkant van het bestaande volume aangebouwd. Er is een groot publiek interieur tussen beide bouwdelen ontworpen. Het plan voorziet ook in een groenstructuur en de aansluiting op de stedelijke infrastructuur. De intenties en de gevolgde strategie zijn prima. De architectonische taal heeft geen navolgbare relatie met de context en mist de samenhang die nodig is om als oplossing echt te kunnen overtuigen.

well-to-do homeowners. This project presents another option for the remaining portion of the complex. The intention is to realize for the current residents a diverse, friendly and affordable live-work environment based on the qualities already on site. The sympathetic course of action is rooted in an extensive study into the original ideals of the Smithsons' project and the causes of its demise. A layered approach in phases is to keep the existing community intact. The remaining part of the original complex has been incorporated in the new plan. A sizeable volume has been placed against the east side of the existing one, with a large public interior designed between the two volumes. The project adds a green structure and makes the connection with the urban infrastructure. The intentions and the pursued strategy are fine. Regrettably, the architectural language bears no discernible relationship to the context and lacks the cohesion necessary for the solution to be truly convincing.

Architectures in Motion: Reconfiguring Addis Ababa's Narratives — Antonio Paoletti
TU-Delft (architectuur / architecture)

p. 16

Het rijke plan exploreert een groot aantal aspecten van een actuele, relevante opgave en biedt een serieus en uitermate sterk alternatief voor de gangbare praktijk van de stadsvernieuwing in Addis Abeba. De ontwerper zoekt naar een methode om zowel het fysieke erfgoed, als de geschiedenis en de verhalen van de bewoners te verwerken in het ontwerp. Hij wil bij de verdichting van de stad de culturele identiteit behouden door een inclusieve stad te bouwen en slaagt daarin op overtuigende wijze.

De verdichting van snelgroeiende Afrikaanse steden wordt gerealiseerd door de sloop van bestaande wijken gevolgd door goedkope nieuwbouw, voor de oorspronkelijke bewoners is geen plaats. Architectures in Motion biedt een serieus alternatief voor deze strategie van de 'tabula rasa' met die van de 'tabula scripta'. Daartoe duikt de ontwerper diep in de problematiek van de snelgroeiende stad en bestudeert daarbij een breed scala aan aspecten waaronder naast de architectuur ook immateriële zaken, gentrificatie, cultuur. Binnen het plan krijgen vervolgens al deze aspecten een plaats. Het ver uitgewerkte ontwerp ontwikkelt een morfologische typologie die ruimte biedt aan de veelkleurige levenswijze van de bewoners en hun narratieven. Het plan gaat dan ook over sociale contacten, co-creatie en gevoel voor community. Dit aspect wordt op aantrekkelijke en overtuigende wijze verbeeld in de vorm van een graphic novel. Vanuit een betrokken ontwerphouding van de eindeloos geïnteresseerde ontwerper wordt een compleet plan tot in de technische details uitgewerkt dat de betrokkenen een geloofwaardig kader biedt voor de ontwikkeling van hun woonomgeving.

This lavish project explores a great many aspects of a current and relevant brief and offers a serious and exceptionally strong alternative to the current practice of urban renewal in Addis Ababa. Its designer sought a method to incorporate the physical heritage, the history and the narratives of the residents in the design. While densifying the city, he wishes to retain its cultural identity by building an inclusive city and succeeds admirably.

Ordinarily, Africa's fast-growing cities are densified by demolishing existing neighbourhoods and replacing them with cheap new build, with no place for the original residents. Architectures in Motion offers a serious alternative to this strategy of tabula rasa with one that values the existing urban and social fabric ('tabula scripta'). To this end, the designer thoroughly familiarized himself with the problems of the rapidly growing city, examining a broad range of aspects besides architecture that include non-material matters, gentrification and culture. All these aspects were then given a place in the project. The well worked-up design develops a morphological typology that makes room for the multi-coloured lifestyle of the residents and their narratives. Thus, the project is about social contact, co-creation and sense of community. This aspect is expressed attractively and convincingly in the form of a graphic novel. The entrant's committed design attitude and boundless enthusiasm have produced a complete project worked up in every technical detail that gives those involved a credible framework within which to develop their residential environment.

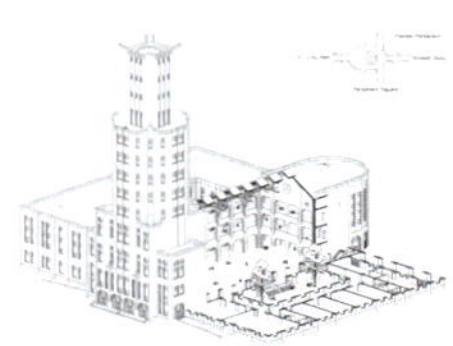

Beyond the River; Designing for Antwerp — Nick van Garderen
TU-Eindhoven (architectuur stedenbouw / architecture & urban design)

p. 19

Het afstudeerplan bestaat uit twee onderdelen, een imposant theoretisch onderzoek en een ontwerp met zowel een stedenbouwkundige en een architectonische uitwerking. Elk onderdeel is gepresenteerd in een lijvig rapport. Het stedenbouwkundig ontwerp is bedoeld om de Linkeroever vorm te geven als een integraal onderdeel van de stad Antwerpen. Dit doel wordt bereikt door het ontwerp geheel te ontwikkelen vanuit de traditie van de bestaande stad op de Rechteroever. Het teruggrijpen op de formalistische traditie van de bestaande stad is een heel bewuste keuze van de ontwerper en de ontwikkelde stedenbouwkundige opzet wordt ook als zodanig onderbouwd. Hoe indrukwekkend de analyse ook is, het blijft de vraag waarom de middeleeuwse stad op de Rechteroever de belangrijkste inspiratiebron

This project consists of two components, an impressive theoretical study and a design that is both urban and architectural. Each component is presented in a voluminous report. The urban design is meant to give shape to Linkeroever as an integral component of the city of Antwerp. This is achieved by developing the design wholly in terms of the tradition of the existing city on the opposite bank, Rechteroever. The designer deliberately chose to hark back to the formalist tradition of the existing city, grounding the developed urban configuration in that tradition. Impressive though the analysis is, the jury wonders why the medieval city on Rechteroever has to be the key source of inspiration for the design while the project pays little heed to the specific situation on Linkeroever and to the landscape structure there.

voor het ontwerp moet zijn terwijl het plan zich weinig rekenschap geeft van de specifieke situatie van de Linkeroever en van de landschappelijke ondergrond.

Binnen het stedenbouwkundig plan wordt de nieuwbouw van het Vlaams Parlement ontworpen. Een belangrijk referentiepunt hiervoor is alweer op de Rechteroever gelegen, de Onze-Lieve-Vrouwekathedraal. Het ontwerp voor het parlementsgebouw heeft een sterk classicistische toon en sluit daarmee naadloos aan op het formalistische stedenbouwkundig plan. Het is de vraag of deze architectuur aansluit bij het gewenste beeld van de macht in de huidige tijd. Het ontwerp zit ruimtelijk knap in elkaar en het toont de hand van een vaardig ontwerper.

It is within this urban master plan that the new build for the Flemish Parliament has been designed. A key point of reference is once again found on Rechteroever, namely the Cathedral of Our Lady. The design for the parliament building has a heavily classicist character, meshing seamlessly with the formalist urban master plan. The question is whether this architecture fits the desired image of power today. The design is cleverly built up spatially and reveals the touch of a gifted designer.

Build with Memory – Ying-Ting Shen
ArtEZ CorpoReal (interieurarchitectuur / interior architecture)

p. 22

Dit project voor de wederopbouw na een ramp gaat over het hergebruik van de materialen die op de rampplek aanwezig zijn. Door die materialen te gebruiken kan er meteen met de herbouw begonnen worden, ook vertegenwoordigen ze de herinnering aan de verwoeste bouwwerken. De insteek van het project is interessant, het onderwerp is goed gekozen. Op basis van traditionele Taiwanese bouwmethoden wordt een toolbox ontwikkeld waarmee getroffen bewoners hun woning kunnen construeren. Met verschillende modellen wordt de methode op ware schaal getest. Het plan graaft nergens heel diep. Het pleidooi voor de lichte, flexibele constructiewijze en het idee om oude elementen terug te brengen is sympathiek.

This project proposes a strategy of post-disaster reconstruction that reuses the wreckage left on site. This means that reconstruction can start immediately, and that the wreckage represents memories of the destroyed buildings. The underlying idea is compelling and the subject well chosen. Drawing on traditional Taiwanese methods of construction, the designer has developed a toolbox that disaster victims can use to build new homes. The method was tested using 1:1 models. The project makes little attempt at any real depth. The argument for the proposed lightweight, flexible construction method and the idea of reusing old elements is sympathetic.

City Hall Brussels – Josine Vos
TU-Delft (architectuur / architecture)

p. 25

Het ontwerp voor het nieuwe stadhuis van Brussel neemt de rechten voor de natuur als uitgangspunt. Daarmee kiest de ontwerper een zeer interessante insteek. De uitwerking concentreert zich vooral op de schil en de buitenruimte van het gebouw. Zo wordt de toepassing van kalkhennep onderzocht dat zorgt voor een negatieve CO2 voetafdruk en dat door het ademend vermogen zowel zorgt voor een aangenaam binnenklimaat voor de werknemers als voor een goede biotoop voor de dieren die in de gebouwschil leven. De gevel is zodanig gedetailleerd dat er nestelmogelijkheden zijn voor vogels. De ambitie van het plan is om de natuur een belangrijke plaats te geven in het ontwerp en om het stadhuis een functie te geven in het ecologisch netwerk van Brussel opdat het ecosysteem en de biodiversiteit in de stad hersteld kan worden. Of dit doel met het plan bereikt wordt is door de fragmentarische presentatie moeilijk te beoordelen. Wel is duidelijk dat het ontwerp een interessante bijdrage levert aan de discussie met betrekking tot de co-existentie van mens en natuur n de stad.

'Rights of Nature' is the compelling frame of reference for the design for a new city hall in Brussels. As a result, the building's envelope and outdoor space are the focus of the design's development. The use of lime-hemp for the construction was found to leave a negative carbon footprint, its breathing capacities ensuring a pleasant indoor climate for the staff and an excellent biotope for the animals inhabiting the building's envelope. The frontage is detailed in such a way as to allow birds to nest there. The project's intention is to give nature an important place in the design and make the city hall a key component of Brussels' ecological network so as to be able to restore the city's ecosystem and biodiversity. The fragmentary presentation makes it difficult to judge whether the project has succeeded in its goal. What is clear, however, is that the design makes a worthwhile contribution to the discourse on the coexistence of humans and nature in the city.

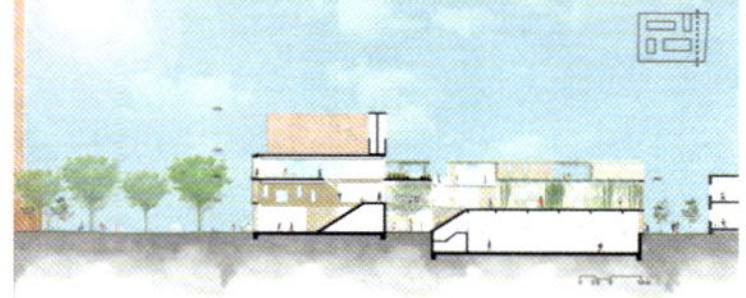

Een nieuwe start – Elchan Koelijev
AvB Groningen (architectuur / architecture)

p. 28

De in Azerbeidzjan geboren en in Nederland opgegroeide ontwerper wil een schooltypologie ontwikkelen die de kinderen in zijn geboorteland dezelfde kansen biedt als die hij in Nederland heeft genoten. Met het rijke plan lijkt hij die mooie ambitie waar te maken. Het ontwerp is

Born in Azerbaijan and raised in the Netherlands, the designer of A New Start seeks to develop a school typology that gives the children in his home country the same opportunities he himself has enjoyed in the Netherlands. This lavish project seems to indicate that he has succeeded

gebaseerd op een gedegen onderzoek en een inventarisatie van de lokale onderwijsbehoefte. De uitwerking maakt gebruik van elementen uit de Azerbeidzjaanse architectuur, zoals de Mehelle, een gesloten blok met een patio. Met de ontworpen school, of eigenlijk is het een multifunctioneel gebouw met een schoolfunctie, lijkt de ontwerper een waardevolle bijdrage te kunnen leveren aan de discussie in Azerbeidzjan over een belangrijke opgave. Het plan wordt gekenmerkt door een hele menselijke schaal, een mooie overgang van de school naar de publieke ruimte en een goede aansluiting op de lokale context. De materialisering en de plattegrondontwikkeling blijft schematisch.

in his admirable intention. The design is based on a well-grounded study and an inventory of local educational needs. The whole is worked up using elements of Azerbaijan architecture, such as the Mehelle, a perimeter block with a central courtyard. With this school, actually a multi-purpose building housing a school, the designer can make a valuable contribution to discussions in Azerbaijan about reforming the school system. The project succeeds in its thoroughly human scale, the smooth transition from school to public domain and its sensitivity to context. The handling of materials and development of the floor plans remain somewhat rudimentary.

EUandME – Johan van Ling
AvB Rotterdam (stedenbouw / urban design)

p. 31

De opgave die de ontwerper zich stelt betreft het optimaliseren van de synergie tussen Brussel, haar inwoners en het Europees programma. Door middel van de realisatie van een nieuw 'huis van Europa' beoogt de ontwerper concreet gestalte te geven aan de Europese wil tot uitwisseling. Het plan is bedoeld voor alle Europeanen en Brusselaren, EUandME, om te fungeren als een katalysator die de diversiteit van de stad productief maakt.

De gestelde opgave is buitengewoon interessant. De uitgebreide analyse en de onderbouwing van het plan is gepresenteerd in een rapport van hoge kwaliteit. Op het niveau van de planning is het plan in alle opzichten raak. Het idee om het huis van Europa te situeren op het Zuidstation, in het dichtbevolkte en meest multiculturele deel van de stad is uitstekend. Ook de teruggave van de locaties die momenteel aan de stad worden onttrokken, is daarbij zeer relevant. De sympathieke ambitie om alle groepen bij elkaar te brengen krijgt gestalte in een grootschalig complex. Hoe de grote 'verbindende leegte' zou kunnen gaan werken als een publieke ruimte voor alle bevolkingsgroepen van de Europese expats tot en met de arme migrant, komt niet goed uit de verf. De integratie met het omliggende stedelijke weefsel is goed gerealiseerd.

The task the designer has set himself is to optimize the synergy between Brussels, its inhabitants and the European programme. This new 'house for Europe' seeks to give tangible form to the European will to share. Intended for all Europeans and all citizens of Brussels, EUandME is to act as a catalyst in making the city's diversity productive.

It is a most compelling brief. The in-depth analysis and theoretical underpinning are presented in an exemplary report. In terms of planning quality, the project is right on target in all respects. The idea of siting the house for Europe at Gare du Midi, in the densely populated and most multicultural part of the city is first-rate. Again, the notion of returning currently estranged parts of the city to Brussels is of great relevance. The sympathetic intention of bringing together all segments of the population is given shape in a large-scale complex. It is hard to see exactly how the great 'connecting void' is to function as a public space for all population groups, from European expats to financially challenged migrants. That said the building has been firmly integrated in the surrounding urban fabric.

Fuente – Antoine Bowers
AvB Arnhem (architectuur / architecture)

p. 34

De ontwerper keert terug naar zijn geboortegrond op Aruba en ontwerpt daar een prachtige, verstilde wandelroute langs restanten van de goudsmelterij. De route is bedoeld voor de bewoners van het eiland om zich te kunnen terugtrekken uit de hectiek van het toerisme. Het ontwerp slaagt er op overtuigende wijze in om gestalte te geven aan die ambitie. Op vakkundige wijze worden een aantal strategische ingrepen in de aanwezige ruïnes met elkaar verbonden door de wandelroute die voortborduurt op de kwaliteiten van de bestaande plekken. De betrekkelijk kleine opgave biedt de kans om diep te gaan. Die kans wordt gegrepen met de zorgvuldig ontworpen interventies, het onderzoek naar de toegepaste materialen en de aandacht voor de invloed van het weer op de beleving. Het inspirerende resultaat toont de hand van een getalenteerd ontwerper.

The designer has returned to his homeland on Aruba and there designed a splendid and serene walking route along the ruins of the gold mill. The route is intended as a place where the island's inhabitants can withdraw from the hurly-burly of the island's tourism. The design succeeds convincingly in giving shape to that ambition. Its designer deftly stitches together a number of strategic interventions in the ruins on site with a walking route that expands on the qualities of the existing places. The comparatively small-scale brief opens up opportunities to dig deep. These opportunities have born fruit in the thoughtfully designed interventions, the study into the applied materials and the attention paid to the weather's influence on the visitor's perception of the place. The inspirational outcome reveals a talented designer at work.

Het Doggersland, de kraamkamer van de Noordzee – Ziega van den Berk
AvB Amsterdam (landschapsarchitectuur / landscape architecture)

p. 37

Met het vernieuwende ontwerp voor een windpark op de Doggersbank, een ondiepte in de Noordzee, realiseert de ontwerper een rijk ecosysteem op de zeebodem voor het zeeleven. Het plan geeft een hele nieuwe dimensie aan het ontwerp van windparken op zee door de opgave te koppelen aan de natuurontwikkeling van de zeebodem. De ontwerpopgave wordt op een zeer originele manier benaderd door de bewoners van het gebied, het zeeleven, als opdrachtgever te beschouwen. Die visie sluit aan bij het werk van Alexander von Humboldt en David Attenborough. Met de ogen van het zeeleven wordt gekeken naar de ingrediënten van het windpark en wordt onderzocht hoe die ingezet kunnen worden ten behoeve van de onderwaterhabitat. In de ontdekkingsreis vormen de sokkels van windmolens de uitgangspunten voor het ontwikkelen van een passende biotoop. Het hele palet wordt onderzocht en ingezet. Door middel van vormstudies worden de opties verder uitgewerkt, met verschillende gradiënten in hoogte wordt de diversiteit verder vergroot. Het plan legt de ecologische potentie bloot van de bouw van windparken voor de biotoop op de zeebodem. De ontwikkelde strategie is realistisch en effectief.

Het schitterend gepresenteerde plan opent een compleet nieuw onderwerp. Het plan draagt een heel persoonlijk signatuur, de fascinatie en de beeldende kracht van de presentatie dragen, als een schatkaart, bij aan het ontsluiten van de bijzondere inhoud van het ontwerp.

With this cutting-edge design for a wind farm on Dogger Bank, a shallow area in the North Sea, the designer has provided a rich ecosystem on the seabed for the marine life there. The project adds a whole new dimension to the design of wind farms at sea by hitching the brief to nature development on the seabed. The design brief is tackled in a highly original fashion by regarding the local residents, the marine life, as the client. This perspective allies the design to the work of Alexander von Humboldt and David Attenborough. The project looks at the ingredients of the wind farm through the eyes of the marine life, examining ways in which those ingredients can be employed to benefit the underwater habitat. This voyage of discovery takes the bases of the wind turbines as a frame of reference for developing an appropriate biotope, exploring and employing the entire palette of possibilities. These are worked up further using form studies, with the different gradients in height giving a greater diversity. The project reveals the ecological potential of wind farm construction for the biotope on the seabed. The developed strategy is realistic and effective.

This magnificently presented project opens up an entirely new subject. It bears a highly personal signature, with the designer's fascination and the visual strength of the presentation both contributing, like a treasure map, to accessing the design's exceptional content.

Hoogtij – Freek van Riet
AvB Rotterdam (stedenbouw / urban design)

p. 41

Het stedenbouwkundig afstudeerplan presenteert een krachtige langetermijnvisie op de verstedelijkingsopgave van Nederland voor de 21e eeuw. Centraal in de planvorming staan de klimaateffecten en dan vooral de stijgende zeespiegel. De ontwerper stelt terecht dat daar pro-actief op geanticipeerd moet worden. Hij ontwikkelt daartoe vier strategieën: aanvallen, verdedigen, terugtrekken en verbinden. Vervolgens weet hij deze knap te koppelen aan wat er in Nederland dient te gebeuren. Het plan bestaat uit een kloppende analyse die is neergelegd in een interessant en helder leesbaar rapport. Het ontwerpend onderzoek is vooral sterk in de goed onderbouwde planologische concepten. Het ontwerp blijft echter schematisch en daarmee abstract.

Elk op zich worden de vier strategieën goed onderbouwd en aantrekkelijk verbeeld. Het zijn prikkelende voorstellen die de verschillende problemen van de zeespiegelstijging agenderen en de ontwikkelde oplossingen zijn relevant en goed uitgewerkt op het hoge schaalniveau.

This urban design project presents a powerful long-term perspective on the Dutch urbanization brief for the 21st century. At the centre of the planning process are the effects of climate change, and the rising sea level in particular. The designer correctly states that we should be taking action now rather than later. To this end he has developed four strategies: attack, defend, retreat and connect. Next, he manages to cleverly hitch these to what needs to be done in the Netherlands. The project consists of a well-balanced analysis set out in a fascinating and easy-to-read report. The research by design study is strongest in the solidly underpinned planning concepts. Regrettably the design remains sketchy and consequently abstract.

Each of the four strategies is well grounded and attractively expressed. These are tantalizing proposals that address the various issues of sea level rise with relevant solutions skilfully worked up at the macro scale.

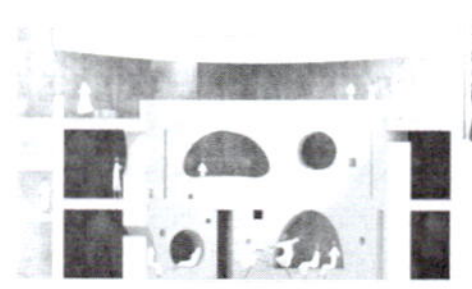

House of Rituals – Marco Sironi
TU-Eindhoven (architectuur / architecture)

p. 44

Half ingegraven in het Zwitserse berglandschap bevindt zich het fraai ontworpen House of Rituals, een opeenvolging van sacrale ruimten die bedoeld zijn om menselijke activiteiten en sociale interactie aan te moedigen. Aan het ontwerp gaat een uitgebreid onderzoek vooraf dat een fijngevoelige associatieve analyse maakt van de morfologie van sacrale ruimten. Filosofisch en spiritueel legt de ontwerper verbanden met historische voorbeelden uit de architectuur en contem-

The House of Rituals, part buried in the Swiss mountain landscape, is an attractively designed sequence of devotional spaces intended to encourage human activity and social interaction. The design was preceded by an extensive study that makes a sensitive and associative analysis of the morphology of devotional spaces. The designer makes philosophical and spiritual connections with historical examples from architecture and contemporary figures like James Turrell and

poraine kunstenaars als James Turrell en Tadao Ando, waarvoor hij onder meer de Italiaanse professor Agostino De Rosa interviewt.

Het complex is bedoeld voor mensen met een drang naar zelfmoord en terminaal zieke mensen. Deze keuze kleurt de beleving van het complex, het wordt daarmee een onnodig heftig en zwaar project. Vooral omdat niet duidelijk wordt op welke wijze het House of Rituals inhoud geeft aan de levens van de gebruikers. Als ruimtelijk ontwerp heeft het een hoge kwaliteit. Het ontwerp heeft een eigenzinnige ruimtelijkheid, een persoonlijke interpretatie van de vernaculaire architectuur die de ontwerper uitgebreid bestudeerde.

Tadao Ando, partly based on interviews he conducted with the Italian professor Agostino De Rosa.

The complex is intended for the suicidal and the terminally ill. This choice colours all aspects of the complex, so that the project takes on a needlessly intense and gloomy air. This is compounded by the lack of clarity as to how the House of Rituals is to give meaning to the lives of its residents. In terms of spatial design quality the project has much to recommend it. It exhibits a singular spatiality, a personal interpretation of the vernacular architecture of which the designer made an extensive study.

MEMA – Eilien Neumann
AvB Rotterdam (architectuur / architecture)

p. 47

Het concept van het Meanderend Museum Antwerpen bestaat uit een serie leegstaande ruimten en ongebruikte terreinen langs een route door de Antwerpse wijk Seefhoek. Het doel van het MEMA is om lokale Belgische kunst toegankelijk te maken voor een alledaags publiek. Het MEMA is onderdeel van de publieke ruimte en goed op zijn plek in de buurt. Het plan begint met de ambitie om de museumtypologie anders te ontwikkelen en daarmee het einde in te luiden van het traditionele museum als autonoom icoon met witte ruimten. Daartoe wordt een interessante breed opgezette typologiestudie verricht. De uitwerking bestaat uit een reeks van mooie kleinschalige interventies waarbij Jan De Vylder als inspirator niet ver weg lijkt. Bij elkaar vormen ze een heel groot museum. Er zit veel plezier in deze exercitie, het plan is ook van een verademende bescheidenheid. Het idee om ongebruikte ruimten te gebruiken is prima. De bravoure van de ambitie gaat gaandeweg echter wel een beetje verloren, er is niet veel reflectie gedurende het ontwikkelproces. De route komt daardoor niet echt tot leven. Het blijft de vraag of de afstand tussen het museum, hoe toegankelijk ook, en de moeilijke met veel sociale problemen kampende buurt overbrugd wordt.

The concept underlying the MEandering Museum Antwerp consists of a sequence of vacant spaces and abandoned grounds along a route through Antwerp's Seefhoek neighbourhood. The aim is to make local Belgian art accessible to the general public. MEMA is part of the public space and slots naturally into the neighbourhood. The project began with the desire to give the museum typology a different tack, thereby bringing to an end the traditional notion of a museum as a stand-alone icon of white spaces. This desire is underpinned by an interesting broad-based typological study. The design has been developed as a sequence of attractive small-scale interventions seemingly inspired in large measure by architect Jan De Vylder. Together they add up to a museum of great size. The designer has obviously taken great pleasure in this exercise. The project has a refreshing modesty about it and the idea of using vacant spaces is first-rate. That said, the bravura of the designer's intentions seems to have slipped from view along the way. There has been little reflection on her part during the development process, so that the route fails to fully come alive. The question is whether the distance between the museum, however accessible, and the neighbourhood with all its social problems could be bridged in reality.

Meshworks Of Care: Counteracting Neglect Through Webs, Knots and Entanglement – Susie Cox
TU-Delft (architectuur / architecture)

p. 50

In Wood Green, een wijk in Noord Londen, stelt dit afstudeerplan de ontwikkeling van een zorgnetwerk voor. Het is de bedoeling om de zorg, mede door architectuur, te integreren in het stedelijk weefsel. Het uitgekiende strategische plan voorziet in een reeks van kleine ingrepen. Door het benutten van beschikbare locaties in de wijk kunnen zorginstellingen in de loop der tijd een samenhangend zorgstelsel in de buurt realiseren. Deze opbouw van zorg draagt bij aan de vorming van een hechte gemeenschap en lijkt een uitstekende manier om de wijk te versterken. Het ontwerp wordt ondersteund door een sterk essay over zorg. Het ontwikkelde concept raakt aan verschillende relevante thema's die overigens niet uniek zijn voor deze Londense wijk. Dat geeft het plan meteen een meer algemene relevantie. Zo sluit het ook aan bij het initiatief 'Who Cares' van onze Rijksbouwmeester.

Bij de stedenbouwkundige en ruimtelijke ingrepen worden bescheiden middelen ingezet. De architectonische benadering levert mooie ruimten op en doet denken aan het werk van Lacaton & Vassal, eenvoudig en effectief. De verschillende kleine ingrepen leiden uiteindelijk wel tot een groot samenhangend netwerk. Het plan is niet alleen maar een verhaal, de ontworpen ingrepen maken het plan concreet en geloofwaardig. Het onderwerp wordt goed getackeld, het plan blijft dicht bij huis, het gaat over een doorsnee buurt.

Set in Wood Green, a district in North London, this project proposes developing a network, or meshwork, of care. The idea is to use architecture to integrate care into the urban fabric. The sophisticated strategic plan constructs a sequence of small interventions. By making use of available locations in the district, caring institutions can in time grow together into a cohesive district network. This accumulation of care contributes to shaping a close-knit community and seems an excellent way of strengthening the district. Underpinning the design is a well-wrought essay about care. The concept as developed touches on various relevant themes that are not restricted to Wood Green, so that the project gains a more general relevance. In this respect it weds well with the 'Who Cares' initiative launched by the Dutch Government Architect.

While the urban and spatial interventions resort to modest means, the architectural component creates beautiful spaces that recall the work of Lacaton & Vassal, simple and effective. The multiple small interventions successfully combine as a single cohesive network. The project is not just a narrative, since the designed interventions render it both tangible and credible. The subject is tackled with aplomb, while the project stays close to home, ultimately being about an average city district.

Not Just Another Solar Field – Florian Becker
WUR (landschapsarchitectuur / landscape architecture)

p. 53

Dit afstudeerplan pakt een concrete opgave op voor een energietuin nabij Montfoort in de provincie Utrecht. Het ontwerp, dat ook werkelijk gerealiseerd wordt, voorziet in een multifunctionele tuin naast een veld met zonnepanelen. De ontwerper heeft gesprekken gevoerd met alle relevante stakeholders en heeft zich verdiept in alle mogelijke technische en bestuurlijke randvoorwaarden, op basis waarvan hij een uitgebreide set aan ontwerprichtlijnen heeft gedestilleerd. De participatie gedachte is interessant, maar het uiteindelijke ontwerp overtuigt niet in haar ruimtelijke kwaliteit. Het ademt te veel een compromis.

This entry embodies a real project for an energy garden near Montfoort in Utrecht province. The design, which will be seen onto site soon, provides a multi-purpose garden alongside a field of solar arrays. Its designer has spoken with all the relevant stakeholders and familiarized himself with all possible technical and organizational prerequisites, from which he has distilled an extensive set of design guidelines. The idea of participation is interesting, but the resulting design fails to convince in its spatial quality. It has too much of a compromise about it.

Of Stones and Travelers – Riccardo Sforzi
TU-Delft (architectuur / architecture)

p. 56

Het afstudeerplan onderzoekt het probleem van overtoerisme in Venetië en ontwikkelt een gereedschapskist om dit probleem met architectuur aan te pakken. Het sterkste onderdeel van het plan is de analyse van de stad in combinatie met de ontwikkeling van het toerisme in Venetië dat uiteindelijk de hele stad overneemt. Dat laatste wordt ijzersterk verbeeld in het startbeeld van het plan waarbij de oliewinning, als metafoor voor het toerisme, de stad domineert. Vertrekkend vanuit de analyse ontwikkelt de ontwerper een strategie om de toeristen langer in de stad te houden en de focus te verbreden door ook de industriële achterkant van de stad bij het toeristisch potentieel te betrekken. Daarmee beoogt hij de toerist over een groter oppervlakte te spreiden en de ervaring van de complete stad te bieden. Dit is een heel sterk uitgangspunt dat wordt uitgewerkt in de transformatie van het eiland met opslagtanks in Porto Maghera tot een nieuw gezicht van de stad. De ambitie om de toeristen een extra aantrekkelijk alternatief te bieden naast de historische binnenstad wordt niet ingelost door het ontwerp. Het gepresenteerde beeld lijkt daarvoor niet verlokkend genoeg. Het plan maakt niet invoelbaar welke bijzondere kwaliteiten de toeristen juist in deze andere context kunnen ervaren opdat ze gestimuleerd worden om ook buiten het centrum langer in de stad te blijven.

This project examines the problem of overtourism in Venice and develops a toolbox to tackle this problem with architecture. Its strongest component is the analysis of the city combined with the development of tourism in Venice, which has taken over the entire city centre. That last-named aspect is expressed to perfection in the project's opening image in which oil extraction, as a metaphor for tourism, dominates the city. Proceeding from the analysis, the designer has developed a strategy to keep tourists longer in the city and to broaden the focus by drawing the city's industrial rear into the tourist realm. His idea is to give tourists a broader surface to explore and offer them the experience of the city as a whole. This is a very strong guiding principle, which he develops by transforming the 'storage tank island' at Porto Maghera into a new face for the city. The intention of offering tourists an attractive alternative to the historical inner city fails to materialize in the design. The image it presents could have been more enticing. The project fails to convey the exceptional qualities tourists would experience in this other context, thereby encouraging them to remain longer in the city but not in its centre.

Poku Oso | Conservatorium Suriname – Lindsey van de Wetering
AvB Amsterdam (architectuur / architecture)

p. 59

Het schitterende plan voor het conservatorium neemt de beschouwer mee op een inspirerende culturele reis met een ongekend trefzekere presentatie. Hoe verder je het plan induikt hoe interessanter het wordt. Het ontwerp verbindt een groot aantal elementen in een uiterst consistent plan. De verschillende paviljoens die samen het conservatorium vormen zijn geprojecteerd in een vervallen park. Deze context en de functie worden op alle mogelijke manieren aan elkaar gerelateerd. Het park zelf, de wind, de regen en de vogels doen allemaal mee in het conservatorium. De architectuur van de muziekgebouwen is geïnspireerd op de traditionele houten volkswoningen. Ze functioneren ook zelf als muziekinstrument, zo is er een snaarhuis waarvan de wanden meetrillen met de muziek, de wind en de regen en een houtblaashuis opgebouwd uit architectonische mondstukken. Deze architectuur van het geluid leidt tot een hele nieuwe, oorspronkelijke expressie. Het plan voegt daarnaast een nieuwe dimensie toe aan het begrip natuurin-

This exquisite project for the Suriname conservatory takes the spectator on an inspiring cultural journey with a presentation that is absolutely spot on. The deeper one gets into this project, the more fascinating it becomes. The design draws together a great many elements into an extremely consistent project. The various pavilions comprising the conservatory are projected in a dilapidated park. This context and the designed function are made to relate in every imaginable way. The park itself, the wind, the rain and the birds all have a part to play at the conservatory. The architecture of the music buildings was inspired by the traditional wooden houses of Suriname. They themselves function as musical instruments, for example a string house whose walls vibrate with the music, the wind and the rain, and a woodwind house assembled from architectural mouthpieces. This architecture of sound ushers in an entirely new and original expression. In addition, the project adds a new dimension to the term nature-inclusive through the inter-

clusiviteit door de wisselwerking met het park en haar bewoners. De muziekgebouwen zijn prachtig en tot in detail uitgewerkt. De presentatie met maquettes, tekeningen en films is van een ongekende schoonheid.

action between the park and its occupants. The music buildings are magnificent and worked up in the greatest detail. The presentation with its models, drawings and films is a thing of real beauty.

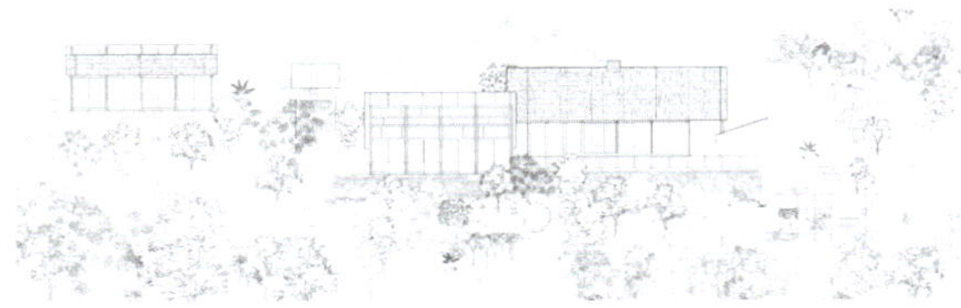

Power, Dreams, and Indifference. Architectural Means in a Young Kosovo – Annebé Brouwer p. 63
TU-Delft (architectuur / architecture)

Het plan voor een ontmoetingsplek voor jongeren in Kosovo is bedoeld om jongeren met elkaar in contact te brengen en ze naast een eigen plek aanknopingspunten te bieden voor participatie in de samenleving. Het project adresseert een urgent thema en is uitgevoerd in samenwerking met UN Habitat in haar streven om de betrokkenheid van burgers in het ernstig verdeelde Kosovo te vergroten. De belangrijke opgave wordt uiterst serieus opgepakt en op overtuigende wijze uitgewerkt. Een omvangrijke en gedegen analyse van de situatie vormt de basis voor het ontwerp. Vervolgens richt de ontwerper zich op de ernstige jongerenproblematiek. Daarbij wordt een breed scala aan aspecten betrokken, in de kern gaat het om het realiseren van social agency. De zorgvuldig ontworpen ontmoetingsplek bestaande uit een drietal paviljoens biedt een groot aantal aanknopingspunten voor de jongeren. Het creëert op subtiele wijze een nieuw perspectief. De ambitie is groot en het is goed voorstelbaar dat de voorgestelde aanpak kan werken. Het plan gaat om veel meer dan alleen ontmoeten. Het bouwen en onderhouden van de ontmoetingsplek en scholing is allemaal onderdeel van het concept. Qua architectuur grijpt het ontwerp terug op de vernaculaire architectuur, op hoe de boeren in de omgeving zelf bouwen. Wel wordt de traditioneel gesloten bouwwijze geopend. De ontmoetingsplek is knap ontworpen, het heeft een hoge ruimtelijke kwaliteit en is mooi gematerialiseerd en gedetailleerd. De beoogde sfeer wordt goed getroffen. Ook de keuze van de locatie is zeer sterk, het haalt de jeugd uit het centrum naar een eigen plek die de stad overziet. Het plan is op alle vlakken goed uitgewerkt. De architect neemt een betrokken houding aan, onder meer door langdurig ter plekke te werken. Van begin tot eind is het plan boeiend.

This project for a meeting place for young people in Kosovo seeks to bring them into contact with each other, give them a place of their own in the city and open up opportunities for them to take part in the community. The project addresses an urgent theme and was realized in association with UN Habitat in its quest to involve the citizens of the deeply divided Kosovo to a much greater degree. This important task is tackled extremely seriously and worked up convincingly. Underpinning the design is an extensive and well-grounded analysis of the situation. Next, the designer focuses on the serious problems surrounding young Kosovars. This calls upon a wide range of aspects but essentially it is about establishing social agency. The thoughtfully designed meeting place consisting of a trio of pavilions offers a great many points of contact for the city's young people, subtly creating a new perspective. This is a very ambitious plan yet it is highly likely that the proposed approach can work. Of course the project is about more than just meeting up. Building and maintaining the meeting place and teaching the young people skills are all part of the concept. Its architecture harks back to the vernacular, to the ways the local farming community builds, yet opening up what is traditionally introverted. The meeting place is cleverly designed, with a great spatial quality and a fine handling of materials and details. It captures the intended ambience well. The choice of site is extremely apposite, drawing the young Kosovars out of the centre to a place of their own overlooking the city. The project has been worked up well on all fronts. Its architect has shown great commitment, including working in Kosovo for much of the time. Power, Dreams, and Indifference holds the attention from start to finish.

Publieke ruimte als verzoeningsplek in post-conflictgebieden – Anna Ceglova p. 67
Hogeschool voor de Kunsten Utrecht (interieurarchitectuur / interior architecture)

Het ontwerp voor een meertalige theaterschool is bedoeld om de verzoening op gang te brengen in een multi-etnische omgeving in Chisinau, de hoofdstad van Moldavië. Het ontwerp wordt voorafgegaan door een onderzoek naar opties om de sociale cohesie te versterken, waarmee het plan goed wordt onderbouwd voor wat betreft het sociale aspect. Het streven om het grote maatschappelijke probleem van de verregaande segregatie aan te pakken en de bevolking samen te brengen is lovenswaardig. Het ontwerp brengt die ambitie niet veel dichterbij, daarvoor is de problematiek te groot en biedt de ruimtelijke uitwerking geen adequate aanknopingspunten.

This design for a multi-lingual theatre school seeks to set in train a process of reconciliation in the multi-ethnic environment of Chisinau, the capital of Moldova. The project began with a study into the options of strengthening social cohesion, which gives it a firm foundation on the social front. Its ambition of tackling the major social problem of widespread segregation and uniting the population is to be commended. However, the design falls short of that ambition, because of the sheer size of the problem and because the project's spatial development fails to provide enough points of access to make it work.

Re-assembling Semarang City – Widasari Yunida Putri p. 70
TU-Delft (stedenbouw / urban design)

De thematiek die dit indrukwekkende afstudeerplan aansnijdt is uitermate relevant en de ontwikkelde oplossingsrichting is dat al evenzeer.

The overall theme addressed by this impressive urban design project is extremely relevant and so is the developed solution. The unstoppable

De niet te stoppen bodemdaling en zeespiegelstijging in de laaggelegen kustgebieden van Semarang City in Indonesië is rampzalig, vooral voor de kwetsbare groepen in de laaggelegen delen van de stad. Het plan presenteert een reeks van strategieën die ingezet kunnen worden om de gevolgen van deze problematiek te bestrijden. Zeer interessant is daarbij dat wordt ingezet op lokale aanpassingsmechanismen met participatie van de bewoners.

Qua doelstelling en intenties is het plan zeer bewonderenswaardig. De extreem uitgebreide analyse wordt compleet uitgewerkt in een uitgebreide toolbox. Belangrijk daarbij is dat er zowel oplossingen worden aangedragen op stedenbouwkundig niveau als dat er strategieën voorgesteld worden voor zelfredzaamheid. Zelfs op architectonisch niveau doet het stedenbouwkundig afstudeerplan relevante voorstellen. Het zeer doorwrochte klimaatadaptatieplan voor de kampong draagt op alle schalen geloofwaardige oplossingen aan. De presentatie heeft een geheel eigen signatuur maar is, mede door de gedetailleerdheid en veelheid aan verschillende uitwerkingen, niet erg toegankelijk.

land subsidence and sea level rise in the low-lying coastal areas of Semarang City in Indonesia is disastrous, particularly for the vulnerable groups living in the lower-lying parts of the city. The project presents a number of strategies that can be employed to combat the consequences of this predicament. A most interesting aspect is the introduction of local adaptive mechanisms implemented together with the local inhabitants.

The jury has nothing but praise for the project's aims and intentions. The extremely exhaustive analysis is fully developed in the design using a comprehensive toolbox. Importantly in that respect, the project proposes strategies for self-help as well as providing urban design solutions. It even makes relevant proposals for the architecture. The well-wrought climate adaptation plan for the kampong contributes credible solutions at every scale. The presentation is highly individual but hard to fathom owing to the sheer detail and the number of strategies on board.

Restoring the Flow — David Alberto Villegas Rodríguez
TU-Eindhoven (architectuur / architecture)

p. 73

Het mooie, dromerige plan exploreert de relatie van Dordrecht met het water. Door het stijgende water liggen de rivieren steeds meer verscholen achter de verhoogde dijken. Op drie plekken worden interventies ontworpen die de dynamiek van het water weer ervaarbaar moeten maken voor de inwoners. De ingrepen zijn effectief in het realiseren van die ambitie en ruimtelijk goed ontworpen. Er wordt fijngevoelig omgegaan met de bestaande omgeving. De dijken worden ingezet als plekken voor sociale ontmoeting. Op architectonisch vlak blijft het ontwerp schematisch waardoor de uitwerking niet goed tot leven komt.

This attractive, dreamlike project explores Dordrecht's relationship with the water. The rising water level means that the rivers are increasingly hidden behind tall dykes. Interventions designed at three sites are to reacquaint Dordrecht's inhabitants with the dynamics of the water. These interventions succeed in this ambition and are well designed spatially with a great sensitivity to context. The dykes themselves act as places of social encounter. Regrettably, the design's architecture remains rudimentary, so that the project's development fails to fully come to life.

Solarchipelago — David de Boer
WUR (landschapsarchitectuur / (landscape architecture)

p. 76

Dit afstudeerplan koppelt de aanleg van zonneparken aan de ecologische en stedelijke ontwikkeling van het IJmeer bij Almere. Daarmee kiest de ontwerper een uiterst relevante opgave: het is belangrijk om na te denken over energielandschappen. Het plan zit zeer slim in elkaar. Het basisidee is om zonneparken niet alleen te gebruiken voor energieopwekking maar ook voor het creëren van habitats. Het is daarnaast een dynamisch systeem. Als de gewenste habitat is ontstaan worden de zonnecellen verplaatst naar de volgende locatie. Het rapport presenteert een uitgebreid onderzoek naar de manieren waarop de kwaliteit van de ecosystemen bevorderd kan worden. De resultaten van het onderzoek worden ingezet in het mooi gevisualiseerde ontwerp. Als experimentele vraag is het project zeer waardevol. De kritische reflectie op het resultaat ontbreekt waardoor de kwaliteit van de concrete oplossingen moeilijk in te schatten is.

This landscape architectural project hitches the construction of solar farms to the ecological and urban development of the waters of IJmeer at Almere. This is an extremely relevant brief, as energy landscapes are a subject that requires considerable thought. Its designer has devised a most ingenious solution. The principal idea is to use solar farms not just to generate energy but also to create habitats. It is also a dynamic system. Once the desired habitat is in place, the solar panels are moved to the next location. The report presents a comprehensive study into ways of improving the quality of the ecosystems, whose results then informed the beautifully visualized design. As an experimental approach to the above issues, the project is extremely valuable. However, it fails to critically reflect on the result, which makes it difficult to estimate the quality of the specific solutions it presents.

Synchronizing Habitat — Nicole Garcia Vogt
TU-Delft (stedenbouw / urban design)

p. 79

Het extreem uitgebreide plan presenteert een overtuigend 'ecopragmatisch' scenario voor het Weserestuarium van de Waddenzee. Op

This all-encompassing project presents a convincing 'eco-pragmatic' scenario for the Weser Estuary in the Wadden Sea. Based in part on a

basis van een grondige analyse van onder meer de hydrodynamiek van het gebied worden drie hoofdstrategieën ontwikkeld: een reeks barrière-eilanden, een absorberende rand en sociaal-ecologische corridors. Zes 'ecotoonversterkende' projecten worden zeer precies, tot in de technische details, uitgewerkt. De beleving komt in verhouding minder aan de orde. De mens is zeker niet vergeten, het gaat dan vooral over gezondheidsaspecten. Het project is zo veelomvattend en diepgravend dat een uitgebreid team van deskundigen uit meerdere disciplines nodig zou zijn om het op al zijn aspecten op zijn waarde te kunnen schatten. De presentatie had aan kracht kunnen winnen als er meer hiërarchie in hoofd- en bijzaken was aangebracht.

Het plan heeft een sterk objectiverende benadering maar is met veel gevoel gemaakt, dat blijkt onder meer uit de presentatie met schitterende visualisaties.

thorough analysis of local hydrodynamics, the project constructs three main strategies: a set of barrier islands, an absorptive edge and socio-ecological corridors. Six 'ecotone enhancement projects' have been worked up in the greatest and most precise technical detail. Proportionately less attention has been paid to how the whole is perceived. The human perspective is certainly there, but mainly where aspects of health are concerned. The project is so wide-ranging with no stone left unturned that it would take a multi-disciplinary team of experts to estimate its worth on every front. The presentation would have benefited from a more hierarchical distinction between primary and secondary aspects.

The project takes a heavily objectifying approach yet has clearly been made with great sensitivity, as is evidenced by the presentation with its superb visualizations.

Terminus – Mick Dubois
AvB Maastricht (architectuur / architecture)

p. 82

De toekomstvisie voor de ringweg van Charleroi die dit plan presenteert heeft een sterk persoonlijke insteek. Het plan start met de persoonlijke fascinatie van de ontwerper voor de stad en komt ook tot uitdrukking in de esthetiek en de associatieve benadering. Terwijl sommige persoonlijke plannen heel hermetisch blijven, heeft dit plan een aanstekelijke verbeeldingskracht. Het basisidee van het plan is dat de stad in 2070 autovrij is en dat de ringweg op dat moment geen barrière meer hoeft te zijn. Het ontwerp betreft dan ook de eerste investeringen in een nieuwe start voor de stad door het gebied buiten de ring te ontsluiten. Hoewel het ontwerp voor een bouwblok op de plek van de ring vrij schematisch blijft is het interessant vanwege de avantgardistische architectuur en de duistere verbeelding ervan, die aanhaakt bij het industriële verleden en imago van Charleroi.

The future vision for the ring road at Charleroi in Belgium presented in this project has a strongly personal slant. It starts with the designer's fascination with that city, which is then expressed in aesthetic and associative terms. Whereas some personal projects tend to be hermetic, this one catches the viewer's imagination. Its principal underlying idea is that the city is to be free of cars by 2070, at which time the ring road need no longer be a barrier. The design takes the first steps in investing in a new start for Charleroi by opening up the area beyond the ring road. Though the design for a city block at the former ring road remains somewhat rudimentary, it is interesting because of its avant-garde architecture and the dark impression it makes, all of which ties in with Charleroi's industrial past and image.

Test#1; The Island – Jacopo Grilli
AvB Amsterdam (stedenbouw / urban design)

p. 85

Het ontwerp presenteert de Randstad als een eiland, verrassend is de introductie door de ontwerper van verbeeldingskracht als belangrijkste ontwerptool. Het is ook een heel persoonlijk project dat aansluit bij de eigen fascinatie van de ontwerper, het start bij de tuin voor zijn huis, en dat tegelijkertijd gekoppeld is aan grote thema's. Het ontwerp bestaat uit een versterkte ring met verstedelijking en infrastructuur rond de hele randstad en daarbinnen een groen hart als antwoord op de stijgende zeespiegel. Met behulp van de verbeeldingskracht van de presentatie maakt de ontwerper van de bedreiging een kracht door middel van een megalomaan plan. Binnen het ontwikkelde concept worden alle mogelijke thema's opgepakt. Interessant genoeg gaan de uitwerkingen in op werkelijke kwaliteiten en worden de ingrepen goed onderbouwd. Het is een moedig plan. Misschien overmoedig, maar dat past bij het afstuderen. Het plan doet heftige uitspraken en balanceert tussen utopisch en dystopisch. Er zit ruimte tussen de belofte van de schitterende tekeningen en de uitwerking, waar het plan concreter wordt verliest het aan kracht. De getoonde doorsneden zijn daarin ronduit teleurstellend. De ontwerper is vooral een inspirator die de fantasie en de verbeelding prikkelt.

The design presents the Randstad conurbation as an island, for which the designer surprisingly introduces the imaginative process as his principal design tool. It is certainly a very personal project that reflects the designer's own fascination – it starts with the garden in front of his house – but also embraces some major themes. The design consists of a strengthened ring road accompanied by urbanization and infrastructure around the entire Randstad, with a green heart at its centre, as a response to the rising sea level. Armed with the powerful imagery in the presentation, the designer then makes of the threat a strength by developing a megalomaniac plan. Every imaginable theme gets handled within the developed concept. Interestingly enough, the detail development addresses qualities in the real world and the interventions are firmly grounded. It is a courageous project, perhaps excessively so, but that's all part of graduating. It makes weighty statements and balances between the Utopian and the dystopian. There is a divide between the promise held out by the magnificent drawings and the detail development: the project loses strength the more concrete it becomes. Indeed, the sections are downright disappointing. This designer is primarily an inspirator who is able to fire the imagination.

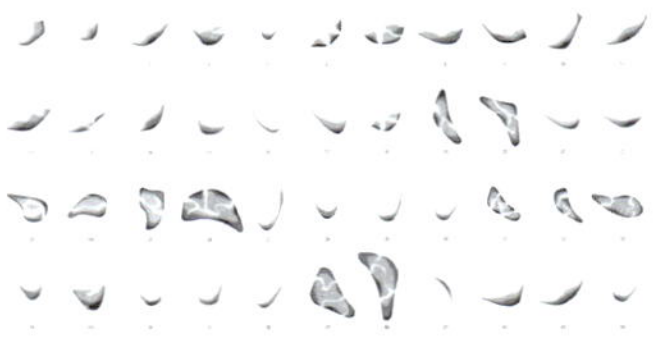

The Operating Venetian Lagoon: The Agency of Barene – Amina Chouairi
TU-Delft (landschapsarchitectuur / landscape architecture)

p. 88

Het afstudeerplan presenteert een slim en goed ontwikkeld systeem om het ecologisch voortbestaan van het brakwatergetijdemoeras in de lagune van Venetië te redden. Het is goed voorstelbaar dat het doel bereikt kan worden met de voorgestelde ingrepen. Het ontwerp wordt onderbouwd door een sterke analyse. De bedreiging van het ecosysteem van de lagune wordt veroorzaakt door de zeespiegelstijging en menselijk handelen. De ontwerper zet sedimentatietechnieken in die gebaseerd zijn op de werking van barene, de brakwatergetijdemoerassen die kenmerkend zijn voor de lagune van Venetië. De werking wordt gestimuleerd door een zorgvuldig ontworpen systeem van dijkjes en waterlopen die de waterstromen sturen en de sedimentatie bevorderen. Het is een overtuigend plan waarbinnen kleinschalig low-key toerisme ook een plaats krijgt. De looppaden die voor dat doel als een steigerconstructie door een deel van de lagune slingeren zijn door hun sterke aanwezigheid minder overtuigend. Als landschapsplan is het bijzonder interessant.

This landscape project presents a smart and well-developed system to safeguard the ecological survival of the brackish marshlands of the Venetian Lagoon. It is most likely that the proposed interventions would work in practice. The design benefits from the rock-solid analysis that precedes it. The threat to the lagoon's ecosystem comes from sea level rise and human actions. The designer makes use of sedimentation techniques based on the workings of the 'barene', the brackish marshlands characterizing the Venetian Lagoon. These workings are stimulated by a meticulously designed system of little dykes and watercourses that guide the flows and promote sedimentation. It is a convincing project that also makes a place for small-scale low-key tourism. The elevated walkway structures that wind their way through part of the lagoon are too prominent to be entirely convincing. As a landscape project, however, it is of exceptional interest.

This Shophouse Is Not for Sale – Devina Amelia
KABK Inside (interieurarchitectuur / interior architecture)

p. 91

Het persoonlijke project betreft de revitalisering van de winkel van de Chinese grootouders van de ontwerper in Sukabumi, een plaats op West-Java. Het is de bedoeling dat de buurt waar de winkel onderdeel van is zich ontwikkelt tot een prototype voor een gebied waar individuele ondernemers en handwerkslieden hun waren aan de man kunnen brengen. De overheersende trend is dat eigenaren worden uitgekocht en dat de kleinschalige handel wordt vervangen door grootschalige winkelpanden die zich richten op mensen met een hoger inkomen. De kloof met de arme mensen in de steegjes wordt dan steeds groter en de lokale gemeenschappen verliezen hun samenhang. De ontwerper gebruikt de les van de geschiedenis van de winkel van haar grootouders om een alternatief concept te ontwikkelen waarbinnen de informele economie kan floreren en dat belangrijk is voor de samenhang van de bewoners van de hele buurt. Deze benadering levert een geloofwaardig plan op waarvan de strategie goed is doordacht. Het plan concentreert zich op de programmatische ontwikkeling. Het ruimtelijk ontwerp is slechts schematisch uitgewerkt.

This personal project seeks to revitalize the shophouse built by the designer's Chinese grandparents in Sukabumi, a town in West Java. The intention is to develop the neighbourhood in which it stands into a prototype for an area where family businesses and craftspeople can ply their trade. The prevailing trend these days is that shophouse owners are being bought out, with small-scale trade replaced by huge shopping complexes targeting people in a higher income bracket. The gap between these and the poor living in the back alleys is steadily widening, thereby undermining the cohesion of local communities. The designer uses the lessons learnt from the history of her grandparents' shophouse to develop an alternative concept where the informal economy can flourish, a concept of great importance for uniting the entire local community. This response has yielded a credible project whose strategy has been well thought through. The project is more concerned with developing the programme than the spatial design, which remains at a rudimentary stage.

Towards the Inclusive Village – Ron van den Heuvel
AAS Tilburg (stedenbouw / urban design)

p. 94

De ontwerper presenteert een sympathieke revitalisatiestrategie voor zijn geboortedorp. Het masterplan gaat diep in op alle mogelijke opgaven die in het dorp spelen. De aanpak is overtuigend, in een participatief proces zijn de deelontwerpen ontwikkeld. De quasi grappige motivatie die begint met het afzetten tegen het leven in de stad en de consumptiemaatschappij is enigszins obligaat. De ambitie om de kwaliteit van het wonen in het dorp te verbeteren en de gemeenschap te versterken is goed geslaagd.

The designer presents a sympathetic strategy for revitalizing the village where he lives. The master plan enters in depth into every possible aspect of village life. Its approach is convincing, with all component designs developed in a process of participation. The mock-humorous motivation for the project, beginning with the rant about life in the city and the consumer society, has something obligatory about it. On the other hand, the ambition of improving the quality of life in the village and strengthening the sense of community succeeds admirably.

WeGrowCo: An Open Building Strategy — Job van den Heuvel
TU-Delft (architectuur / architecture)

p. 97

Het indrukwekkende plan heeft de ambitie om het nieuwe Strandeiland op IJburg te ontwikkelen tot een volledig circulaire, bio-based en zelfvoorzienende wijk. Daarbij borduurt het plan voort op de open-building strategie van John Habraken en Frans van der Werf. Op heldere wijze wordt de strategie die alle schalen bestrijkt uitgelegd. Toekomstige bewoners worden vanaf het begin betrokken, waardoor al voor de uiteindelijke realisatie de beoogde gemeenschap van bewoners wordt gevormd. Het concept start met de teelt van hennep op het Strandeiland. Vervolgens wordt volgens het concept van open bouwen een houten drager ontworpen voor de productiefaciliteit die kalkhennep produceert voor de bouw van de wijk. De drager wordt vervolgens getransformeerd tot open galerijen voor de toekomstige woningen. De woningen zelf kunnen door de bewoners met de kalkhennep binnen de drager gebouwd worden. Als systeem overtuigt het plan, de architectonische expressie mist de gevoeligheid voor de gebruiker. Het veelomvattende plan is op indrukwekkende wijze op alle schaalniveaus uitgewerkt.

This impressive project seeks to develop the new Strandeiland at IJburg into a fully circular, bio-based and self-sufficient neighbourhood. This sees the designer elaborating on the open building strategy of John Habraken and Frans van der Werf. The strategy, which is to be applied at all scales, is explained clearly in the report. Future residents are involved in the process from day one, so that the intended community will have been formed even before the neighbourhood has been built. The concept begins with the cultivation of hemp on Strandeiland. Next, the open building strategy is invoked by designing a wooden support for the facilities producing hempcrete for building the neighbourhood. Each support is later transformed into open galleries for the future houses. Residents can then build their own homes of hempcrete as an infill for the support. The project convinces as a system but the architectural expression seems insensitive to its future residents. The comprehensive project has been fleshed out impressively at every scale.

OVER ARCHIPRIX

De hogere Nederlandse ontwerpopleidingen op het gebied van de architectuur, stedenbouw en landschapsarchitectuur selecteren jaarlijks hun beste afstudeerplannen voor deelname aan Archiprix. Bij wijze van experiment zijn voor deze editie ook plannen ingestuurd door de masteropleidingen interieurarchitectuur. De dertig plannen die voor Archiprix 2021 werden ingezonden geven in al hun verscheidenheid een beeld van de stand van het Nederlandse ontwerponderwijs. De diversiteit is kenmerkend voor Archiprix. Anders dan bij de meeste prijsvragen is er geen sprake van een gezamenlijke opgave. Zowel het schaalniveau, als de behandelde problematiek, als de wijze van presenteren varieert per plan. Aankomend talent wordt vaak voor het eerst door Archiprix gepresenteerd.

De samenstelling van de jury die de afstudeerplannen van de Archiprix 2021 beoordeelde is als volgt: Florian Boer (stedenbouw), Jana Crepon (landschapsarchitectuur), Joep Esseling (interieurarchitectuur), Kirsten Hannema (theorie) en Gert Kwekkeboom (architectuur).

De stichting Archiprix is een samenwerkingsverband van alle Nederlandse geaccrediteerde masteropleidingen op het gebied van de architectuur, stedenbouw en landschapsarchitectuur. De stichting is opgericht in januari 1992 en komt voort uit de 'Landelijke Commissie Studentenplannen' die in 1974 op initiatief van de Stuurgroep Experimenten Woningbouw is ingesteld. In 1986 veranderde de Landelijke Commissie haar naam in Archiprix.

PARTICIPERENDE OPLEIDINGEN ZIJN:

- Academie van Bouwkunst Amsterdam
- Academie van Bouwkunst Arnhem
- Technische Universiteit Delft: faculteit der Bouwkunde
- KABK Den Haag: Inside
- Technische Universiteit Eindhoven: faculteit Bouwkunde
- Academie van Bouwkunst Groningen
- Academie van Bouwkunst Maastricht
- Rotterdamse Academie van Bouwkunst
- Academie voor Architectuur en Stedenbouw, Tilburg
- Hogeschool voor de Kunsten Utrecht
- Wageningen Universiteit en Researchcentrum, landschapsarchitectuur
- ArtEZ CorpoReal, Zwolle

DE STICHTING ARCHIPRIX KENT
DE VOLGENDE DOELSTELLINGEN:

① Het bevorderen van de instroom in de ontwerppraktijk van talentvolle ontwerpers die afstuderen aan de Nederlandse opleidingen voor hoger onderwijs op het gebied van architectuur, stedenbouw en landschapsarchitectuur.
② Het bieden van een podium aan de Nederlandse ontwerpopleidingen waarop zij zich in binnen en buitenland kunnen presenteren.
③ Het bevorderen van de discussie met betrekking tot de inhoud en de kwaliteit van het ontwerponderwijs in Nederland.

In het kader van deze doelstellingen organiseert Archiprix jaarlijks de jurering, premiëring en presentatie van de beste afstudeerplannen van de deelnemende opleidingen.

Deze onderwijsinstellingen sturen daartoe jaarlijks hun beste afstudeerplannen naar Archiprix. Het bestuur van Archiprix benoemt ieder jaar een jury die de ingezonden plannen beoordeelt en de prijzen en/of eervolle vermeldingen toekent. De jury bestaat uit vier deskundigen die elk werkzaam zijn in één van de deelnemende vakgebieden, aangevuld met een theoreticus. Tijdens een prijsuitreiking wordt het juryoordeel bekend gemaakt, worden de plannen voor het eerst tentoongesteld en verschijnt de publicatie van de ingezonden plannen en het juryrapport.

Het bestuur van Archiprix bestaat uit vertegenwoordigers van de aangesloten opleidingen, een onafhankelijk voorzitter en een onafhankelijk penningmeester. Op 1 april 2021 was de samenstelling als volgt:

Each year the higher institutions that teach architecture, urban design and landscape architecture in the Netherlands select the best graduation plans by their students for submission to Archiprix. As an experiment, this edition also includes projects from institutions offering a Master's in interior architecture. The thirty projects submitted to Archiprix 2021 present in all their diversity a picture of the state of play in Dutch design education. Such diversity is typical of Archiprix. Unlike most competitions there is no common design task. Scale, issues, presentation - all of these differ per project. Up and coming talent is often presented for the first time by Archiprix.

The line-up of the jury that judged the graduation projects of Archiprix 2021 is as follows: Florian Boer (urbanism), Jana Crepon (landscape architecture), Joep Esseling (interior architecture), Kirsten Hannema (theory) and Gert Kwekkeboom (architecture).

The Archiprix Foundation is a collaboration between higher educational institutions in the Netherlands in the fields of architecture, urban design and landscape architecture. The foundation was set up in January 1992 and derives from the 'National Commission for Student Plans' established on the initiative of the 'Steering Committee for Experiments in Domestic Construction'. In 1986 the National Commission changed its name to Archiprix.

THE INSTITUTIONS TAKING PART ARE:

- Academy of Architecture Amsterdam
- Academy of Architecture Arnhem
- Delft University of Technology: Faculty of Architecture
- KABK Den Haag: Inside
- Eindhoven University of Technology: Faculty of Building and Architecture
- Academy of Architecture Groningen
- Academy of Architecture Maastricht
- Rotterdam Academy of Architecture and Urban Design
- Academy of Architecture and Urban Design, Tilburg
- HKU University of the Arts Utrecht
- Wageningen University and Research, landscape architecture group
- ArtEZ CorpoReal, Zwolle

THE OBJECTIVES OF THE ARCHIPRIX FOUNDATION ARE:

① To promote the influx into the design world of talented designers graduating from Dutch institutions for higher education in the fields of architecture, urban planning and landscape architecture.
② To offer a platform to Dutch design institutions on which to present themselves both at home and abroad.
③ To further discussion about the content and quality of design education in the Netherlands.

In line with these objectives Archiprix organizes annually the judging, awarding and presenting of the best graduation projects from the participant institutions.

These educational institutions consequently send the best of their graduation projects to Archiprix each year. And each year the executive board nominates a jury to judge the submitted projects and award the prizes and/or honourable mentions. The jury consists of four experts each active in one of the fields involved, supplemented by a theorist. During a Public Meeting the jury's assessment is made known, the projects are shown for the first time and the book containing the submitted projects and the jury report is presented.

The board of Archiprix consists of representatives of the above institutions, an independent chairman and an independent treasurer. On 1 April 2021 the line-up was as follows:

- Jacob van Rijs: chairman
- Chris van Langen: treasurer, Rotterdam
- Madeleine Maaskant: Amsterdam
- Ko Jacobs: Arnhem
- Dick van Gameren: Delft

ABOUT ARCHIPRIX

- Jacob van Rijs: voorzitter
- Chris van Langen: penningmeester, Rotterdam
- Madeleine Maaskant: Amsterdam
- Ko Jacobs: Arnhem
- Dick van Gameren: Delft
- Hans Venhuizen: vertegenwoordigt de interieurarchitectuuropleidingen, Den Haag
- Juliette Bekkering: Eindhoven
- Berit Ann Roos: Groningen
- Josef Bischofs: Maastricht
- Pepijn Verpaalen: Tilburg
- Paul Roncken: Wageningen

De stichting Archiprix wordt ondersteund door de Nederlandse ontwerpopleidingen, de Abe Bonnema Stichting en donateurs.

- Hans Venhuizen: represents the master courses interior architecture, Den Haag
- Juliette Bekkering: Eindhoven
- Berit Ann Roos: Groningen
- Josef Bischofs: Maastricht
- Pepijn Verpaalen: Tilburg
- Paul Roncken: Wageningen

The Archiprix Foundation is supported by the participating design schools in the Netherlands, the Abe Bonnema Foundation and donors.

WINNAARS VANAF 1979

2021
Ziega van den Berk
Hanna Prinssen
Annebé Brouwer
Lindsey van de Wetering

2020
Sarina Bleumink
Felipe Chaves Gonzalez
Charlotte van der Woude
Paul Kuipers
Patrick Roegiers

2019
Devant Asawla
Lesia Topolnyk
Stijn Lanters
Iruma Rodríguez Hernández
Goda Verikaite
Serah-Ingrid Calitz

2018
Jesper Baltussen
Barbara Prezelj
Jeroen Brosky
Arianna Fornasiero
Mirte van Laarhoven
Loed Stolte
Paolo Turconi

2017
Ellen Rouwendal
Laura Strähle
Giel Sengers
Anneloes de Koff
Laura Langridge

2016
Katarzyna Nowak
Milad Pallesh
Yuka Yoshida
Francesco Apostoli
Bram van Kaathoven
Hannah Schubert

2015
Abdessamed Azarfane
Gerald Mulder
Francesca Rizzetto
Ivar van der Zwan

2014
Filippo Maria Doria
Jonas Papenborg
Remco van der Togt
Claire Laeremans
Bob L'Herminez

2013
Tara Steenvoorden
Jasper Nijveldt
Niels Groeneveld
Ricky Rijkenberg

2012
Froukje van de Klundert
Herman Zonderland
Ard Hoksbergen
Jorrit Noordhuizen
Inge Kersten
Martijn Schlatmann
Kim Verhoeven

2011
Jan Martijn Eekhof
Thorsten Schneider
Miranda Schut
Ilse Verwer
Wytske van der Veen
Thomas van Nus
Negar Sanaan Bensi

2010
Jeroen Atteveld
Monique Sperling
Fleur Muris
Paul Verhoeven
Zineb Seghrouchni

2009
Dingeman Deijs
Simone Pizzagalli
Servie Boetzkes
Derk van der Velden

2008
Ruud Smeelen
Sander Lap
Anne Seghers
Shany Barath
Gary Freedman
Iwan Westerveen

2007
Jochem Heijmans
Max Rink
Francisco Adão da Fonseca
Saša Rađenović
Marjolijn Guldemond
Francesco Marullo
Ivonne de Nood

2006
Seth de Rooij
Jan Hendrik Bos
Boris Hocks
Bas van Vlaenderen

2005
Furkan Kose
Theo Reitsema
Petra van de Ven

2004
Mark van Beest
Robert Verrijt
Ronald Rietveld

2003
Maarten Terryn
Daniel Casas Valle
Pim Pompen
Peter Masselink
Hiske Wegman
Delano Richardson
Piotr Poniatowski
Yuri Werner

2002
Harm Timmermans
Rob Willemse
William Veerbeek
Ingeborg Thoral

2001
Angie Abbink
Marten de Jong
Gert Anninga
Hans van Loon
Eddy Verbeek
Marco Visser
Hanneke van Wel

2000
Bart Reuser
Marijn Schenk
Jaco Woltjer
Roosmarie Carree
Isabelle Krier
Julietta Zanders

1999
Henk Korteweg
Caspar Slijpen
Jonas Strous
Ellen Marcusse
Marc Polman

1998
Jolai van der Vegt
Fenna Haakma Wagenaar
Patrick Meijers
Hans Moor
Joost Glissenaar
Hedwig Crooijmans
Jan Roozenbeek
Annemieke Diekman

1997
Nikol Dietz
Maarten van der Velde
Alies Rommerts
Peter Keijsers
Karel van Eijken
Nadia Jellouli-Guachati
Gerrit-Jan van Rijswijk

1996
Janneke Bierman
Robbert de Koning
Kamiel Klaasse
Pieter Bannenberg

WINNERS SINCE 1979

1994
Emiel Lamers
Marieke Timmermans
Pascal Grosfeld
Christoph Grafe
Rik van Dolderen
Floris le Conge Kleyn

1993
Gerard van Heel
Jan Bruyn
Piet Goud
Katrien Prak

1992
Laurens Jan ten Kate
Patrick Fransen
Jeroen Hoorn
Frits van Loon
Berrie van Elderen
Martin Kleine Schaars
Harmen Otto van de Wal

1991
Marie-José Rijnvos
Roemer van Toorn
Liesbeth Janson
Jos Kramer
Caroline Stegewerns
Peter de Ruyter
Edwin van der Hoeven
Maaike Bos
Teo Bähler
Richard Hendriksen
Gery van Heesch

1990
Juliette Bekkering
Bjarne Mastenbroek
Annemariken Hilberink
Winka Dubbeldam
Jacob van Rijs
Ronno Honingh
Michiel Riedijk

1989
Lars Spuybroek
Jurriaan van Stigt
Jan van der Veen
Ralph Hendrikx
Reinier Nijland
Dick van Gameren

1988
Erik Knippers
Liesbeth van der Pol

1987
Henk Meijer
Lody Trap
Pauline Koppen

1986
Jozef Harten
Albert van den Brink
Ad van Aert
René van Zuuk

1985
Sjoerd Cusveller
Paul Meeuwisse
Ady Steketee
Annette Marx

1984
Freek Riem
Dirk van As
Guido Swart

1983
Wim van den Bergh
Louis Dams
Chris de Weijer
Marc van Leent

1982
Frank van der Linden
Henk Engel
Paul de Vroom
Dolf Dobbelaar

1981
Johan Kappetein
Hans Claessens
Rob van Gemert

1980
Paul Kalkhoven
Hans van Heeswijk
René Jacobs
Stan Cornips
Theo Wisman
Hans de Gruil

1979
Gert-Jan Hendriks
Kees Hund
Aitse van den Bos
Joep Habets
Henk Mihl
Leon Thier
Bouke Verhaagen

COLOFON

Dertig jaar Archiprix Nederland, 1992-2021
Thirty years of Archiprix the Netherlands, 1992-2021

010, Rotterdam, 1992-2012
nai010, Rotterdam, 2013-2021

Grafisch ontwerpers Graphic designers
1992 Yvo Zijlstra, Rotterdam
1993 Kees Hubers, Rotterdam
1994 Simon Davies, Rotterdam
1996 Nikki Gonnissen & Thomas Widdershoven, Amsterdam
1997 Fred Inklaar, Rotterdam
1998 Jeroen Peetoom, Rotterdam
1999 75B, Rotterdam
2000 Joost Grootens, Amsterdam
2001 Maureen Mooren & Daniël van der Velden, Amsterdam
2002 Ben Laloua, m.m.v. Karin Lecarpentier
2003 Minke Themans, Rotterdam
2004 Michaël Snitker, Amsterdam
2005 Julia Joliat, Amsterdam
2006 Hansje van Halem, Amsterdam
2007 Accu grafisch ontwerpers, Arnhem
2008 Maaike Molenkamp & Alfons Hooikaas, Amsterdam
2009 Ingeborg Scheffers, Amsterdam
2010 Annemarie van den Berg, Rotterdam
2011 Cobbenhagen Hendriksen, Amsterdam
2012 Haller Brun, Amsterdam
2013 Arthur Roeloffzen, Amsterdam
2014 Femke Herregraven & Nina Støttrup, Amsterdam
2015 Multitude, Amsterdam
2016 Jakub Straka, Amsterdam
2017 Anne-Marie Geurink & Annelou van Griensven, Arnhem
2018 Titus Knegtel, Den Haag
2019 Team Thursday, Rotterdam
2020 Kai Udema, Amsterdam
2021 Wibke Bramesfeld, Rotterdam

Redactie Edited by
Henk van der Veen (1992-2021) / Max Rink

Vertaling Translation into English
John Kirkpatrick (1992-2021)

Ontwerp Design
Wibke Bramesfeld, Rotterdam

Uitgever Publisher
Hans Oldewarris (1992-2021)

Druk Printed by
die Keure, Brugge (2002-2021)

Stichting Archiprix Archiprix Foundation
www.archiprix.nl

nai010 publishers
www.nai010.nl

ISBN 978-94-6208-633-3

CREDITS